Gebrauchsanleitung

Diese französische Grammatik ist eine Grammatik für die Schule. Sie ersetzt nicht das Lehrwerk, aber man kann sie mit jedem Lehrwerk benützen, weil die meisten Beispiele übersetzt sind.

Dem Inhaltsverzeichnis kannst du entnehmen, dass diese Grammatik in 3 große Teile gegliedert ist.
Der 1. Teil **WÖRTER** (Kapitel 1–8) behandelt die einzelnen Wortarten (z. B. Begleiter, Nomen, Verben) und ist dann nützlich, wenn du etwas über die Formen und den Gebrauch der Wortarten wissen willst.
Der 2. Teil **SÄTZE** (Kapitel 9–17) informiert dich darüber, wie aus den Wortarten Satzteile werden und nach welchen Stellungsregeln du sie zu Sätzen zusammenfügen kannst. Außerdem kannst du hier nachlesen, welche Satzarten es im Französischen gibt und nach welchen Regeln du französische Sätze verknüpfen kannst.
Der 3. Teil **TEXTE** behandelt die Verknüpfung einzelner Sätze zu einem Text und Fragen, die mit der Konstruktion von ganzen Texten zu tun haben. Du erhältst darin ganz praktische Hinweise zum Schreiben französischer Texte; dabei haben wir besonders an die Textsorten gedacht, die dir in der Schule begegnen: Resümee, Kommentar, Erzählung.

In den meisten Fällen wirst du dieses Buch aber dann aufschlagen, wenn du Erklärungen zu einem ganz bestimmten grammatischen Problem suchst. Wie kannst du in dieser Grammatik etwas finden?

1 Du suchst ein bestimmtes Wort, kennst aber den grammatischen Fachausdruck dafür nicht.

Du hast dir zum Beispiel einen Satz auf Deutsch vorformuliert: Ich wußte nicht mehr, was ich tun sollte. Wie musst du hier was ins Französische übersetzen? Wenn du ein Wort oder einen Ausdruck suchst, schlägst du im Index der Wörter nach (S. **218**). Dort steht z. B.
was (Relativpronomen) **108**/2.6, **114**/7
was (Fragepronomen) **109**/3.2, **114**/7, **161**/31, **163**/5, **164**/7

Da du keine Frage gestellt hast, kann was in deinem Satz kein Fragepronomen sein. Du musst also unter „was, Relativpronomen" nachsehen. Die Zahlen geben dir zuerst die Seite an, dann den Abschnitt, in dem du eine Erklärung finden kannst. Auf Seite **108** findest du:

Auf Seite **114** findest du deutsche Beispielsätze mit was, die ins Französische übersetzt sind:

2 Du suchst eine Erklärung zu einer bestimmten grammatischen Erscheinung.

Zum Beispiel: Was ist ein Bedingungssatz?
Solche grammatischen Bezeichnungen findest du im Index der grammatischen Begriffe (S. **214**). Dort findest du:
Bedingungssatz **145** ff/5

Die Zahlen geben dir zuerst die Seite an, dann den Abschnitt, in dem du weitere Erläuterungen finden kannst.
Wir haben diese beiden Stichwortlisten absichtlich ausführlich gehalten, weil wir hoffen, dass du über sie am raschesten zu der gewünschten Auskunft kommst.

3 Du willst ein ganzes Grammatikkapitel wiederholen.

Du weißt z. B. nicht mehr, worauf du bei der Verwendung französischer Adjektive achten musst. In diesem Fall orientierst du dich zunächst am **Inhaltsverzeichnis**. Dort findest du:

33	**2**	**Das Adjektiv**	85	**6**	**Das Verb und seine Ergänzungen**
34	1	Das Adjektiv im Satz	86	1	Liste der Verben und ihrer Ergänzungen
34	2	Prädikativ gebrauchte Adjektive	90	2	Hinweise zur Vermeidung von Fehlern
35	3	Attributiv gebrauchte Adjektive	91	**7**	**Die Pronomen**
36	4	Die Stellung attributiver Adjektive	92	1	Subjekt- und Objektpronomen
38	5	Die Angleichung des Adjektivs	104	2	Die Relativpronomen
41	6	Der Vergleich	108	3	Die Interrogativpronomen
43	7	Etwas, was, nichts ... + Adjektiv	110	4	Das Demonstrativpronomen
43	8	Adjektive und ihre Ergänzungen	110	5	Die Indefinitpronomen
44	9	Hinweise zur Vermeidung von Fehlern	113	6	Hinweise zur Vermeidung von Fehlern

Die erste Seite des betreffenden Kapitels ist farblich hervorgehoben. Dort findest du eine Übersicht über die Informationen, die du in diesem Kapitel bekommst.

In den einzelnen Abschnitten gibt es manchmal Erklärungen, die mit einer grauen Randleiste versehen sind. Dieser graue Rand weist auf **Zusatzinformationen** hin.
Zusatzinformationen sind Ausführungen für „Kenner", in der Regel also Stoff der Oberstufe die du dir ansehen kannst, wenn du dich umfassend informieren willst.

> Zusatzinformation
>
> Betonung:
>
> Die Regeln für die Voran- und Nachstellung von Adjektiven kannst du manchmal durchbrechen: Wenn du etwas betonen willst, kannst du z. B. sagen:
>
> un *épouvantable* accident (sehr) schrecklich
> les *noires* puissances schlimm, heimtückisch
> une *sensationnelle* affaire (überaus) sensationell

Gelegentlich erscheint in den Texten auch ein **Querverweis** auf ein anderes Kapitel.

> **TIPP** Wenn du einem Superlativ einen Relativsatz anfügen möchtest (Beispiel: Der verrückteste Film, den ich je gesehen habe), dann lies unter **136**/2.4 (2) weiter. Hier ist nämlich im Relativsatz der *subjonctif* erforderlich.

Das geschieht dann, wenn ein grammatisches Problem auch noch unter anderen Gesichtspunkten erklärt werden muss; hier z. B.: Was du beachten musst, wenn dem Superlativ eines Adjektivs ein Relativsatz folgt. Wenn du dich gründlich informieren willst, solltest du diesen Querverweisen nachgehen.

In jedem Falle ist es für dich sinnvoll, dir die **Hinweise zur Vermeidung von Fehlern** am Ende der Kapitel anzusehen.
Dort findest du Tipps zur Vermeidung von Fehlern, „Denkhilfen" für besonders komplizierte Fälle der französischen Grammatik und Übersetzungshilfen für Fälle, in denen du dich im Französischen ganz anders ausdrücken musst als im Deutschen.

Und noch ein letzter Hinweis:
Viele Fehler im Französischen entstehen, weil man vergisst, Begleiter, Adjektive oder Partizipien in Geschlecht und Zahl an das entsprechende Nomen oder Pronomen anzugleichen, z. B. *une jolie maison*. Deshalb sind in solchen Fällen die Farben blau für männlich und rot für weiblich verwendet worden. Sie sollen Dir helfen, notwendige Angleichungen auf einen Blick zu erkennen.

Wir hoffen, dass die französische Grammatik für dich ein nützliches Arbeitsinstrument sein wird.

Inhaltsverzeichnis

WÖRTER

Seite		
7	**1**	**Der Begleiter und das Nomen**
8	1	Der unbestimmte Artikel
9	2	Der bestimmte Artikel
15	3	Das partitive *de* und der Teilungsartikel
17	4	Der Possessivbegleiter
19	5	Der Demonstrativbegleiter
19	6	Der Interrogativ- und Ausrufebegleiter *quel*
20	7	Die indefiniten Begleiter
23	8	Das Geschlecht der Nomen
25	9	Singular und Plural
31	10	Hinweise zur Vermeidung von Fehlern
33	**2**	**Das Adjektiv**
34	1	Das Adjektiv im Satz
34	2	Prädikativ gebrauchte Adjektive
35	3	Attributiv gebrauchte Adjektive
36	4	Die Stellung attributiver Adjektive
38	5	Die Angleichung des Adjektivs
41	6	Der Vergleich
43	7	Etwas, was, nichts … + Adjektiv
43	8	Adjektive und ihre Ergänzungen
44	9	Hinweise zur Vermeidung von Fehlern
47	**3**	**Das Adverb**
48	1	Die Form des Adverbs
51	2	Der Vergleich
52	3	Die Stellung der Adverbien
54	4	Der Gebrauch einiger Adverbien
56	5	Der Gebrauch von Adjektiven und Adverbien
57	6	Hinweise zur Vermeidung von Fehlern
59	**4**	**Die Zahlwörter**
60	1	Die Grundzahlen
61	2	Die Ordnungszahlen
61	3	Die Bruchzahlen
62	4	Die Sammelzahlen
62	5	Hinweise zur Vermeidung von Fehlern

Seite		
63	**5**	**Das Verb**
64	1	Die verschiedenen Verbarten
64	2	Die Verbformen
67	3	Modus und Tempus
67	4	Die Tempora des Indikativs
78	5	Der Imperativ
79	6	Die Tempora des *subjonctif*
80	7	Die Tempora des *conditionnel*
81	8	Das Passiv
83	9	Die reflexiven Verben
84	10	Hinweise zur Vermeidung von Fehlern
85	**6**	**Das Verb und seine Ergänzungen**
86	1	Liste der Verben und ihrer Ergänzungen
90	2	Hinweise zur Vermeidung von Fehlern
91	**7**	**Die Pronomen**
92	1	Subjekt- und Objektpronomen
104	2	Die Relativpronomen
108	3	Die Interrogativpronomen
110	4	Das Demonstrativpronomen
110	5	Die Indefinitpronomen
113	6	Hinweise zur Vermeidung von Fehlern
115	**8**	**Die Präpositionen**
116	1	Die Form der Präpositionen
116	2	Der Gebrauch der Präpositionen
119	3	Präposition oder Konjunktion?
120	4	Hinweise zur Vermeidung von Fehlern

SÄTZE

Seite		
121	**9**	**Der Satz und seine Bestandteile**
122	1	Das Subjekt und seine Stellung
123	2	Das Prädikat
125	3	Die adverbialen Bestimmungen und ihre Stellung
126	4	Die Infinitivergänzung

Seite				Seite			
127	**10**		**Varianten des Aussagesatzes**	167	**16**		**Die Verneinung**
128		1	Aussagesätze mit *voilà* und *il y a*	168		1	Die Verneinungsadverbien (*ne … pas, ne … plus, ne … jamais*)
128		2	Der segmentierte Satz	169		2	Die Verneinung mit *personne, rien, aucun* und *pas un seul*
129		3	Die Hervorhebung von Satzteilen	171		3	Gebrauch der Verneinungswörter in positiver Bedeutung
131	**11**		**Der komplexe Aussagesatz**	171		4	Die Verneinung nur mit *pas*
132		1	Nebenordnende Verknüpfungen	172		5	Die Verneinung nur mit *ne*
133		2	Nebensätze: Der Relativsatz	172		6	Die Antwort auf verneinte Äußerungen
137		3	Indikativ oder *subjonctif* im Nebensatz mit *que* (= dass)	173		7	Die Verneinung *ne … ni … ni*
142		4	Nebensätze: Der Adverbialsatz	173		8	Die Einschränkung mit *ne … que*
145		5	Nebensätze: Der Bedingungssatz	175	**17**		**Der Passivsatz**
148		6	Hinweise zur Vermeidung von Fehlern	176		1	Die Bildung des Passivsatzes
151	**12**		***Participe présent* und *gérondif***	177		2	Der Gebrauch des Passivsatzes
152		1	Das *participe présent*	177		3	Hinweise zur Vermeidung von Fehlern
153		2	Das *gérondif*				
154		3	Hinweise zur Vermeidung von Fehlern				**TEXTE**
155	**13**		**Die Wiedergabe von Äußerungen**	179	**18**		**Der Text**
156		1	Die indirekte Rede	180		1	Der Gebrauch der Tempora im Text
156		2	Die indirekte Frage	185		2	Der Gebrauch des *conditionnel*
157		3	Die Zeitenfolge in der indirekten Rede/Frage	186		3	Zeitangaben
158		4	Indirekte Aufforderungen	187		4	Gesprochenes und geschriebenes Französisch
158		5	Hinweise zur Vermeidung von Fehlern	191	**19**		**Hinweise zum Schreiben von französischen Texten**
159	**14**		**Der Fragesatz**				
160		1	Überblick über die einzelnen Fragewörter	192		1	Ausdrücke, die einen Text gliedern
160		2	Die Intonationsfrage und die Frage mit nachgestelltem Fragewort	194		2	Die Erzählung
161		3	Die Frage mit *est-ce que*	195		3	Das Resümee
162		4	Die Inversionsfrage	196		4	Der Kommentar
162		5	Die Frage nach dem Subjekt	198		5	Die Charakteristik
163		6	Infinitivfragen	199		6	Briefe
164		7	Hinweise zur Vermeidung von Fehlern	200		7	Hinweise zur Vermeidung von Fehlern
165	**15**		**Der Aufforderungssatz und der Ausrufesatz**	203			**Anhang**
				204		1	Die Konjugation unregelmäßiger Verben
166		1	Der Aufforderungssatz	214		2	Index
166		2	Der Ausrufesatz				

1

Der Begleiter und das Nomen
Le déterminant et le nom

Nomen – man sagt auch Substantive – werden im Deutschen wie im Französischen meist von anderen Wörtern begleitet, die das Nomen näher bestimmen, z. B. die Mode, meine Mutter, ein Kino, dieser Sport.
Diese Wörter nennt man Begleiter.

Welche Begleiter gibt es im Französischen?

Im Französischen gibt es:

– den unbestimmten Artikel	*un, une, des*	1
– den bestimmten Artikel mit seiner Grundform	*le, la, les*	2.1 und 2.3–2.9
und den zusammengezogenen Artikel	(z. B. *près **du** cinéma*, ***aux** environs de*)	2.2 und 2.3
– das partitive *de* und den Teilungsartikel	(*beaucoup **de** chance*) (***du** café, **de la** chance*)	3
– den Possessivbegleiter	*mon, ma, mes; ton, ta, tes ...*	4
– den Demonstrativbegleiter	*ce/cet, cette, ces*	5
– den Interrogativ- und den Ausrufebegleiter	*quel, quelle ...*	6
– die indefiniten Begleiter	*tout, toute ..., autre ..., chaque* usw.	7

Hinweise zum Gebrauch der Artikel bei Ländernamen, Zeitangaben, Körperteilen usw. findest du in   2.4–2.10

Der 2. Teil dieses Kapitels befasst sich mit dem Nomen, also solchen Wörtern wie Vater, Mutter, Auto, Haustür usw. Du erfährst etwas über:

– das Geschlecht der Nomen	(***le** garage, **la** photo*)	8
– den Singular und die Bildung des Plurals	(z. B. *la voiture – les voitures, le cheval – les chevaux*)	9
– zusammengesetzte Nomen und ihren Plural	(*des porte-clés, des timbres-poste*)	9.3

Schließlich findest du Hinweise zur Vermeidung von Fehlern in Abschnitt   10

1 Der unbestimmte Artikel
L'article indéfini

Einen unbestimmten Artikel gibt es auch im Deutschen: <u>ein</u> Apfel, <u>eine</u> Banane, <u>ein</u> Kind.

Singular *(singulier)*	un restaurant un hôtel	une voiture une aventure
Plural *(pluriel)*	des restaurants des hôtels	des voitures des aventures

Bei männlichen Nomen steht *un*.
Bei weiblichen Nomen steht *une*.
Französische Nomen sind männlich oder weiblich.
Sächliche Nomen wie im Deutschen (z. B. Kind) gibt es nicht.

Der unbestimmte Artikel hat im Französischen eine Pluralform: *des*.
Im Deutschen gibt es eine solche Pluralform nicht:

*Ce sont **des** bananes.* Das sind ■ Bananen.
*Voilà **des** sandwichs.* Hier sind ■ Sandwiches.

Des steht bei männlichen und bei weiblichen Nomen.

AUSSPRACHE

un hôtel [ɛ̃nɔtɛl]; *des aventures* [dezavãtyr]

Vor Vokal und stummem *h* wird *un* [ɛ̃n] und *des* [dez] ausgesprochen.

*Ici on peut faire **de** belles promenades.*
Hier kann man schön spazieren gehen.

Vor Adjektiven wird *des* zu *de*.
In der Umgangssprache hört man aber häufig *des*:
Tu as des jolies chaussures.

Zusatzinformation

***des** petits pains*	Brötchen
***des** petits pois*	Erbsen
***des** jeunes filles*	Mädchen
***des** jeunes gens*	Jugendliche

Des petits pains, des petits pois sind zusammengesetzte Nomen: Hier bildet das Adjektiv (*petit*) zusammen mit einem Nomen (*pain, pois*) ein neues zusammengesetztes Nomen. In solchen Fällen steht immer der volle Artikel *des*.

*Vous avez **un** thermomètre?*
Haben Sie <u>ein</u> Thermometer?

→ *Non, je n'ai pas **de** thermomètre.*
Nein, ich habe <u>kein</u> Thermometer.

In verneinten Sätzen wird der unbestimmte Artikel zu *de*.

Zwei Ausnahmen:

*Ce n'est pas **un** thermomètre.*
Das ist <u>kein</u> Thermometer.

– In verneinten Sätzen mit *être* bleibt der unbestimmte Artikel erhalten.

*Il n'y avait pas **un** (seul) agent!*
<u>Kein</u> einziger Polizist war da.

– *Ne … pas un/une* entspricht hier dem deutschen *kein einziger, keine einzige*. Aus diesem Grund bleibt *un/une* im verneinten Satz erhalten.

Siehe auch → **15**/3

2 Der bestimmte Artikel
L'article défini

2.1 Grundform

Aus dem Deutschen kennst du die bestimmten Artikel der, die, das (Singular) und die (Plural).
Im Französischen hat der bestimmte Artikel die folgenden Formen:

Singular (singulier)	le restaurant l'hôtel	la voiture l'aventure
Plural (pluriel)	les restaurants les hôtels	les voitures les aventures

Le steht bei männlichen Nomen Singular.
La steht bei weiblichen Nomen Singular.
Vor Vokal und stummem *h* werden *le* und *la* zu *l'* verkürzt.
Bei männlichen und weiblichen Nomen im Plural steht *les*.
Zum Plural der Nomen → **25**/9.

les hôtels [lezotɛl]; *les aventures* [lezavɑ̃tyr]

AUSSPRACHE
Vor Vokal und stummem *h* wird *les* [lez] ausgesprochen.

l'aventure – *la grande aventure*

ATTENTION
Vor Vokal und stummem *h* steht immer *l'* aber vor Konsonant steht immer *le* oder *la*.

ATTENTION
Nicht jedes *h* ist im Französischen ein stummes *h*.

le hamburger	la haine
le haricot	la hauteur
le hasard	la hiérarchie
le héros	la honte

Vor einigen Wörtern, die mit *h* beginnen, wird die normale, unverkürzte Form des Artikels benützt. Diese Wörter sind im Wörterbuch meist durch ein vorangestelltes Sternchen gekennzeichnet: **héros*.

2.2 Der zusammengezogene Artikel
L'article contracté

Zusammengezogene Artikel gibt es auch im Deutschen:
Ich gehe <u>zum</u> (zu dem) Bahnhof. Ich bin <u>im</u> (in dem) Schwimmbad.

1. *du/des*

Voici une photo	de la de l' du des	mer. école. film «La Boum». amis de Naomi.

Nur die Artikel *le* und *les* werden mit der Präposition *de* zusammengezogen:
*de + le = **du***
*de + les = **des***

MERKE

près du cinéma	(près de)
au bout du parc	(au bout de)
à côté du magasin	(à côté de)

Die Präposition *de* kommt auch in Zusammensetzungen wie *près de*, *à côté de* usw. vor. Auch hier musst du dann den zusammengezogenen Artikel verwenden.

2. au/aux

Naomi va	à la	M.J.C.
	à l'	église.
	au	cinéma.
Elle habite	**aux**	environs de Grenoble.

Nur die Artikel *le* und *les* werden mit der Präposition *à* zusammengezogen:
à + *le* = **au**
à + *les* = **aux**

Der zusammengezogene Artikel mit Ländernamen → **10**/2.4.

2.3 Der Gebrauch der Artikel
L'emploi des articles

À Croisset, il y a un musée, le musée Flaubert.
In Croisset gibt es ein Museum, das Flaubert-Museum.

Im Allgemeinen verwendet man den bestimmten Artikel, wenn man von Personen, Sachen oder Sachverhalten redet, die man als bekannt voraussetzt oder die man schon früher erwähnt hat. Das ist im Deutschen genauso.

Il est ■ médecin.
Er ist ■ Arzt.

C'est un médecin très gentil.
Das ist ein sehr netter Arzt.

C'est le médecin qui a soigné ma grippe.
Das ist der Arzt, der meine Grippe behandelt hat.

Naomi voudrait devenir ■ journaliste.
Naomi möchte ■ Journalistin werden.

Auch in diesen Fällen stimmt das Französische mit dem Deutschen überein.

Manchmal steht aber im Französischen ein Artikel und im Deutschen nicht.

Die folgenden Abschnitte weisen dich auf die wichtigsten Unterschiede zum Deutschen hin, und zwar geht es um den Gebrauch des Artikels:
– bei geografischen Namen *(la France, la Loire)* → **10**/2.4,
– bei Zeitangaben *(samedi, demain)* → **12**/2.5,
– in Verbindung mit Körperteilen *(elle a les yeux bleus)* → **13**/2.6,
– in Verbindung mit Wissenschaften und Schulfächern *(le français, la géographie)* → **13**/2.7,
– mit Titeln und in Anreden *(Monsieur le maire)* → **13**/2.8,
– nach Verben wie *aimer, préférer* und *détester (j'aime le foot)* → **13**/2.9.

Schließlich findest du in **14**/2.10 eine Liste von Wendungen, bei denen das Nomen in der Regel ohne Artikel steht.

2.4 Der bestimmte Artikel bei geografischen Namen
L'article défini avec les noms géographiques

1. Kontinente

l'Europe	■ Europa
l'Afrique	■ Afrika
l'Asie	■ Asien
l'Amérique	■ Amerika
l'Australie	■ Australien
l'Océanie	■ Ozeanien

Anders als im Deutschen steht bei Kontinenten der bestimmte Artikel.

TIPP Die Namen der Kontinente sind alle weiblich: *une Europe unie* – *une Amérique puissante*.

2. Länder

le *Mexique*	Mexiko	
le *Portugal*	Portugal	
le *Luxembourg*	Luxemburg	
la *France*	Frankreich	
l'*Allemagne*	Deutschland	
la *Suisse*	die Schweiz	
les *Pays-Bas*	die Niederlande	
les *États-Unis*	die USA	

Bei Ländernamen steht in der Regel der bestimmte Artikel.
Ausnahmen: *Israël, Andorre, Monaco, Saint-Marin* (San Marino)
Ländernamen können männlich oder weiblich sein.

TIPP Ländernamen, die auf *-e* enden, sind <u>meist</u> weiblich. Ländernamen, die mit einem Konsonanten oder einem anderen Vokal als *-e* enden sind <u>immer</u> männlich.

Zusatzinformation

Regionen, Departements und Inseln

la Provence	die Provence
l' Alsace (f.)	das Elsaß

Namen von Regionen und Departements werden, wie im Deutschen, mit dem bestimmten Artikel verwendet.

le Haut-Rhin	das Departement Haut-Rhin

la Corse	■ Korsika
■ Chypre	■ Zypern

Bei Inseln schwankt der Gebrauch: Einige werden mit, andere ohne Artikel verwendet. Hier schaust du am besten ins Wörterbuch.

Flüsse, Gebirge, Meere

le Rhin	der Rhein
la Seine	die Seine
les Alpes	die Alpen
le Jura	der Jura
l' Atlantique	der Atlantik
la Baltique	die Ostsee

Hier steht, wie im Deutschen, der bestimmte Artikel.

3. Ländernamen und Präpositionen

Hier ein Überblick über den Gebrauch der Präpositionen bei Ländernamen:

		au <u>Portugal</u>	
		aux <u>USA</u>	
(aller à)	Je vais	à <u>Monaco</u>	
(être à)	Je suis	en <u>Israël</u>	
		en <u>Amérique</u>	
		en <u>France</u>	

– männlicher Ländername mit Artikel:
  à + bestimmter Artikel = *au/aux*

– männlicher Ländername ohne Artikel:
  à vor Konsonant
  en vor Vokal

– weibliche Ländernamen:
  en

(venir de)	Je viens	*du* Portugal *des* États-Unis	männliche Ländernamen mit Artikel: *de* + bestimmter Artikel = *du/des*
(rentrer de)	Je rentre	*de* Monaco *d'*Israël *d'*Amérique *de* France	Alle anderen Ländernamen: *de/d'*

Zusatzinformation

Himmelsrichtungen:

à l'est de la France
au sud de l'Allemagne Bei Himmelsrichtungen verwendest du den *article contracté*
au nord du Portugal → **9/2.2**.

2.5 Der bestimmte Artikel bei Zeitangaben
L'article défini et les indications de temps

– *Tu es libre **samedi**?* Der bestimmte Artikel vor Wochentagen zeigt an, dass ein
Hast du Zeit am Samstag? Ereignis regelmäßig stattfindet. Im Deutschen fügt man dafür

– *Non, **le samedi**, je joue toujours au foot.* ein -s an den Wochentag.
Nein, samstags spiele ich immer Fußball.

*Le restaurant sera fermé **lundi prochain**.*
Das Restaurant ist nächsten Montag geschlossen.

*Ce restaurant est fermé **le lundi**.*
Dieses Restaurant ist montags geschlossen.

*Aujourd'hui, nous sommes **le 25 mars**.* Ein (genaues) Datum gibt man mit dem bestimmten
*Je passe chez toi **le lundi de Pâques**, d'accord?* Artikel an.

Tageszeiten drückt man folgendermaßen aus:

hier matin	gestern Morgen	– ohne Artikel, wenn ein Zeitadverb oder ein Wochentag
demain après-midi	morgen Nachmittag	hinzukommt,
mercredi soir	Mittwochabend	
à midi	um 12 Uhr mittags	– *midi* und *minuit* stehen ohne Artikel,
vers minuit	gegen Mitternacht	
le matin	morgens	– mit bestimmtem Artikel, wenn etwas regelmäßig passiert
*à une heure **du** matin*	um ein Uhr morgens	oder wenn du eine Uhrzeit zusätzlich angibst,
ce soir	heute Abend	– mit dem Demonstrativbegleiter, wenn das Ereignis heute
cette nuit	heute Nacht	stattfindet.

2.6 Der bestimmte Artikel vor Körperteilen
L'article défini avec les parties du corps

*Sylvie a **les** yeux bleus.*
Sylvie hat ■ blaue Augen.

*J'ai mal **à la** tête et mal **au** ventre.*
Ich habe ■ Kopfweh und ■ Bauchweh.

Vor Körperteilen steht in der Regel der bestimmte Artikel.

2.7 Der bestimmte Artikel bei Wissenschaften und Schulfächern
L'article défini avec les sciences et les matières

La géographie et moi, ça fait deux. ■ Erdkunde liegt mir nicht.
Les mathématiques sont difficiles. ■ Mathematik ist schwierig.
Elle étudie la chimie. Sie studiert ■ Chemie.

À huit heures, j'ai anglais. Um acht Uhr habe ich Englisch.
un cours de français ein Französischkurs
les études de droit das Jurastudium

Wissenschaften und Schulfächer werden mit dem bestimmten Artikel verwendet,

aber:
Schulstunden werden ohne Artikel angegeben; in Zusammensetzungen *(un cours de, des études de)* fehlt ebenfalls der Artikel.

2.8 Der bestimmte Artikel bei Titeln und Anreden
L'article défini avec des titres et termes d'adresse

le docteur Calvet ■ Doktor Calvet
le roi Philippe ■ König Philipp
le commissaire Maigret ■ Kommissar Maigret

Monsieur le maire Herr ■ Bürgermeister
Madame le ministre Frau ■ Ministerin

Salut, les copains! Hallo ■ Kumpel.
aber: *Bonjour, ■ docteur.* Guten Tag, Herr ■ Doktor.

Der bestimmte Artikel steht:
– vor Titel + Namen,

– zwischen *monsieur/madame* und dem Titel,

– in der Anrede an <u>mehrere</u> Personen *(Salut, les copains!)*, aber <u>nicht</u> in der Anrede an eine einzelne Person *(Bonjour, docteur)*.

MERKE *monsieur* Herr → *le monsieur* der Herr

aber: *Madame* Frau → *la dame* die Dame
Mademoiselle Fräulein → *la demoiselle* das Fräulein

Vor *madame* und *mademoiselle* steht nie ein Artikel. Sie sind reine Anredeformeln.

2.9 Der bestimmte Artikel nach *aimer, préférer, détester*
L'article défini après aimer, préférer, détester

J'aime la musique pop Ich mag ■ Popmusik
mais je préfère le rock. aber ich ziehe ■ Rock vor.
Je déteste le bruit, Ich hasse ■ Lärm,
et je n'aime pas le techno. und ich mag <u>keinen</u> Techno.

Im Französischen wird der bestimmte Artikel auch verwendet, wenn man von einer Sache im Allgemeinen redet, z. B. *J'aime la musique* heißt: Ich mag Musik (überhaupt).

L'argent ne fait pas le bonheur.
- Geld (im Allgemeinen) macht nicht glücklich.

Les bananes sont bonnes pour la santé.
- Bananen (im Allgemeinen) sind gesund.

Auch hier ist von Geld und Bananen ganz allgemein die Rede. Du verwendest den bestimmten Artikel.

2.10 Die Auslassung des Artikels
L'omission de l'article

Nicht immer musst du im Französischen einen Artikel vor dem Nomen gebrauchen. In einigen Fällen deckt sich das Französische mit dem deutschen Sprachgebrauch, z. B.:

Elle est ■ artiste.	Sie ist ■ Künstlerin.	– bei Berufsangaben;
Il voudrait devenir ■ médecin.	Er möchte gern ■ Arzt werden.	

■ *Incendie dans la rue Malle!*	■ Feuer in der Rue Malle!	– bei Schlagzeilen oder Verkehrsschildern;
■ *Stationnement interdit.*	■ Parken verboten.	

Mon adresse: 23, rue de Rivoli, ■ bloc 5. — – bei Adressen.

aber:
J'habite ■ place Lemoine. Ich wohne <u>am</u> Platz Lemoine.

Ebenfalls kein Artikel steht:

manquer de qc. etw. nicht haben	*Il manque de ■ courage.*	– nach einigen Verben mit *de*;
changer de qc. etw. wechseln	*Il change de ■ pyjamas toutes les semaines.*	
avoir besoin de qc. etw. brauchen	*Il a besoin d'■ argent.*	
avoir envie de qc. auf etw. Lust haben	*Il a encore envie de ■ pain.*	

z. B. *rouge de*	*Il était rouge de ■ colère.*	– nach Adjektiven + *de*;

sans	*du café sans ■ sucre*	– nach *sans*.

Zusatzinformation

sans ■ gâteau
ohne Kuchen

sans le gâteau de grand-mère
ohne Großmutters Kuchen

Wenn das Nomen (hier: *gâteau*) eine Ergänzung mit sich führt (hier: *de grand-mère*), steht der bestimmte Artikel.

Auch in diesen Wendungen steht kein Artikel:

avoir soif / avoir faim	durstig/hungrig sein
avoir raison / avoir tort	Recht/Unrecht haben
avoir honte (de qc)	sich (für etw.) schämen
avoir peur (de qc)	vor etw. Angst haben
avoir mal (à qc)	Schmerzen haben
avoir rendez-vous (avec qn)	(mit jdm) verabredet sein
perdre patience	die Geduld verlieren
perdre courage	den Mut verlieren
perdre connaissance	ohnmächtig werden
faire attention (à qc)	(auf etw.) aufpassen
faire peur (à qn)	(jdm) Angst machen
faire mal (à qn)	(jdm) wehtun
faire plaisir (à qn)	(jdm) eine Freude machen
faire part de qc (à qn)	(jdm) etw. mitteilen
faire face (à qn)	(jdm) entgegentreten
faire suite (à qc)	(auf etw.) folgen
prendre place	Platz nehmen
prendre fin	zu Ende gehen
porter bonheur	Glück bringen
se rendre compte (de qc)	sich über (etw.) klar werden
tenir compte (de qc)	(etw.) berücksichtigen

3 Das partitive *de* und der Teilungsartikel
Le de partitif et l'article partitif

3.1 Das partitive *de* nach Mengenangaben
Le de partitif avec les quantifiants

Mengenangaben kennst du aus dem Deutschen:
ein Glas Wasser, eine Flasche Saft, zwei Kilo Kartoffeln, viel Zeit.
Im Deutschen steht zwischen der Mengenangabe und dem Nomen kein Artikel: ein Glas ■ Wasser.

Fabien achète	*deux kilos de* pommes, *trois litres d'eau minérale,* *un pot de confiture.*	Nach Mengenangaben verwendest du im Französischen einen Artikel, das partitive *de*.
Jeanine a	*assez de croissants,*	Eine ähnliche Erscheinung kennst du auch aus dem Englischen: a cup of tea.
mais elle	*n'a pas de kiwis,*	Vor Vokal und stummem *h* wird *de* zu *d'* verkürzt.
et	*peu d'oranges,*	
et elle	*n'a plus de bananes.*	
Elle a encore	*beaucoup de clients,*	
mais pour	*combien de temps?*	

Mengenangaben können sein:

un kilo	ein Kilo	
trois litres	drei Liter	
un pot	ein Glas/Topf	– Nomen
un paquet	ein Paket	
une tasse	eine Tasse	
etc.		
assez	genug	
peu	wenig	
beaucoup	viel	– Adverbien
trop	zu viel	
combien	wie viel	
etc.		
ne … pas	kein	– Verneinungen
ne … plus	kein … mehr	
etc.		

ATTENTION Bei den folgenden Mengenangaben steht <u>des</u>:

la moitié des Français	die Hälfte der Franzosen
la majorité des électeurs	die Mehrheit der Wähler
la plus grande partie des cas	der größte Teil der Fälle
la plupart des sportifs	die meisten Sportler
bien des gens	viele Leute

Eine weitere Ausnahme bilden auch verneinte Sätze mit dem Verb *être*:

*Ce n'est pas **du** café, c'est du chocolat.* Das ist kein Kaffee, das ist Schokolade.	In einem Satz mit *être* verwendest du trotz der Verneinung den vollen Teilungsartikel (*du, de la, de l', des*) und nicht nur *de*.

Zusatzinformation

*Il n'y avait pas **un** (seul) agent!* Kein einziger Polizist war da.	Wenn *un/une* im Sinne von kein Einziger / keine Einzige gebraucht wird, bleibt es auch im verneinten Satz erhalten.

3.2 Der Teilungsartikel
L'article partitif

Fabien achète ⎰ *des pommes,* *de l'eau minérale,* *et* ⎱ *de la confiture* *du pain.*	Vergleiche diese Beispiele mit den Beispielen in 3.1. Diese Sätze enthalten <u>keine</u> Mengenangaben: Man weiß nicht, wie viele Äpfel, wie viel Wasser, Marmelade oder Brot Fabien gekauft hat. Die Menge ist hier <u>unbestimmt</u>. Im Deutschen setzt man keinen Artikel. Im Französischen verwendet man jedoch den Teilungsartikel. Er wird gebildet aus *de* + bestimmter Artikel, also:

du	*de la*
de l'	*de l'*
	des

MERKE

*Elle a **de l'**humour.*
Sie hat ■ Humor.

*Tu as **de la** chance.*
Du hast ■ Glück.

Nicht nur einen konkreten Gegenstand wie Kartoffelbrei oder Schokoladenmousse kannst du mit dem Teilungsartikel als unbestimmte Menge kennzeichnen. Auch abstrakte Begriffe wie Humor oder Glück werden mit dem Teilungsartikel verbunden.

*Je voudrais **du** café, s'il vous plaît.*
Ich hätte gerne ■ Kaffee, bitte.

Im ersten Beispiel möchte der Sprecher Kaffee: wie viel, bleibt offen.

*Je voudrais **un** café.*
Ich hätte gerne einen Kaffee.

Im zweiten Beispiel bittet der Sprecher um <u>einen</u> Kaffee, also eine Tasse; hier ist die Menge bestimmt.

ATTENTION

Ce n'est pas | *du café,* | *c'est de l'eau!*
            | *de la limonade,* |

Bei dem Verb *être* steht auch in der Verneinung der volle Teilungsartikel, <u>nicht</u> das partitive *de*.

ATTENTION Nach *aimer, préférer, détester* steht der bestimmte Artikel! → **13**/2.9.

4 Der Possessivbegleiter
Le déterminant possessif

Possessivbegleiter kennzeichnen die Zugehörigkeit von Personen oder Sachen:
<u>mein</u> Buch, <u>dein</u> Heft, <u>eure</u> Lehrer ...

	ein „Besitztum"				mehrere „Besitztümer"	
mein(e)	mon	frère ami	ma **mon**	sœur amie	mes	frères amis sœurs amies
dein(e)	ton	frère ami	ta **ton**	sœur amie	tes	frères amis sœurs amies
ihr(e), sein(e)	son	frère ami	sa **son**	sœur amie	ses	frères amis sœurs amies
Ihr(e)	votre	frère ami	votre	sœur amie	vos	frères amis sœurs amies

Mon, ton, son stehen bei
– männlichen Nomen im Singular,
– weiblichen Nomen im Singular, wenn ein Vokal oder stummes *h* folgt.

Ma, ta, sa stehen bei
– weiblichen Nomen im Singular, wenn ein Konsonant folgt.

Mes, tes, ses, vos begleiten
– männliche und
– weibliche Nomen im Plural.

Vor Vokal und stummem *h* werden *mes, tes, ses* und *vos* gebunden: *mes amis* [me<u>z</u>ami].

Bei der Höflichkeitsform *votre* spielt das Geschlecht des Nomens, auf das sich der Begleiter bezieht, keine Rolle.

▶

	ein „Besitztum"		mehrere „Besitztümer"	
unser(e)	*notre*	*frère* *ami/amie* *sœur*	*nos*	*frères* *amis/amies* *sœurs*
euer(e)	*votre*	*frère* *ami/amie* *sœur*	*vos*	*frères* *amis/amies* *sœurs*
ihr(e)	*leur*	*frère* *ami/amie* *sœur*	*leurs*	*frères* *amis/amies* *sœurs*

Notre, votre, leur stehen vor männlichen oder weiblichen Nomen im Singular.

Nos, vos, leurs begleiten männliche oder weibliche Nomen im Plural.

Vor Vokal und stummem *h* werden *nos, vos, leurs* gebunden: *leurs amis* [lœrzami].

MERKE *Votre/vos* kann sowohl Ihr/Ihre als auch euer/eure bedeuten.

MERKE

Voilà Fabien avec sa mère et son frère.
Hier ist Fabien mit seiner Mutter und seinem Bruder.

Voilà Naomi avec sa mère et son frère.
Hier ist Naomi mit ihrer Mutter und ihrem Bruder.

Im Französischen richtet sich der Possessivbegleiter ausschließlich nach dem Geschlecht des Bezugswortes (hier: *la mère, le frère*). Das Geschlecht des „Besitzers" (hier: Fabien oder Naomi) spielt keine Rolle.

MERKE

Ils parlent de leur professeur. ... von ihrem Lehrer.
Ils parlent de leurs professeurs. ... von ihren Lehrern.

Mehrere „Besitzer" und ein „Besitztum"
→ *notre/votre/leur*.
Mehrere „Besitzer" und mehrere „Besitztümer" → *nos/vos/leurs*.

Zusatzinformation

*On a invité **nos** cousins.*

Nach *on* (= *nous*) steht *notre/nos*.

*Mets **ton** pull rouge.*
Zieh den roten Pullover an.

***Ta** robe blanche te va très bien.*
Das weiße Kleid steht dir sehr gut.

Häufiger als im Deutschen steht bei Kleidungsstücken der Possessivbegleiter.

aber:
*Elle s'est déchiré **le** pull.*
Sie hat sich den Pullover zerrissen.

Bei reflexiven Verben steht in der Regel der bestimmte Artikel vor dem Nomen.

5 Der Demonstrativbegleiter
Le déterminant démonstratif

Demonstrativbegleiter verwendet man, wenn man auf einen ganz bestimmten Gegenstand hinweisen will: dieses Photo, diese Person ...

Singular (singulier)	ce quartier cet endroit	cette	rue avenue
Plural (pluriel)	ces		quartiers endroits rues avenues

Im Singular hat der männliche Demonstrativbegleiter zwei Formen:
– *ce* steht vor Konsonant,
– *cet* steht vor Vokal und stummem *h*.
Die weibliche Singularform lautet immer *cette*.
Im Plural hat der Demonstrativbegleiter nur eine Form: *ces*. Diese Erscheinung kennst du bereits vom bestimmten und unbestimmten Artikel.

AUSSPRACHE Vor Vokal und stummem *h* wird *ces* gebunden: *ces hôtels* [sezotɛl].

ATTENTION *Ces* und *ses* klingen gleich. [selivr] z. B. kann *ses livres* (seine/ihre Bücher) oder *ces livres* (diese Bücher) bedeuten. Was jeweils gemeint ist, erkennst du aus dem Textzusammenhang.

MERKE
ce matin/soir — heute Morgen/Abend
cette après-midi — heute Nachmittag
un de ces jours — in den nächsten Tagen
ces derniers temps — in der letzten Zeit

Zusatzinformation

Donnez-moi ces tomates-là.
Geben Sie mir diese Tomaten da.

Mais ces tomates-ci sont meilleures.
Aber diese Tomaten hier sind besser.

Zur Verstärkung fügt man häufig, vor allem in der gesprochenen Sprache, *-là* an das Nomen.

Zur Gegenüberstellung hier/dort verwendet man *-ci/-là*.

6 Der Interrogativ- und Ausrufebegleiter *quel*
Le déterminant interrogatif et exclamatif *quel*

Interrogativbegleiter kennst du aus dem Deutschen: Welches Land? Welche Stadt?

Singular (singulier)	Quel pays?	Quelle ville?
Plural (pluriel)	Quels pays?	Quelles villes?

Der Begleiter *quel* richtet sich in Geschlecht und Zahl nach dem Nomen, das er begleitet.

AUSSPRACHE Vor Vokal und stummem *h* werden *quels* und *quelles* gebunden: *quels animaux* [kɛlzanimo], *quelles histoires* [kɛlzistwar].

Quelles villes françaises est-ce que tu connais?
Welche französischen Städte kennst du?

Je me demande quelles villes ils connaissent.
Ich frage mich, welche Städte sie kennen.

Quelle ville!
Welche Stadt! / Was für eine Stadt!

Quel verwendest du:
– um eine direkte Frage einzuleiten,

– um eine indirekte Frage einzuleiten,

– bei Ausrufen.

De quelle ville est-ce que tu parles? *Dans quelle ville est-ce qu'elle habite?*	Von welcher Stadt redest du? In welcher Stadt wohnt sie?	Wie im Deutschen kannst du *quel* auch mit einer Präposition verbinden.

Quel est votre nom? *Quel âge as-tu?* *Il est quelle heure?* *Tu arrives à quelle heure?* *Quelle est ton adresse?*	Wie heißen Sie? Wie alt bist du? Wie spät ist es? Um wie viel Uhr kommst du an? Wie ist deine Adresse?	**ATTENTION** Nicht immer entspricht *quel* dem deutschen welch. Am besten du merkst dir diese Wendungen.

7 Die indefiniten Begleiter
Les déterminants indéfinis

Im Folgenden findest du eine Liste der wichtigsten indefiniten Begleiter in alphabetischer Reihenfolge.

7.1 Aucun

Il n'a aucun livre. *Il n'y a aucune étoile au ciel.*	Er hat kein (einziges) Buch. Da ist kein (einziger) Stern am Himmel.	*Aucun* wird im Geschlecht an das Nomen, das es begleitet, angeglichen. *Aucun* wird nur mit Nomen im Singular verwendet. *Aucun* steht ausschließlich in verneinten Sätzen und nur zusammen mit *ne*.

Beachte die Stellung von *ne*, wenn *aucun* das Subjekt begleitet:

Aucun client **n'**a appelé.	Kein (einziger) Kunde hat angerufen.	*Ne* steht immer vor dem Verb.

Aucun lässt sich vielfach durch *pas un seul / pas une seule* ersetzen, z. B.: *Il n'a **pas un seul** livre.*

7.2 Autre

un **autre** ciel ein anderer Himmel	une **autre** végétation eine andere Vegetation	*Autre* wird in der Zahl an das Nomen, das es begleitet, angeglichen. Vor *autre* steht in der Regel ein anderer Begleiter, z. B. – der unbestimmte Artikel: **un** *autre ciel*, – der bestimmte Artikel: **les** *autres clients*, – der Demonstrativbegleiter: **cette** *autre fille*, – der Possessivbegleiter: **mon** *autre copine*.
d'**autres** problèmes andere Probleme	d'**autres** solutions andere Lösungen	

ATTENTION *des* + *autres* → *d'autres*

MERKE	*autre chose*	etwas anderes
	l'autre jour	neulich
	un autre jour	ein anderes Mal

Der Begleiter und das Nomen / *Le déterminant et le nom*

7.3 Chaque

chaque homme	**chaque** femme
jeder (einzelne) Mann	jede (einzelne) Frau

Chaque steht immer vor Nomen im Singular und hat nur eine einzige Form.
Chaque bedeutet jeder/jede Einzelne.

7.4 N'importe quel

n'importe quel problème	**n'importe** quelle question
n'importe quels problèmes	**n'importe** quelles questions

Das französische *n'importe quel* entspricht dem deutschen irgendein/e.
Quel wird in <u>Geschlecht und Zahl</u> an das Nomen, das es begleitet, angeglichen.

7.5 Plusieurs

plusieurs livres	**plusieurs** personnes
mehrere Bücher	mehrere Personen

Plusieurs hat nur eine Form und steht immer vor einem Nomen im Plural.

MERKE *à plusieurs*	zu mehreren

7.6 Quelques

quelques chats	**quelques** souris
einige Katzen	einige Mäuse

In der Regel steht *quelques* ohne einen weiteren Begleiter vor einem Nomen im Plural.

Beachte jedoch:

les quelques achats que j'ai faits
die wenigen Einkäufe, die ich gemacht habe

Ces quelques informations pourront vous servir.
Diese wenigen Hinweise können Ihnen nützen.

MERKE	pour quelque temps	für einige Zeit
	depuis quelque temps	seit einiger Zeit
	dans quelque temps	in einiger Zeit
	quelque chose	etwas
	quelque part	irgendwo
	quelquefois	manchmal

7.7 Tel

un tel désordre solch eine Unordnung	une telle catastrophe solch eine Katastrophe
de tels mots solche Wörter	de telles expressions solche Ausdrücke

Dem französischen *tel* entspricht im Deutschen solch, solche. *Tel* wird in Geschlecht und Zahl dem Nomen, das es begleitet, angeglichen. Es steht immer direkt vor dem Nomen.
In der Regel wird *tel* immer zusammen mit dem unbestimmten Artikel verwendet.

ATTENTION Im Plural heißt es *de tels / de telles*.

MERKE *à telle heure* um die oder die Zeit

7.8 Tout

tout mon argent mein ganzes Geld	toute la nuit die ganze Nacht
tous les bâtiments alle Gebäude	toutes mes économies all meine Ersparnisse

Der Begleiter *tout* bedeutet im Singular ganz und im Plural alle. *Tout* wird in Geschlecht und Zahl dem Nomen, das es begleitet, angeglichen.
Nach *tout* steht meist ein weiterer Begleiter, z. B.:
– der unbestimmte Artikel im Singular:
   toute une après-midi einen ganzen Nachmittag,
– der bestimmte Artikel:
   toute la nuit die ganze Nacht,
– der Demonstrativbegleiter:
   tous ces livres all diese Bücher,
– der Possessivbegleiter:
   tout mon argent mein ganzes Geld.

MERKE

man sagt:	**tout** le monde	alle, jedermann
aber:	le monde **entier**	die ganze Welt
man sagt:	**tous** les matins	jeden Morgen
	toutes les nuits	jede Nacht

ATTENTION In den folgenden feststehenden Ausdrücken steht *tout* ohne einen weiteren Begleiter:

écrire en toutes lettres	ausschreiben
en tout cas	auf jeden Fall
de toute façon	jedenfalls
à tout moment	in jedem Augenblick
à tout prix	unbedingt / um jeden Preis
toutes directions	alle Richtungen
toutes sortes de ...	alle möglichen ...

8 Das Geschlecht der Nomen
Le genre des noms

un *père*	une *mère*	Französische Nomen sind entweder männlich oder weiblich.
un *livre*	une *maison*	Im Singular kann man das Geschlecht eines Nomens immer am dazugehörigen unbestimmten Artikel erkennen.

In den folgenden Abschnitten erhältst du Informationen über:
– die Kennzeichnung des Geschlechts bei Lebewesen (z. B. *enfant, ami*) → **23**/8.1,
– die Kennzeichnung des Geschlechts bei anderen Nomen (z. B. *garage, passage* usw.) → **24**/8.2,
– das Geschlecht der zusammengesetzten Nomen (z. B. *mot-clé, chou-fleur* usw.) → **25**/8.3.

8.1 Zur Kennzeichnung des Geschlechts bei Lebewesen
Le genre des mots désignant des êtres animés

un *artiste*	ein Künstler	une *artiste*	eine Künstlerin	Bei einigen Nomen kann man das Geschlecht nur am Begleiter ablesen. Dies ist oft der Fall bei Nomen, die in der männlichen Form bereits auf -*e* enden.
un *camarade*	ein Kamerad	une *camarade*	eine Kameradin	
un *collègue*	ein Kollege	une *collègue*	eine Kollegin	
un *élève*	ein Schüler	une *élève*	eine Schülerin	
un *enfant*	ein Kind (allgemein)	une *enfant*	ein (weibl.) Kind	
un *journaliste*	ein Journalist	une *journaliste*	eine Journalistin	
un *locataire*	ein Mieter	une *locataire*	eine Mieterin	
un *touriste*	ein Tourist	une *touriste*	eine Touristin	

un *ami*	ein Freund	une *amie*	eine Freundin	Häufig unterscheidet sich die weibliche Form von der männlichen Form durch die Endung -*e*.
un *assistant*	ein Assistent	une *assistante*	eine Assistentin	
un *client*	ein Kunde	une *cliente*	eine Kundin	
un *Allemand*	ein Deutscher	une *Allemande*	eine Deutsche	
un *voisin*	ein Nachbar	une *voisine*	eine Nachbarin	
un *bourgeois*	ein Bürger	une *bourgeoise*	eine Bürgerin	
un *Américain*	ein Amerikaner	une *Américaine*	eine Amerikanerin	

un *chien*	ein Hund	une *chienne*	eine Hündin	Einige Nomen verfügen über besondere weibliche Formen, z. B.: Verdoppelung des Endkonsonanten + -*e*, oder die Endungen -*ère*, -*euse*, -*esse*, -*ive*, -*trice*.
un *patron*	ein Chef	une *patronne*	eine Chefin	
un *criminel*	ein Verbrecher	une *criminelle*	eine Verbrecherin	
un *étranger*	ein Ausländer	une *étrangère*	eine Ausländerin	
un *ouvrier*	ein Arbeiter	une *ouvrière*	eine Arbeiterin	
un *vendeur*	ein Verkäufer	une *vendeuse*	eine Verkäuferin	
un *danseur*	ein Tänzer	une *danseuse*	eine Tänzerin	
un *directeur*	ein Direktor	une *directrice*	eine Direktorin	
un *acteur*	ein Schauspieler	une *actrice*	eine Schauspielerin	
un *prince*	ein Prinz	une *princesse*	eine Prinzessin	
un *sportif*	ein Sportler	une *sportive*	eine Sportlerin	
un *époux*	ein Gatte	une *épouse*	eine Gattin	
un *héros*	ein Held	une *héroïne*	eine Heldin	

Einige Nomen, vor allem Berufsbezeichnungen, verfügen nur über eine männliche oder nur eine weibliche Form.

un *auteur*	ein Autor	Hier fehlt eine weibliche Form.
un *chef*	ein Chef	Man behilft sich manchmal mit Formulierungen wie:
un *diplomate*	ein Diplomat	*une femme médecin, Madame le ministre.*
un *écrivain*	ein Schriftsteller	
un *guide*	ein Fremdenführer	
un *ingénieur*	ein Ingenieur	
un *juge*	ein Richter	
un *maire*	ein Bürgermeister	
un *médecin*	ein Arzt	
un *ministre*	ein Minister	
un *peintre*	ein Maler	
un *pilote*	ein Pilot	
un *professeur*	ein Lehrer	
une *connaissance*	ein/e Bekannte/r	Hier fehlt die männliche Form.
une *vedette*, une *star*	ein Star (mask./fem.)	
une *victime*	ein Opfer	

8.2 Zur Kennzeichnung des Geschlechts bei anderen Nomen
Le genre des autres noms

Manchmal zeigt schon die Endung eines Nomens an, ob es männlich oder weiblich ist. Hier einige Beispiele:

männlich

		Ausnahmen:
-age	un gar*age*, un pass*age*	une c*age*, une im*age*, la n*age*, une p*age*, une pl*age*, la r*age*
-ail	un trav*ail*, un dét*ail*	
-eau	un mant*eau*, un tabl*eau*	l'*eau*, la p*eau*
-ège	un coll*ège*, un man*ège*	
-ent	un v*ent*, l'arg*ent*	une d*ent*
-isme	le tour*isme*, le commun*isme*	
-ment	un instru*ment*, un apparte*ment*	
-oir	un dev*oir*, un ras*oir*	
-teur	un mo*teur*, un ordina*teur*	

weiblich

-ade	une sal*ade*, une bal*ade*	un st*ade*
-ance	une correspond*ance*, une bal*ance*	
-ence	une diffé*rence*, une influ*ence*	
-ée	une id*ée*, une dict*ée*	un mus*ée*, un lyc*ée*
-esse	la jeun*esse*, une hôt*esse*	
-ette	une bagu*ette*, une allum*ette*	
-eur	une grand*eur*, une haut*eur*	le bonh*eur*, le malh*eur*, l'honn*eur*
-euse	une tond*euse*	
-ie	une boucher*ie*, une malad*ie*	un incend*ie*
-ion	une conclus*ion*, une télévis*ion*	un mill*ion*, un av*ion*, un cam*ion*
-ise	une b*ise*, une cr*ise*, une m*ise*	
-tié	une moi*tié*, une pi*tié*	
-tion	une na*tion*, une dévia*tion*	un bas*tion*
-tude	une habi*tude*, une certi*tude*	

Der Begleiter und das Nomen / *Le déterminant et le nom*

MERKE

männlich	Männlich sind:
le français, le portugais	– alle Sprachen,
le chêne, le cerisier	– fast alle Bäume.
die Eiche, der Kirschbaum	
weiblich	Weiblich sind:
la Renault, la Volkswagen	– Automarken,
la géographie, la linguistique	– Wissenschaften (außer: *le droit*).

Zum Geschlecht von Kontinenten und Ländernamen → **10**/2.4
Stolpersteine beim Geschlecht der Nomen → **31**/10.2

8.3 Das Geschlecht zusammengesetzter Nomen
Le genre des noms composés

Beim Geschlecht zusammengesetzter Nomen musst du darauf achten, <u>wie</u> das Nomen zusammengesetzt ist.

un mot; une clé	→ *un mot-clé*	Nomen + Nomen:
un chou; une fleur	→ *un chou-fleur*	entscheidend ist das Geschlecht des Nomens, das näher bestimmt wird. *Le mot-clé* ist z. B. ein besonderes Wort, *le chou-fleur* eine besondere Art von Kohl usw. Hier ist also das Geschlecht von *mot* bzw. *chou* usw. entscheidend.
laver; la vaisselle	→ *un lave-vaisselle*	Verb + Nomen
laisser; passer	→ *un laissez-passer*	Verb + Verb
		Diese Zusammensetzungen sind immer männlich.
		Zum Plural zusammengesetzter Nomen → **27**/9.3

9 Singular und Plural
Le singulier et le pluriel

Die meisten Nomen kannst du im Singular (der Einzahl) oder im Plural (der Mehrzahl) benützen.

Singular *(singulier)*		Plural *(pluriel)*	
le livre	[ləlivr]	*les livres*	[lelivr]
la lettre	[lalɛtr]	*les lettres*	[lelɛtr]
un café	[ɛ̃kafe]	*des cafés*	[dekafe]
une tasse	[yntas]	*des tasses*	[detas]

In der gesprochenen Sprache kannst du den Plural meist nur am Begleiter erkennen.

In der Schrift erhält das Nomen ein zusätzliches Pluralzeichen, in den meisten Fällen ein angehängtes *-s*.

le prix → *les prix*	
le cours → *les cours*	
le nez → *les nez*	

Nomen, die im Singular auf *-x*, *-s* oder *-z* enden, erhalten kein zusätzliches Pluralzeichen.

9.1 Besondere Pluralformen
Pluriels particuliers

1. Nomen auf -ail

le détail	les détails
le rail Gleis	les rails Gleise
le travail	les trav**aux**

Die meisten Nomen auf *-ail* bilden den Plural auf *-s*.
Nur einige wenige Nomen auf *-ail* bilden den Plural auf *-aux*.

2. Nomen auf -al

le journal	les journ**aux**
un animal	des anim**aux**

Nomen auf *-al* haben die Pluralendung *-aux*.

Ausnahmen:

le bal	les bals
le festival	les festivals
un idéal	des idéals / des idé**aux**

3. Nomen auf -eau, -au

le manteau	les manteaux
une eau Wasser	des eaux Gewässer
le bureau	les bureaux
le tuyau Rohr	les tuyaux Röhren

Nomen auf *-eau* und *-au* bilden den Plural mit *-x*.

4. Nomen auf -eu, -ieu

le cheveu	les cheveux
le neveu	les neveux
le feu	les feux
le lieu	les lieux

Nomen auf *-eu* und *-ieu* bilden den Plural mit *-x*.

Ausnahmen:

le pneu	les pneus
le bleu	les bleus die blauen Flecken

5. Nomen auf -ou

le clou Nagel	les clous
le cou Hals	les cous
le trou Loch	les trous

Die meisten Nomen auf *-ou* bilden den Plural mit *-s*.
Es gibt jedoch einige Ausnahmen.

Ausnahmen:

le bijou	*les bijoux* Schmuck
le caillou	*les cailloux* Steine
le chou	*les choux* Kohlköpfe
le genou	*les genoux* Knie
le hibou	*les hiboux* Eulen
le pou	*les poux* Läuse

6. Besondere Formen

Madame	**Mesdames**
Mademoiselle	**Mesdemoiselles**
Monsieur	**Messieurs**
un œil	*des yeux*
un œuf [œf]	*des œufs* [ø]
un bœuf [bœf]	*des bœufs* [bø]

9.2 Der Plural der Eigennamen
Le pluriel des noms propres

Monsieur et Mme Martin	*les Martin*	Beide Schreibweisen sind möglich.
	les Martins	

9.3 Der Plural der zusammengesetzten Nomen
Le pluriel des noms composés

Wörter wie *wagon-restaurant* (Speisewagen), *auberge de jeunesse* (Jugendherberge), *taille-crayon* (Bleistift-spitzer) oder *belle-mère* (Schwiegermutter) sind zusammengesetzte Nomen. Die Pluralbildung ist hier nicht ganz einfach, weil es von den Bestandteilen der Zusammensetzung und ihrem Sinn abhängt, wo in der Schrift das Pluralzeichen erscheint. Hier findest du die gebräuchlichsten Kombinationen.

1. Bestandteile: Nomen + Bindestrich + Nomen

le chef-lieu	*les chefs-lieux*	Beide Nomen erhalten ein Pluralzeichen.
le chou-fleur	*les choux-fleurs*	
Blumenkohl		
la surprise-partie	*les surprises-parties*	
le wagon-lit	*les wagons-lits*	
le wagon-restaurant	*les wagons-restaurants*	

Ausnahmen:

une assurance-vie	*des assurances-vie*
Lebensversicherung	
le timbre-poste	*les timbres-poste*

2. Bestandteile: Nomen + Nomen

le mot clé	les mots clés	Hier ist die Pluralbildung schwankend. Das Wörterbuch gibt Auskunft.
la position clé	les positions clé	
le modèle sport	les modèles sport	
le téléviseur couleur	les téléviseurs couleur	

3. Bestandteile: Nomen + Präposition + Nomen

une auberge de jeunesse	des auberges de jeunesse	Hier erhält nur das erste Nomen ein Pluralzeichen.
le bureau de poste	les bureaux de poste	
le chef-d'œuvre	les chefs-d'œuvre	
une hôtesse de l'air	des hôtesses de l'air	
le terrain de camping	les terrains de camping	

aber:

la brosse à dents — les brosses à dents
Zahnbürste

la lime à ongles — les limes à ongles
Nagelfeile

4. Bestandteile: Adjektiv + Nomen oder Nomen + Adjektiv

la belle-mère	les belles-mères	Beide Bestandteile erhalten ein Pluralzeichen.
le grand-père	les grands-pères	
la petite-fille	les petites-filles	
le social-démocrate	les soci*aux*-démocrates	

Ausnahmen:

le Franco-Suisse	les Franco-Suisses	Adjektive auf *-o*, vorangestelltes *demi* und Himmelsrichtungen sind unveränderlich.
la demi-heure	les demi-heures	
le Nord-Africain	les Nord-Africains	

5. Bestandteile: Verb + Bindestrich + Nomen

le porte-clé	les porte-clés	Hier wird das Verb nie verändert; beim Nomen ist der Gebrauch schwankend.
le tourne-disque	les tourne-disques	Auch hier sieht man in Zweifelsfällen besser im Wörterbuch nach.
le faire-part	les faire-part	
le gratte-ciel	les gratte-ciel	
Wolkenkratzer		
le porte-monnaie	les porte-monnaie	
le presse-citron	les presse-citron	
le tire-bouchon	les tire-bouchon	
Korkenzieher		

6. Bestandteile: Präposition + Nomen

une après-midi	*des après-midi*	Die Präposition erhält kein Pluralzeichen. Meist werden auch die Nomen nicht verändert.
un hors d'œuvre	*des hors d'œuvre*	
une arrière-pensée	*des arrière-pensées*	

9.4 Nomen ohne Singular
Noms sans singulier

Einige Nomen werden im Französischen nur im Plural gebraucht. Hier einige Beispiele:

les alentours (m)	die Umgebung
les archives (f)	das Archiv
les environs (m)	die Umgebung
les épinards (m)	der Spinat
les fiançailles (f)	die Verlobung
les frais (m)	die Kosten
les funérailles (f)	das Begräbnis
les honoraires (m)	das Honorar
les math(ématique)s (f)	die Mathematik

Einige Wörter können im Singular und im Plural eine unterschiedliche Bedeutung haben:

le ciseau	der Meißel	*les ciseaux*	die Schere
un échec	ein Misserfolg	*les échecs*	das Schachspiel
le fruit	die Frucht	*les fruits*	das Obst
la lunette	das Fernrohr	*les lunettes*	die Brille
la toilette	die Kleidung	*les toilettes*	die Toilette

10 Hinweise zur Vermeidung von Fehlern

10.1 Probleme mit Begleitern: Welcher Begleiter gehört hierher?

An einem Beispiel findest du noch einmal den Gebrauch der unterschiedlichen Begleiter:

Du willst sagen oder schreiben:	Das heißt auf Französisch:
■ Tee ist nicht teuer.	*Le thé n'est pas cher.*
	Hier sprichst du über „Tee" ganz allgemein. Du verwendest daher den bestimmten Artikel in verallgemeinerndem Sinn → **13**/2.9.
Haben wir noch ■ Tee?	*On a encore **du** thé?*
	Du fragst hier, ob noch ein bisschen (= eine unbestimmte Menge) Tee im Haus ist. Für unbestimmte Mengen verwendest du den Teilungsartikel → **16**/3.2.
Wir haben noch 100 g ■ Tee.	*Nous avons encore 100 g **de** thé.*
	Bei Mengenangaben steht das partitive *de* → **15**/3.1.
Wir haben keinen ■ Tee.	*Nous n'avons pas **de** thé.*
	Auch Verneinungen können Mengen bezeichnen, nämlich „leere Mengen". Auch hierher gehört das partitive *de* → **15**/3.1.
Wollen Sie einen Tee?	*Voulez-vous **un** thé?*
	Gemeint ist hier eine Tasse, ein Glas Tee.
Es gibt sehr unterschiedliche ■ Teesorten.	*Il y a **des** thés bien différents.*
	Du nennst hier eine unbestimmte Anzahl von Teesorten. Das bezeichnet der unbestimmte Artikel im Plural → **8**/1 und **16**/3.2.
■ Tee ist gesund.	*Le thé est bon pour la santé.*
	Hier sprichst du von Tee im Allgemeinen. Du verwendest den bestimmten Artikel → **13**/2.9.
Dieser Tee ist besser.	*Ce thé-**là** est meilleur.*
	Du weist (vielleicht sogar mit dem Zeigefinger) auf einen bestimmten Tee hin und unterscheidest ihn von einem anderen. Das drückst du durch den Demonstrativbegleiter aus → **19**/5.
Mein Tee ist kalt.	***Mon*** *thé est froid.*
	Das ist wie im Deutschen. Aber es gibt beim Possessivbegleiter (→ **17**/4) einiges zu beachten. Dazu folgt gleich ein weiterer Absatz.

Du möchtest einen Possessivbegleiter verwenden.

Du willst sagen oder schreiben: Das heißt auf Französisch:

<u>ihre</u> Mutter *sa mère*
<u>seine</u> Mutter *sa mère*
<u>ihr</u> Vater *son père*
<u>sein</u> Vater *son père*

Achtung! Der Französische Possessivbegleiter unterscheidet nicht das Geschlecht des „Besitzers", sondern richtet sich ausschließlich nach dem Geschlecht (und der Zahl) des „Besitztums".

aber:

<u>meine</u> Schule **mon** <u>é</u>cole (f)
<u>deine</u> Freundin **ton** <u>a</u>mie (f)
<u>seine</u> Geschichte **son** <u>h</u>istoire (f)

Vor Vokal und stummen *h* steht *mon, ton, son*.

<u>meine</u> alte Schule ***ma*** <u>v</u>ieille école
<u>deine</u> neue Freundin ***ta*** <u>n</u>ouvelle amie
<u>seine</u> lange Geschichte ***sa*** <u>l</u>ongue histoire

Hier folgt dem Possessivbegleiter ein Konsonant.

10.2 Stolpersteine beim Geschlecht der Nomen

Wörter, die im Deutschen und im Französischen eine ähnliche Bedeutung haben, haben nicht immer das gleiche Geschlecht:

männlich	weiblich	weiblich	männlich
un banc	eine (Sitz)Bank	*une alarme*	ein Alarm
un C.D.	eine CD	*une danse*	ein Tanz
un chiffre	eine Ziffer	*une place*	ein Platz
un chocolat	eine Schokolade	*une planète*	ein Planet
un contrôle	eine Kontrolle	*une rime*	ein Reim
un domaine	eine Domäne	*une salade*	ein Salat
un épisode	eine Episode	*une salle*	ein Saal
un étage	eine Etage	**une** *tour*	<u>ein</u> Turm
un geste	eine Geste	*une auto*	ein Auto
un groupe	eine Gruppe	*une bière*	ein Bier
un mark	eine Mark	*une chanson*	ein Chanson
un masque	eine Maske	*une interview*	ein Interview
un melon	eine Melone	*une mer*	ein Meer
un million	eine Million	*une photo*	ein Foto
un opéra	eine Oper	*une radio*	ein Radio
un parti	eine Partei	*une vitamine*	ein Vitamin
un rôle	eine Rolle		
un *tour*	<u>eine</u> Tour		
un tube	eine Tube		
un uniforme	eine Uniform		
un vase	eine Vase		
un violon	eine Violine		

Gleichklingende Wörter mit unterschiedlichem Geschlecht und unterschiedlicher Bedeutung:

männlich		weiblich	
un aide	ein Gehilfe	*une aide*	eine Hilfe, eine Gehilfin
un critique	ein Kritiker	*une critique*	eine Kritik
un livre	ein Buch	*une livre*	ein Pfund
un manche	ein Stiel	*une manche*	ein Ärmel
un mode	eine Art, Weise	*une mode*	eine Mode
un parallèle	ein Breitengrad	*une parallèle*	eine Parallele
le physique	das Aussehen	*la physique*	die Physik
un poêle [pwal]	ein Ofen	*une poêle*	eine Bratpfanne
un poste	ein Posten; ein Radio-, Fernsehgerät	*une poste*	eine Post
un voile	ein Schleier	*une voile*	ein Segel

2 Das Adjektiv
L'adjectif

Mit Adjektiven beschreibst du Eigenschaften von Personen oder Sachen, z. B. ein <u>schönes</u> Haus / *une **belle** maison*, ein <u>junger</u> Mann / *un **jeune** homme*.

In diesem Kapitel kannst du nachschlagen,

– wie Adjektive an ihr Bezugsnomen angeglichen werden	*un **bon** livre, une **bonne** affaire*	5
– welche Adjektive vor oder nach ihrem Bezugsnomen stehen	*un **bon** film, un film **intéressant***	4
– was man unter prädikativem und attributivem Gebrauch eines Adjektivs versteht	*Ce livre est cher, cher ami*	2 und 3
– wie ein Adjektiv gesteigert werden kann	***plus** beau, **aussi** beau, **moins** beau, **le plus** beau*	6
– welche Ergänzungen ein Adjektiv nach sich ziehen kann	*intéressant **à savoir**, long **de trois mètres***	8
– wie man Ausdrücke wie etwas Schönes, nichts Neues usw. übersetzt		7

Hinweise zur Vermeidung von Fehlern findest du in Abschnitt 9

1 Das Adjektiv im Satz
L'adjectif dans la phrase

Christophe est **grand**.
Cette histoire semble **intéressante**.

Ils habitent dans une **grande** maison.
C'est un film **intéressant**.

Adjektive können stehen:
– nach einem bestimmten Verb wie z. B. *être*. Sie sind dann Teil des Prädikats (→ **34**/2). Diesen Gebrauch des Adjektivs nennt man prädikativ (französisch: *un adjectif attribut*).

– direkt beim Nomen *(une grande maison, un film intéressant)*. Diesen Gebrauch des Adjektivs nennt man attributiv *(un adjectif épithète)*.

ATTENTION
prädikativ gebrauchtes Adjektiv = *adjectif attribut*
attributiv gebrauchtes Adjektiv = *adjectif épithète*

Elle travaille **dur**. Sie arbeitet schwer.

ATTENTION In bestimmten Wendungen und nach bestimmten Verben werden Adjektive wie Adverbien verwendet → **56**/5.1.

2 Prädikativ gebrauchte Adjektive
Les adjectifs attributs

Fabien est **grand**.　　　　Hélène est **grande**.

Fabien et Pierre sont **grands**.　　Hélène et Naomi sont **grandes**.

　　　　Fabien et Hélène sont **grands**.

Im Französischen werden prädikativ gebrauchte Adjektive immer in Geschlecht und Zahl an das Bezugsnomen angeglichen.

ATTENTION männliches Nomen + weibliches Nomen → das Adjektiv ist <u>männlich</u> im Plural.

Vous êtes **sympathique**.
Vous êtes **sympathiques**.

ATTENTION
Hier wendest du dich an eine <u>einzige</u> Person, die du <u>siezt</u>.
Hier wendest du dich an <u>mehrere</u> Personen.

Prädikativ gebrauchte Adjektive stehen mit den folgenden Verben:

être	Cette histoire est **intéressante**. Diese Geschichte ist interessant.	Hier bezieht sich das Adjektiv auf das Subjekt: z. B. *histoire, maison, Sophie* … und wird dem Subjekt angeglichen.
paraître	Cette maison paraît très **jolie**. Dieses Haus scheint schön zu sein.	
sembler	Sophie semble **heureuse**. Sophie scheint glücklich zu sein.	
devenir	Ce bruit devient très **désagréable**. Dieser Lärm wird sehr unangenehm.	
rester	Les magasins restent **fermés** demain. Die Läden bleiben morgen geschlossen.	

trouver	*Je trouve cette maison très jolie.* Ich finde dieses Haus sehr schön.	Hier bezieht sich das Adjektiv auf das direkte Objekt: z. B. *maison, les, la* und wird dem Objekt angeglichen.
rendre	*Ce bruit les a rendues aggressives.* Der Lärm hat sie aggressiv gemacht.	
croire	*Fabienne? Je la crois assez intelligente.* Fabienne? Ich halte sie für ziemlich intelligent.	

3 Attributiv gebrauchte Adjektive
Les adjectifs épithètes

Attributiv gebrauchte Adjektive stehen beim Nomen: ein schönes Haus, eine große Stadt usw.

un **petit** village un quartier **intéressant**	une **petite** ville une rue **intéressante**
des **petit**s villages des quartiers **intéressant**s	des **petites** villes des rues **intéressantes**

– Attributiv gebrauchte Adjektive werden auch im Französischen in Geschlecht und Zahl an das Bezugsnomen angeglichen.
– Attributiv gebrauchte Adjektive können vor oder nach dem Nomen stehen.

(Zur Stellung der attributiv gebrauchten Adjektive → **36**/4.1)

MERKE *de(s) petits hôtels* [dəpətizotɛl]

Vor Vokal und stummem *h* wird ein vorangestelltes Adjektiv an das folgende Wort gebunden.

Ici, on peut faire de belles promenades.
Hier kann man schön spazieren gehen.

Vor Adjektiven wird *des* zu *de*.
In der Umgangssprache hört man aber häufig *des*:
Tu as des jolies chaussures.

aber:

des petits pains	Brötchen
des petits pois	Erbsen
des jeunes filles	Mädchen
des jeunes gens	Jugendliche

Hier bildet das Adjektiv (*petit, jeune*) zusammen mit dem Nomen ein neues Nomen. In solchen Fällen steht immer der volle Artikel *des*.

Unterscheide:

Un tas de feuilles mortes
Ein Haufen verwelkter Blätter

Hier bezieht sich das Adjektiv auf *feuilles*.

Un tas de feuilles élevé
Ein hoher Haufen Blätter

Hier bezieht sich das Adjektiv auf *tas*.

Mme Calvet est un très bon médecin.

ATTENTION *Médecin* ist immer männlich, demzufolge ist auch das Adjektiv *bon* männlich, selbst wenn die betreffende Person eine Frau ist.

Zusatzinformation

les langues française et allemande

Gemeint sind:
– die französische und
– die deutsche Sprache,
jeweils in der Einzahl. Daher der Singular bei den Adjektiven.

4 Die Stellung attributiver Adjektive
La place des adjectifs épithètes

4.1 Normalfall
Cas standard

Die Stellung eines Adjektivs ist nicht beliebig.

un **beau** garçon	schön	
une **jolie** fille	hübsch	
une **bonne** affaire	gut	
un **mauvais** jour	schlecht	
un **grand** bateau	groß	
une **petite** maison	klein	
un **gros** livre	dick	
une **jeune** femme	jung	
un **vieux** monsieur	alt	

Diese Adjektive stehen immer vor dem Nomen.

une voiture **extraordinaire**	außerordentlich
le téléphone **rouge**	rot
une table **carrée**	viereckig
un temple **protestant**	protestantisch
l'esprit **français**	französisch
un écrivain **connu**	bekannt

Nachgestellt werden insbesondere:
– lange Adjektive;

– Farbadjektive;

– Adjektive für Formen, Religionen und Nationalitäten;

– Adjektive, die von einem Partizip abgeleitet sind.

TIPP Am besten merkst du dir die voranstehenden Adjektive und stellst die anderen nach.
Die meisten Adjektive stehen nämlich nach dem Nomen.

une <u>heure</u> et dem*i*e; une demi-<u>heure</u>

ATTENTION *Demi* kann vor oder hinter dem Nomen stehen. Steht es hinter dem Nomen, wird es im Geschlecht angeglichen und mit *et* verbunden. Vor dem Nomen steht *demi* immer mit Bindestrich und ist <u>unveränderlich</u>.

Das Adjektiv / *L'adjectif*

4.2 Bedeutungsänderung
Changement de sens

Einige Adjektive verändern ihre Bedeutung, je nachdem, ob sie voran- oder nachgestellt werden. Hier eine Liste der wichtigsten Adjektive:

chère amie	lieb	une voiture *chère*	teuer
un *pauvre* type	bedauernswert	une famille *pauvre*	arm
un *ancien* bar	ehemalig	un restaurant *ancien*	alt
ma *propre* voiture	eigen	une assiette *propre*	sauber
un *sale* type	übel	une robe *sale*	schmutzig
une *curieuse* affaire	merkwürdig	un homme *curieux*	neugierig
un *long* moment	lang (zeitlich)	une route *longue*	lang (räumlich)
le *dernier* jour	letzte	le mois *dernier*	vorig
un *nouveau* livre	neu	un livre *nouveau*	andersartig
une *rare* laideur	außergewöhnlich	un moment *rare*	selten
mon *seul* ami	einzig	un homme *seul*	einsam
une *vraie* solution	wirklich, echt	une histoire *vraie*	wahr
les *mêmes* livres	dieselben	la bonté *même*	selbst, in Person
les *différentes* manières	verschieden, mehrere	des opinions *différentes*	unterschiedlich
un *certain* mot	bestimmt, gewiss	une chance *certaine*	sicher
un *grand* homme	groß, berühmt	un homme *grand*	großgewachsen
une *jeune* fille	jung	un visage *jeune*	jugendlich

*des manières **différentes***
aber: ***différentes** manières*

***Certaines** règles.*

ATTENTION Vorangestelltes *différentes* wird ohne den unbestimmten Artikel *des* verwendet.

Vor *certains/certaines* steht kein Artikel.

4.3 Die Stellung mehrerer Adjektive
La place de plusieurs adjectifs

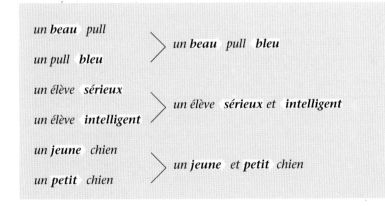

Auch wenn mehrere Adjektive verwendet werden, behalten diese in der Regel ihre Stellung.

Zwei nachstehende oder voranstehende Adjektive werden durch *et* verbunden.

Zusatzinformation

Betonung:

Die Regeln für die Voran- und Nachstellung von Adjektiven kannst du manchmal durchbrechen: Wenn du etwas betonen willst, kannst du z. B. sagen:

un **épouvantable** accident	(sehr) schrecklich
les **noires** puissances	schlimm, heimtückisch
une **sensationnelle** affaire	(überaus) sensationell

MERKE als feste Wendungen

faire la sourde oreille	sich taub stellen
pleurer à chaudes larmes	heiße Tränen vergießen
un vif intérêt	ein besonderes Interesse
un sérieux effort	eine ernsthafte Anstrengung

5 Die Angleichung des Adjektivs
L'accord de l'adjectif

Du weißt, dass sich ein Adjektiv immer in Geschlecht und Zahl nach dem Nomen richtet, das es beschreibt. Dies bedeutet allerdings nicht, dass jedes Adjektiv auch vier verschiedene Formen hat.
Im Folgenden findest du einen Überblick über die wichtigsten Adjektive und ihre Formen.

5.1 Unveränderliche Adjektive
Adjectifs invariables

des vêtements	**bon marché**	des yeux	**marron**
une chanson	**super**	une étoffe	**argent**
des profs	**chouette**	des yeux	**bleu ciel**
une chemise	**citron**	des vêtements	**sport**

Unveränderlich sind:
– Nomen, die als Adjektive verwendet werden (*chouette, citron, sport,* auch *bon marché*)
– zusammengesetzte Farbadjektive (*bleu ciel, gris clair* usw.)

5.2 Adjektive mit gleicher männlicher und weiblicher Form
Adjectifs avec une seule forme pour le masculin et le féminin

Singular

un garçon ⟩ **sympathique** et **aimable**
une fille

Plural

des garçons ⟩ **sympathiques** et **aimables**
des filles

Adjektive, deren männliche Singularform auf *-e* endet, haben nur eine Singularform und nur eine Pluralform *(-s)*.
Weitere Beispiele: *bête, difficile, drôle, fantastique, formidable, juste, jaune, libre, simple, terrible, triste* usw.

Das Adjektiv / *L'adjectif*

5.3 Adjektive mit unterschiedlichen männlichen und weiblichen Formen
Adjectifs avec différentes formes masculines et féminines

Dies ist die größte Gruppe. Die meisten Adjektive bilden die weibliche Form durch ein Hinzufügen von *-e* an die männliche Form.

♂ Singular	♀	♂ Plural	♀	
bleu	bleue	bleus	bleues	
fermé	fermée	fermés	fermées	
gai	gaie	gais	gaies	
aigu	aiguë	aigus	aiguës spitz	Achte auf die besondere Schreibweise dieser weiblichen Formen.
ambigu	ambiguë	ambigus	ambiguës zweideutig	
grand	grande	grands	grandes	
intéressant	intéressante	intéressants	intéressantes	
lourd	lourde	lourds	lourdes	
petit	petite	petits	petites	
vert	verte	verts	vertes	
divers	diverse	divers	diverses verschieden	**MERKE** Endet die maskuline Singularform schon auf *-s*, so fügst du der männlichen Pluralform kein weiteres *-s* hinzu.
français	française	français	françaises	
gris	grise	gris	grises	
mauvais	mauvaise	mauvais	mauvaises	
génial	géniale	géniaux	géniales	**MERKE** Adjektive auf *-al* bilden die männliche Pluralform auf *-aux*. Ausnahmen: *banal (banals), final (finals), fatal (fatals), naval (navals)*.
amical	amicale	amicaux	amicales	
général	générale	généraux	générales allgemein	
original	originale	originaux	originales originell	

Manche Adjektive verdoppeln den Endkonsonanten, wenn man die weibliche Form bildet, z. B.:

♂	♀	♂	♀	
net	nette	nets	nettes klar	– Adjektive auf *-el* und *-ul* sowie: *gentil/gentille*;
sot	sotte	sots	sottes dumm	
réel	réelle	réels	réelles	
naturel	naturelle	naturels	naturelles	
nul	nulle	nuls	nulles	
ancien	ancienne	anciens	anciennes alt/ehemalig	– Adjektive auf *-n*;
bon	bonne	bons	bonnes	
européen	européenne	européens	européennes	
moyen	moyenne	moyens	moyennes durchschnittlich	
bas	basse	bas	basses	– einige Adjektive auf *-s*.
gras	grasse	gras	grasses fett	
gros	grosse [gros]	gros	grosses	
épais	épaisse	épais	épaisses dick/dicht	

L'adjectif / Das Adjektiv

Adjektive auf -er erhalten in der weiblichen Form zusätzlich einen *accent grave*:

♂ Singular ♀	♂ Plural ♀
cher chère	chers chères
fier fière	fiers fières
amer amère	amers amères
étranger étrangère	étrangers étrangères
premier première	premiers premières

Adjektive auf -c bilden die weibliche Form auf -que:

public publique	publics publiques
turc turque	turcs turques
grec grecque (!)	grecs grecques (!)

Adjektive auf -if, -ef, oder -euf bilden die weibliche Form auf -ive, -ève, bzw. -euve:

actif active	actifs actives
naïf naïve	naïfs naïves
sportif sportive	sportifs sportives
bref brève	brefs brèves
neuf neuve	neufs neuves

Adjektive auf -eux bilden die weibliche Form auf -euse:

curieux curieuse	curieux curieuses
dangereux dangereuse	dangereux dangereuses
heureux heureuse	heureux heureuses

MERKE Endet die männliche Singularform auf -x, so fügst du der männlichen Pluralform kein -s an.

5.4 Unregelmäßige Adjektive
Adjectifs irréguliers

Am besten merkst du dir die Formen der folgenden häufig verwendeten Adjektive:

♂ Singular ♀	♂ Plural ♀
blanc blanche	blancs blanches
frais fraîche	frais fraîches
sec sèche	secs sèches
long longue	longs longues
doux douce	doux douces
faux fausse	faux fausses
fou folle	fous folles
roux rousse	roux rousses

40   Das Adjektiv / *L'adjectif*

5.5 Adjektive mit zwei männlichen Formen
Adjectifs avec deux formes masculines

Einige vorangestellte Adjektive haben eine zweite männliche Singularform:

un vieux livre	un vieil ami	alt
une vieille robe		
de(s) vieux amis		
de(s) vieilles affaires		
un beau garçon	un bel homme	schön
une belle femme		
de(s) beaux livres		
de(s) belles journées		
un nouveau journal	un nouvel appartement	neu
une nouvelle voiture		
de(s) nouveaux hôtels		
de(s) nouvelles idées		

Die männlichen Formen *vieil, bel* und *nouvel* werden gebraucht, wenn das nächste Wort mit Vokal oder stummem *h* beginnt.

Also: *Un **bel** hôtel.*

aber: *Cet hôtel est **beau**.*

6 Der Vergleich
La comparaison

Adjektive kann man steigern, z. B. wenn man Personen oder Dinge miteinander vergleicht:

Peter ist größer als Franz. **1** Stufe **1** des Vergleichs nennt man Komparativ.
Das ist das teuerste Auto der Welt. **2** Stufe **2** heißt Superlativ.

6.1 Der Komparativ
Le comparatif

Personen oder Dinge können besser, schlechter oder genauso gut sein wie andere.
Diese drei Stufen des Vergleichs drückst du im Französischen folgendermaßen aus:

*Naomi est **plus grande que** sa sœur.* größer als
*Elle est **aussi grande qu'**Hélène.* genauso groß wie
*Mais elle est **moins grande que** Fabien.* weniger groß / kleiner als

Den Komparativ bildest du, indem du *plus / aussi / moins* vor das Adjektiv setzt. Das Vergleichswort (im Deutschen: wie oder als) ist immer *que*.

Komparativ: plus / aussi / moins + Adjektiv + *que*

Ces exercices sont plus faciles (que les autres).

Denke immer daran, das Adjektiv in Geschlecht und Zahl an das Bezugsnomen anzugleichen!

L'adjectif / **Das Adjektiv**

Verwechsle nicht:

*Grenoble est **aussi** grand **que** Dijon.*	genauso wie	Vergleich
*Grenoble est grand **aussi**.*	auch	Adverb
*Grenoble est **plus** grand **que** Rouen.*	größer als	Steigerung
*Grenoble a **plus de** 170 000 habitants.*	mehr als	Mengenangabe

ATTENTION Folgende Steigerungsformen sind unregelmäßig:

*Cette idée est **meilleure**.*	besser	Die Steigerungsformen von *bon/ne* sind: *moins bon/ne que*, aber *meilleur/e que*.
*Mon idée n'est pas **plus mauvaise**.*	schlechter	Bei *mauvais* gibt es zwei Steigerungsformen mit unterschiedlicher Bedeutung.
*Cette journée était **pire** que les autres.*	schlimmer	

6.2 Der Superlativ
Le superlatif

Der Superlativ ist die höchste Steigerungsform: das schönste Foto, die größte Stadt.
Den Superlativ kannst du in zwei Richtungen bilden:

*C'est **la plus jolie** ville de la région.*
*Quelles sont les régions **les moins touristiques**?*

Den Superlativ bildest du, indem du der Komparativform *plus/moins* + Adjektiv einen Begleiter hinzufügst. Dieser Begleiter ist meist der bestimmte Artikel:

Superlativ:	le	plus	
	la		+ Adjektiv
	les	moins	

*Fabien est le garçon **le moins sportif** de notre classe.*
*Naomi est la fille **la plus gentille** de notre classe.*

Denke immer daran, das Adjektiv in Geschlecht und Zahl an das Bezugsnomen anzugleichen.

MERKE
Du weisst, dass attributiv gebrauchte Adjektive vor oder hinter ihrem Bezugsnomen stehen können:
*un **vieux** livre – une information **intéressante**.*
Diese Stellung bleibt beim Superlativ erhalten:

un vieux livre → le plus vieux livre

une information intéressante → l'information la plus intéressante

Greife bei nachgestelltem Adjektiv den Artikel als Zeichen für den Superlativ wieder auf:
*l'information **la** plus intéressante*

ATTENTION

Die Superlativformen von *bon/ne* lauten: *le meilleur / la meilleure, les meilleurs / les meilleures*

und: *le moins bon / la moins bonne, les moins bons / les moins bonnes*

Zusatzinformation

*C'est **mon plus beau** pull.*
Das ist mein schönster Pullover.

aber:

C'est mon timbre le plus précieux.
Das ist meine wertvollste Briefmarke.

Bei nachgestelltem Adjektiv musst du den bestimmten Artikel immer wiederholen.

TIPP Wenn du einem Superlativ einen Relativsatz anfügen möchtest (Beispiel: Der verrückteste Film, den ich je gesehen habe), dann lies unter **136/2.4 (2)** weiter. Hier ist nämlich im Relativsatz der *subjonctif* erforderlich.

7 Etwas, was, nichts ... + Adjektiv
Quelque chose, quoi, rien ... + adjectif

*Il m'a raconté quelque chose **de** joli.*
Er hat mir etwas Schönes erzählt.

*Rien **de** neuf?*
Nichts Neues?

*Quoi **de** neuf?*
Was gibt's Neues?

Achte darauf, dass das Adjektiv nach diesen Ausdrücken mit *de* angeschlossen wird.

8 Adjektive und ihre Ergänzungen
Les adjectifs et leurs compléments

*Il était content **de** gagner.*
Er war froh, dass er gewonnen hatte.

*C'est bon **à** savoir.*
Das ist gut zu wissen.

Viele Adjektive können eine Ergänzung bei sich haben. Diese Ergänzung wird meist mit *de* oder *à* angeschlossen.

Hier folgt eine Liste mit einigen häufig gebrauchten Adjektiven und ihren Ergänzungen. Wie du an den Übersetzungen sehen kannst, werden diese Sachverhalte im Deutschen manchmal ganz anders ausgedrückt:

Adjektiv	+ Nomen (Beispiel)	+ Infinitiv (Beispiel)	Übersetzung
âgé	de 50 ans	–	50 Jahre alt
amoureux	de Janine	–	verliebt in Janine
bête	–	de croire tout	dumm genug alles zu glauben
bon	avec / pour / envers ses prochains	à savoir	gut zu
capable	de tous les records	de l'oublier	fähig zu
caractéristique	de ce pays	–	bezeichnend für
certain	de son succès	de réussir	seines Erfolges sicher / sicher erfolgreich zu sein
charmant	avec les femmes	de venir	nett zu
comparable	à l'Allemagne	–	vergleichbar mit
content	du résultat	d'arriver	zufrieden mit dem Ergebnis / sich freuen anzukommen
contraire	à la règle	–	gegen die Regel
cruel	avec / envers ses adversaires	–	grausam zu

Adjektiv	+ Nomen (Beispiel)	+ Infinitiv (Beispiel)	Übersetzung
différent	de la moyenne	–	sich vom Durchschnitt unterscheidend
égal	à ses amis	–	seinen Freunden gleichgültig
essentiel	à la survie	–	überlebenswichtig
étonné	de cette lettre	de te voir	erstaunt über den Brief / erstaunt dich zu sehen
fidèle	à son programme	–	seinem Programm treu
fier	de son livre	d'avoir réussi	stolz auf sein Buch / stolz es geschafft zu haben
fort	au tennis / en maths	–	gut im/in
gentil	avec eux	d'y avoir pensé	lieb zu / lieb daran gedacht zu haben
haut	de 20 mètres	–	20 Meter hoch
heureux	de la réussite	de vous voir	glücklich über den Erfolg / glücklich Sie zu sehen
indifférent	à la publicité	–	gleichgültig gegenüber der Werbung
inférieur	à ses concurrents	–	schlechter als
large	de 2 kilomètres	–	2 km breit
long	de 500 mètres	–	500 m lang
méchant	avec / envers les autres	de faire cela	böse zu
nuisible	à la santé	–	schädlich für
pareil	à tous les autres	–	gleich allen anderen
plein	de pétrole	–	voller
prêt	à tout	à servir	bereit zu
proche	du théâtre	–	in der Nähe von
sévère	avec / envers / pour ses élèves	–	streng zu
supérieur	à ses collègues	–	seinen Kollegen überlegen
sûr	de ses moyens	d'y arriver	seiner Mittel sicher sein / sicher sein es zu schaffen
typique	de ce pays	de venir en retard	typisch für/zu

MERKE

un vieil arbre — ein alter Baum
un arbre vieux de cent ans — ein hundertjähriger Baum

Adjektive mit einer Ergänzung stehen <u>nach</u> dem Nomen.

Zusatzinformation

Bei den folgenden Adjektiven mit Infinitivergänzung musst du unterscheiden, ob sie in unpersönlichen Äußerungen gebraucht werden (<u>Es</u> ist schwierig eine Lösung zu finden) oder sich auf eine Person oder bestimmte Sache beziehen (<u>Er</u> ist schwierig zu nehmen).

unpersönlich	persönlich
C'est / Il est … Es ist …	*Elle est …* Sie ist …
agréable de se promener angenehm spazieren zu gehen	*agréable à voir* angenehm anzusehen
difficile d'y voir clair schwierig klar zu sehen	*difficile à faire venir* schwer dazu zu bewegen herzukommen
facile d'éviter cette faute leicht diesen Fehler zu vermeiden	*facile à prendre* leicht zu nehmen

9 Hinweise zur Vermeidung von Fehlern

Die richtige Verwendung der Adjektive ist hauptsächlich eine Frage der Aufmerksamkeit.
Du musst einfach wissen, dass ein französisches Adjektiv <u>immer</u> dem Nomen angeglichen wird, das es beschreibt.
Dies vergisst man besonders häufig bei prädikativ gebrauchten Adjektiven (→ **34**/2), z. B.:

Meine Freundinnen sind sehr sportlich lautet im Französischen: *Mes amies sont très sportives.*

Leicht vergisst man auch, dass es bei einigen vorangestellten Adjektiven, die vor einem maskulinen Nomen mit Vokal oder stummen *h* stehen, eine Sonderform gibt:

un	*vieil* *nouvel* *bel*	*appartement* *hôtel*

Sieh dir das noch einmal an → **41**/5.5.

Bei der Gelegenheit solltest du auch in → **36**/4.1 noch einmal nachschauen, für welche Adjektive die Voranstellung überhaupt nur in Frage kommt.

In Vergessenheit geraten auch häufig einige unregelmäßige Formen:

blanc, **blanche,** *blancs,* **blanches**
frais, **fraîche,** *frais,* **fraîches**
doux, **douce,** *doux,* **douces**
long, **longue,** *longs,* **longues**

Informationen dazu findest du in → **39**/5.3 und **40**/5.4.

normal, normale, **normaux,** *normales*
(und weitere Adjektive auf *-al*).

Hier noch ein besonders heimtückisches Beispiel für die Angleichung:

les littératures anglaise et française ... — Bei genauem Hinsehen kein Problem: Gemeint sind die französische und die englische Literatur, jeweils in der Einzahl. Daher der Singular bei den Adjektiven!

la littérature et la musique allemandes — Hier redest du von zwei Dingen (Literatur und Musik), und beide sind deutsch. Deshalb steht hier der Plural.

Zum Abschluss noch einige Hinweise, wie du bestimmte Redewendungen auf Französisch ausdrückst:

Du willst sagen oder schreiben:	Das lautet auf Französisch:
Alles Gute	*Tout ce qui est bon.*
Alles Schöne	*Tout ce qui est beau.*

Das ist	ein netter Typ.		*un chic type.*
	ein nettes Mädchen.	*C'est*	*une chic fille.*
	eine gut angezogene Frau.		*une femme chic.*

Einige Adjektive können vor oder nach dem Nomen stehen und haben dann unterschiedliche Bedeutungen → **37**/4.2.

Er wird alt.	*Il **vieillit**.*
Sie wird immer jünger.	*Elle **rajeunit**.*
Er macht das Essen warm.	*Il **chauffe** le repas.*
Das Wetter wird besser.	*Le temps **s'améliore**.*

Dem deutschen Verb + Adjektiv entspricht im Französischen manchmal ein eigenes Verb

Er wollte zeigen, wie grausam der Krieg ist.	*Il voulait montrer comme la guerre est cruelle.*
Er erklärt, wie schwierig das ist.	*Il explique comme c'est difficile.*

Im Französischen ist die Wortstellung eine andere als im Deutschen: Subjekt + Verb + Ergänzung

Die silberne Gabel	*La fourchette **en argent***
Der hölzerne Löffel	*La cuillère **en bois***

Die Beschaffenheit eines Gegenstandes drückst du mit *en* + Nomen aus.

Auf halbem Wege Halt machen	*s'arrêter à **mi**-chemin*

Hierfür gibt es eine feste Redewendung.

Ihre Eltern sind konserva**tiv**.	*Ses parents sont conserva**teurs**.*
Das war ein katastroph**ales** Ereignis.	*C'était un événement catastro**phique**.*

Einige französische Adjektive ähneln ihren deutschen Entsprechungen, haben aber andere Endungen.

3

Das Adverb
L'adverbe

Mache dir den Unterschied zwischen einem Adverb und einem Adjektiv klar:
Adjektive beschreiben Personen oder Sachen: Wie <u>ist</u> jemand? Ist er <u>nett</u>? <u>böse</u>?
<u>sympathisch</u>? Adjektive beziehen sich auf Nomen oder Pronomen.

Adverbien beschreiben alles andere, z. B.:

- Eigenschaften:
  Petra ist <u>sehr</u> nett. Das Adverb sehr bezieht sich hier auf das Adjektiv nett.
- Tätigkeiten:
  Sabine arbeitet <u>schnell</u>. Das Adverb schnell bezieht sich hier auf das Verb arbeitet.
- Zeitangaben:
  Petra fehlt <u>sehr</u> oft. Das Adverb sehr bezieht sich hier auf das Adverb oft.
- Sachverhalte:
  <u>Unglücklicherweise</u> war er schlecht vorbereitet.
  Das Adverb unglücklicherweise bezieht sich hier auf den ganzen Satz.

Im Deutschen kann man Adjektiv und Adverb oft nur schwer unterscheiden, z. B.
Sie fährt <u>langsam</u> (Adverb) – Sie ist <u>langsam</u> (Adjektiv).
Im Französischen haben Adverb und Adjektiv eigene Formen:
Elle roule <u>lentement</u> (Adverb). *Elle est <u>lente</u>* (Adjektiv).
Das kennst du schon vom Englischen: *quick* (Adjektiv) → *quickly* (Adverb).

In diesem Kapitel erfährst du etwas über:

– ursprüngliche Adverbien	*bien, mal, vite*	1.1
– Adverbien, die von Adjektiven abgeleitet sind	*heureuse → heureusement*	1.2–1.4
– die Stellung der Adverbien im Satz	*Elle mange **bien**. / Elle a **bien** mangé.*	3
– die Steigerung der Adverbien	***plus** vite, **moins** vite, **aussi** vite, **le plus** vite*	2
– den Gebrauch einiger Adverbien wie z. B.	*beaucoup* und *très, aussi* und *autant* sowie *tout*	4
– den Gebrauch von Adjektiven als Adverbien	*Elle travaille **dur**.*	5

Hinweise zur Vermeidung von Fehlern findest du in Abschnitt 6

1 Die Form des Adverbs
La forme de l'adverbe

Im Deutschen kann man nicht immer Adjektiv und Adverb unterscheiden, z. B. Sie fährt langsam (Adverb). Sie ist langsam (Adjektiv). Im Französischen haben Adverb und Adjektiv eigene Formen: *Elle roule lentement.* (Adverb). *Elle est lente.* (Adjektiv).

*J'ai **assez** travaillé.*
*Elle travaille **lentement**.*

Im Französischen gibt es zwei Sorten von Adverbien: ursprüngliche Adverbien (z. B. *assez*) und abgeleitete Adverbien *(lentement)*. Abgeleitete Adverbien enden auf *-ment*. Adverbien sind unveränderlich.

ATTENTION
Es gibt eine Ausnahme: *tout*. Als Adverb wird *tout* manchmal verändert: *une toute petite maison* → **56**/4.3.

1.1 Ursprüngliche Adverbien
Les adverbes simples

assez	hier	tant	trop
beaucoup	ici	tard	vite
bien	parfois	tôt	usw.
déjà	plutôt	toujours	
encore	souvent	très	

Die ursprünglichen Adverbien haben keine typische Form oder Endung, an der du sie erkennen kannst. Du musst sie einfach lernen.

1.2 Abgeleitete Adverbien
Les adverbes dérivés

Die meisten Adverbien werden von Adjektiven abgeleitet.

1. Abgeleitete Adverbien auf *-ment*

Adjektiv		Adverb
lent, lent**e**	→	lent**e**ment
sérieux, sérieu**se**	→	sérieu**se**ment
long, long**ue**	→	long**ue**ment
actif, acti**ve**	→	acti**ve**ment
régulier, réguli**ère**	→	réguli**ère**ment
rare	→	rarement
difficile	→	difficilement
vrai	→	vraiment
absolu	→	absolument
poli	→	poliment

Um das Adverb zu bilden hängst du an die weibliche Singularform eines Adjektivs *-ment* an.

Adjektive, deren männliche Form auf einem Vokal endet, leiten das Adverb von dieser Form ab.

Ausnahme:

gai, gai**e**	→	gai**e**ment

Das Adverb / *L'adverbe*

2. Abgeleitete Adverbien auf -*amment*

Adjektiv		Adverb
élégant, élégante	→	*él**ég**amment* [elegamã]
méchant, méchante	→	*méch**amment*** [meʃamã]
constant, constante	→	*const**amment*** [kõstamã]

Adjektive mit der Endung -*ant* bilden die Adverbien auf -*amment*.

3. Abgeleitete Adverbien auf -*emment*

Adjektiv		Adverb
différent, différente	→	*différ**emment*** [diferamã]
impatient, impatiente	→	*impati**emment*** [ɛ̃pasjamã]

Beachte:

lent, lente	→	*lent**e**ment*

Adjektive mit der Endung -*ent* bilden die Adverbien auf -*emment*.

4. Abgeleitete Adverbien auf -*ément*

Adjektiv		Adverb
commode bequem	→	*commod**ément***
confus, confuse verworren	→	*confus**ément***
énorme ungeheuer	→	*énorm**ément***
intense stark, heftig	→	*intens**ément***
précis, précise genau	→	*précis**ément***
profond, profonde tief	→	*profond**ément***

Einige Adverbien enden auf -*ément*.
Diese musst du lernen.

5. Unregelmäßige Adverbien

Adjektiv		Adverb
gentil, gentille	→	**gentiment**
bon, bonne	→	**bien**
mauvais, mauvaise	→	**mal**
meilleur, meilleure	→	**mieux**

1.3 Bedeutungsunterschiede zwischen Adjektiv und abgeleitetem Adverb
Différences sémantiques entre adjectif et adverbe dérivé

Es gibt Adjektive, die mehrere Bedeutungen haben. Einige der abgeleiteten Adverbien übernehmen nur eine der Bedeutungen des Adjektivs. Manchmal hat das Adverb auch eine ganz andere Bedeutung als das entsprechende Adjektiv.

Adjektiv	Adverb
curieux/-euse	*curieusement*
*Il est **curieux**.*	
Er ist neugierig.	
*C'est **curieux**.*	***Curieusement**, il n'a rien dit.*
Das ist merkwürdig.	Merkwürdigerweise hat er nichts gesagt.
drôle	*drôlement*
*C'est une histoire **drôle**.*	*C'est **drôlement** bien.* (umgspr.)
Das ist eine lustige Geschichte.	Das ist sehr gut.
égal/-e	*également*
*Il a partagé le gâteau en deux morceaux **égaux**.*	*J'ai **également** envoyé une invitation à ta sœur.*
Er hat den Kuchen in zwei gleich große Stücke geteilt.	Ich habe auch deiner Schwester eine Einladung geschickt.

Im Einzelfall gibt dir das Wörterbuch Auskunft über die Bedeutungsunterschiede von Adjektiv und Adverb.

1.4 Adjektive ohne ableitbares Adverb
Adjectifs sans adverbe dérivé

Du kannst nicht von jedem Adjektiv ein Adverb auf *-ment* ableiten. Zu den Adjektiven, die keine Adverbien auf *-ment* ableiten können, gehören:

– Farbadjektive
– eine Reihe weiterer Adjektive, z. B.: *célèbre, charmant, étonné, fatigant, fatigué, jaloux, jeune, moderne, neuf, nombreux, vieux*.

Für fehlende Adverbien kannst du gelegentlich Umschreibungen verwenden, z. B.:

d'une façon	+ Adjektiv	*Elle nous a entretenus **d'une façon charmante**.*
		Sie hat uns ganz charmant (auf charmante Weise) unterhalten.
d'une manière	+ Adjektiv	*Il se comporte **d'une manière étrange**.*
		Er benimmt sich seltsam.
d'un air	+ Adjektiv	*Elle me regarde **d'un air étonné**.*
		Sie sieht mich erstaunt an.
en	+ Adjektiv	*Elle voit tout **en noir**.*
		Sie sieht alles schwarz.

2 Der Vergleich
La comparaison

Auch Adverbien kann man steigern, wenn man z. B. Handlungen oder Tätigkeiten miteinander vergleicht:

Peter arbeitet <u>schneller als</u> Paul. `1`   Stufe `1` des Vergleichs nennt man Komparativ.
Nicole läuft <u>am schnellsten</u>. `2`   Stufe `2` heißt Superlativ.

2.1 Der Komparativ
Le comparatif

*Pierre est venu **plus** tard **que** les autres.*   ... später

*Yvonne court **aussi** vite **que** sa sœur.*   ... genauso schnell

*Paul s'habille **moins** élégamment **que** Jean-Yves.*   ... weniger elegant

Die Adverbien steigerst du genauso wie die Adjektive (→ **37**/6): Du setzt *plus/aussi/moins* vor das Adverb.
Das Vergleichswort (im Deutschen wie oder als) ist immer *que*.

Komparativ: *plus / aussi / moins* + Adverb + *que*

ATTENTION
Einige Adverbien haben unregelmäßige Komparativformen: *beaucoup, peu, bien* und *mal* → **52**/2.3.

2.2 Der Superlativ
Le superlatif

Der Superlativ ist die höchste Steigerungsform: Er läuft am schnellsten.

*Elle court **le plus** vite (de tous).*   ... am schnellsten (von allen).
*Il court **le moins** vite (de tous).*   ... am langsamsten (von allen).

Anders als im Deutschen kannst du den Superlativ in zwei Richtungen bilden:
positiv durch *le plus* + Adverb
negativ durch *le moins* + Adverb.

ATTENTION
Einige Adverbien haben unregelmäßige Superlativformen: *beaucoup, peu, bien* und *mal* → **52**/2.3.

Zusatzinformation

*Ils écrivent **le plus** souvent **possible**.*   ... so oft wie möglich

Mit *le plus / le moins* + Adverb + *possible* hast du eine weitere Möglichkeit den Superlativ zu bilden.

2.3 Adverbien mit unregelmäßigen Steigerungsformen
Adverbes avec un comparatif et un superlatif irréguliers

Einige Adverbien haben besondere Steigerungsformen.

	Komparativ		Superlativ	
beaucoup	*plus*	mehr	*le plus*	am meisten
peu	*moins*	weniger	*le moins*	am wenigsten
bien	*mieux*	besser	*le mieux*	am besten
mal	*plus mal*	schlechter	*le plus mal*	am schlechtesten
	pis	schlimmer	*le pis*	am schlimmsten

Das Adverb *mal* hat zwei Steigerungsformen:
– die regelmäßige Form,
– die unregelmäßige Form. *Pis, le pis* wird meist in bestimmten Redewendungen verwendet. *Je m'attendais à pis.* (Ich habe Schlimmeres erwartet.)
Ce qui est pis … (Was schlimmer ist …)
Tant pis. (Da kann man nichts machen.)

Verwechsle nicht Mengenangabe und Vergleich:

*Je travaille **plus de** huit heures par jour.* *Il travaille **moins de** quarante heures.*	Mengenangabe
*Je travaille **plus que** lui.* *Il travaillle **moins que** moi.*	Vergleich

– Bei Mengenangaben mit *plus* oder *moins* steht hinter dem Adverb immer *de*.
– Beim Vergleich mit *plus* oder *moins* verwendest du jedoch das Vergleichswort *que*.

***Plus** je pars, **plus** j'ai envie de partir.*	Je mehr … desto …

Mit *plus* oder *moins* kannst du auch Sätze verbinden. Näheres findest du → **133**/1.5.

3 Die Stellung der Adverbien
La place des adverbes

Adverbien können sich auf verschiedene Wörter beziehen.
In den folgenden Beispielen bezieht sich das Adverb jeweils auf:

Sophie joue de la guitare.

Elle joue souvent — ein Verb

et elle joue très bien. — ein Adverb

Normalement, ses concerts ont beaucoup de succès. — einen ganzen Satz

Son groupe est assez célèbre. — ein Adjektiv

Die Stellung eines Adverbs im Satz hängt von verschiedenen Faktoren ab: z. B. vom Bezugswort oder von der Bedeutung des Adverbs. Aber auch die Informationsabfolge, die der Sprecher wählen will, ist für die Adverbien bedeutsam. In den folgenden Abschnitten sind die wichtigsten Regeln zusammengefasst.

3.1 Die Stellung des Adverbs bei Adjektiv und Adverb
La place de l'adverbe avec un adjectif ou un adverbe

une question assez critique

un problème vraiment grave

un livre peu intéressant

Adverbien stehen vor den Adjektiven, auf die sie sich beziehen.

Zusatzinformation

une lettre bien écrite

une lettre écrite aujourd'hui

Ist das Adjektiv aus einem Partizip Perfekt abgeleitet (hier: *écrit/e*), stehen bestimmte Adverbien hinter dem Adjektiv, z. B. Zeitadverbien *(aujourd'hui)*.

Ils discutent trop. → *Ils discutent beaucoup trop.*

Elle court vite. → *Elle court très vite.*

Il travaille correctement. → *Il travaille toujours correctement.*

Elle mange lentement. → *Elle mange assez lentement.*

Adverbien, die sich auf andere Adverbien beziehen, stehen immer vor diesen Adverbien.

3.2 Die Stellung des Adverbs beim Verb
La place de l'adverbe avec un verbe

Elle nage bien.

Je rentrerai tard.

Elle connaissait bien le chemin.

Bei einfachen Zeiten (→ **66**/2.2) steht das Adverb <u>hinter dem Verb</u>, auf das es sich bezieht.

Elle a bien dormi.
Elle m'a souvent écrit.
Je vais bientôt partir.

Bei zusammengesetzten Zeiten stehen die meisten Adverbien zwischen Hilfsverb und Partizip.

Elle m'a rarement appelé.

oder:
Elle m'a appelé rarement.
Elle va venir régulièrement.

Längere Adverbien können auch hinter dem Partizip oder dem Infinitiv stehen.

J'ai habité ici pendant trois ans.	Die folgenden Adverbien stehen in der Regel <u>nach</u> dem Partizip oder dem Infinitiv:
Il est arrivé hier.	– Adverbien, die angeben, wo jemand ist: z. B. *ici, là, ailleurs, quelque part* usw.
Il va rentrer tard.	– Adverbien, die einen Zeitpunkt oder eine zeitliche Abfolge angeben: *hier, demain, avant, après, tard, tôt* usw.

ATTENTION Vergleiche die folgenden Sätze:

Il aimerait mieux chanter	Er würde lieber singen.	Hier handelt es sich nicht um zusammengesetzte Zeiten *(futur composé, passé composé* usw.), sondern um Infinitivergänzungen. Bei Infinitivergänzungen steht das Adverb <u>hinter dem Verb, auf das es sich bezieht</u>. Durch die Stellung des Adverbs drückst du also jeweils etwas Anderes aus.
Il aimerait chanter mieux.	Er würde gerne besser singen können.	
Je veux bien chanter.	Ich will gerne singen.	
Je veux chanter bien.	Ich will gut singen.	

ATTENTION Vergleiche die folgenden Sätze:

Il n'a toujours pas terminé ses études.	... immer noch nicht
L'élève ne travaille pas toujours bien.	... nicht immer

3.3 Die Stellung von Adverbien, die sich auf den Satz beziehen
La place des adverbes qui se rapportent à une phrase

Mit einem Adverb kannst du auch die Aussage eines ganzen Satzes verändern: Du kannst die Aussage eines Satzes verstärken, abschwächen, präzisieren oder kommentieren. Betrachte die folgenden Beispiele:

Je t'appellerai lundi.	Naturellement, je t'appellerai lundi.	Adverbien, die sich auf den ganzen Satz beziehen, kannst du an den Satzanfang oder an das Satzende stellen. Zur Stellung der Satzteile mit *peut-être, sans doute, à peine* → **122**/1.
Elle est venue samedi.	Heureusement, elle est venue samedi.	
Il ne travaille pas assez.	Il ne travaille pas assez, malheureusement.	
Il n'est jamais à l'heure.	Il n'est jamais à l'heure normalement.	

4 Der Gebrauch einiger Adverbien
L'emploi de certains adverbes

In den folgenden Abschnitten findest du Hinweise zum Gebrauch der Adverbien:
– *très* und *beaucoup* → **55**/4.1,
– *aussi* und *autant* → **55**/4.2,
– *tout* → **56**/4.3.
Der Gebrauch dieser Adverbien bereitet einem deutschsprachigen Lerner häufig Schwierigkeiten.
Lies dir also diese Abschnitte durch, wenn du dir über den Gebrauch dieser Adverbien nicht ganz sicher bist.

4.1 Très und beaucoup

Très und beaucoup entsprechen beide dem deutschen sehr.

Il est **très** grand. Elle écrit **très** bien. Nous avons **très** faim. J'ai **très** soif. Il a **très** mal à la jambe.	Très steht vor: – Adjektiven (hier: grand) – Adverbien (hier: bien) – Nomen in Ausdrücken mit avoir + Nomen (avoir faim/soif/envie/mal/peur)
Elle aime **beaucoup** le rap. Ce disque me plaît **beaucoup**. Elle s'intéresse **beaucoup** à la musique. Il a **beaucoup** plus travaillé qu'avant. Cet acteur joue **beaucoup** mieux que ses collègues. Cette photo me plaît **beaucoup** moins. On a **beaucoup** trop mangé.	Beaucoup steht: – nach Verben (hier: aimer, plaire, s'intéresser à) – vor den Adverbien plus, mieux, moins, und trop.
Elle écrit **énormément**. Sie schreibt sehr viel.	**ATTENTION** Très kann nie vor beaucoup stehen. Sehr viel übersetzt du mit énormément.

Zusatzinformation

In der gehobenen Sprache wird statt très und beaucoup häufig auch fort oder bien verwendet:

Elle chante **fort** bien.
Je doute **fort** que cela l'intéresse.
Elle est **bien** jolie.

4.2 Aussi und autant

Elle est **aussi** grande que lui. Il est **aussi** chic que son copain. Elle danse **aussi** bien que lui. Il parle **aussi** couramment le français qu'elle.	Aussi (so … wie) steht vor – Adjektiven (hier: grande, chic) – Adverbien (hier: bien, couramment)
Il parle **autant** qu'elle. Elle lit **autant** que moi.	Autant (so viel … wie) steht – nach Verben (hier: parler, lire)

L'adverbe / **Das Adverb**

4.3 Tout als Adverb
Tout *comme adverbe*

Tout kann ganz verschiedene Funktionen ausüben. So ist *tout* z. B.
– ein Begleiter *(toute la nuit → **22**/7.8)*
– ein Pronomen *(Tout lui est égal → **111**/6.1)*
– ein Nomen *(Cela forme un tout.)*
oder eben ein Adverb: *un tout petit jardin*.
Als Adverb dient *tout* der Verstärkung von Adjektiven und weist eine Besonderheit auf.

*Le jardin est **tout** petit.*
*Ils sont **tout** petits.*

*Elle est **tout** heureuse.*
*Elles sont **tout** heureuses.*

*La rue est **tout** étroite.*
*Les rues sont **tout** étroites.*

*La maison est **toute** petite.*
*Elles sont **toutes** petites*

Tout ist nur veränderlich vor weiblichen Adjektiven, die lautlich mit einem Konsonanten beginnen. In allen anderen Fällen ist *tout* unveränderlich, wie alle Adverbien.

5 Der Gebrauch von Adjektiven und Adverbien
L'emploi d'adjectifs et d'adverbes

5.1 Adjektive als Adverbien
Adjectifs employés comme adverbes

Einige Verben bilden zusammen mit bestimmten Adjektiven feste Wendungen.
Die Adjektive verhalten sich dann wie Adverbien: Die Adjektive stehen hinter den Verben und sind unveränderlich.

Hier eine Liste der gebräuchlichsten Wendungen:

*aller **tout droit***	geradeaus gehen
*chanter **juste/faux***	richtig/falsch singen
*coûter **cher***	teuer sein
*jouer **faux***	falsch spielen
*parler **français/allemand***	französisch/deutsch … sprechen
*parler **fort/bas***	laut/leise sprechen
*payer **cher***	teuer bezahlen
*penser **juste***	richtig denken
*peser **lourd***	schwer sein
*refuser **net***	kategorisch ablehnen
*s'arrêter **net***	plötzlich stehen bleiben
*sentir **bon/mauvais***	gut/schlecht riechen
*tenir **bon***	durchhalten
*travailler **dur***	hart arbeiten
*voir **clair/double***	klar/doppelt sehen

MERKE   sentir **bon**: *Ce parfum sent **bon**.*   Dieses Parfüm riecht gut.
             sentir **bien**: *Je suis enrhumé. Je ne sens pas **bien**.*   Ich bin erkältet. Ich kann nicht gut riechen.

5.2 Adverbien als Adjektive
Adverbes employés comme adjectifs

*Ce disque n'est pas **mal**.*
*Cette chanson est **bien**.*
*C'est **mieux**.*
*un type **bien*** ein netter Typ
*un endroit **pas mal*** ein netter Ort

*J'ai cherché quelque chose **de mieux** pour toi.*
*Je n'ai rien trouvé **de mieux**.*

Einige Adverbien kannst du prädikativ *(bien, pas mal, mieux)* in der Funktion von Adjektiven verwenden.
Bien und *pas mal* kannst du auch attributiv verwenden.
Die Adverbien bleiben immer unveränderlich.

An *quelque chose* und *rien* werden *bien, mal, mieux* mit *de* angeschlossen.

6 Hinweise zur Vermeidung von Fehlern

Adverb oder Adjektiv?

Du willst sagen oder schreiben:

Das ist eine <u>gute</u> Idee.
Das ist ein <u>schnelles</u> Auto.
Das ist ein <u>schlechtes</u> Beispiel.

Das heißt auf Französisch:

*C'est une **bonne** idée.*
*C'est une voiture **rapide**.*
*C'est un **mauvais** exemple.*

Hier verwendest du Adjektive, weil du die Nomen näher beschreiben willst.

Er singt <u>gut</u>.
Sie fährt <u>schnell</u>.
Er sieht <u>schlecht</u>.

*Il chante **bien**.*
*Elle roule **vite**.*
*Il voit **mal**.*

Hier verwendest du Adverbien, weil du Handlungen (Verben) näher beschreiben willst → **47**.

Steigerung des Adverbs

Er liest <u>viel</u>.
Er liest <u>mehr</u> als ich.
Er liest <u>am meisten</u>.

*Il lit **beaucoup**.*
*Il lit **plus** que moi.*
*Il lit **le plus**.*

Sie spricht <u>wenig</u>.
Sie spricht <u>weniger</u> als er.
Sie spricht <u>am wenigsten</u>.

*Elle parle **peu**.*
*Elle parle **moins** que lui.*
*Elle parle **le moins**.*

Er singt <u>gut</u>.
Er singt <u>besser</u> als ich.
Er singt <u>am besten</u>.

*Il chante **bien**.*
*Il chante **mieux** que moi.*
*Il chante **le mieux**.*

Die Steigerungsformen von *beaucoup, bien, peu* sind unregelmäßig → **52**/2.3.

Das deutsche so drückst du im Französischen auf verschiedene Weise aus:

Sie hat <u>so</u> viel Arbeit. *Elle a **tant de / tellement de** travail.*
Vor einem Nomen steht *tant de* oder *tellement de*.

Sie hat <u>so</u> viel gearbeitet. *Elle a **tellement/tant** travaillé.*
Vor einem Verb steht *tant* oder *tellement*.

Er hat das <u>so</u> gut gemacht, dass … *Il a fait cela **si/tellement** bien que …*
Vor einem Adverb steht *si* oder *tellement*.

Das musst du <u>so</u> (= auf diese Weise) machen. *Il faut faire cela **de cette façon-là / comme ça**.*

Nicht immer gibt es für ein deutsches Adverb auch ein französisches Adverb.

Du willst sagen oder schreiben: Das heißt auf Französisch:

Ich höre <u>gerne</u> Musik. *J'**aime** écouter de la musique.*
Sie tanzt <u>lieber</u>. *Elle **préfère** danser. / Elle **aime mieux** danser.*
Er macht <u>gerade</u> seine Hausaufgaben. *Il **est en train de** faire ses devoirs.*
Er hat <u>gerade</u> gegessen. *Il **vient de** manger.*
Sie arbeitet <u>weiter</u>. *Elle **continue à** travailler.*
<u>Hoffentlich</u> kommt er morgen. *J'**espère** qu'il viendra demain.*
Ich habe <u>schließlich</u> ja gesagt. *J'**ai fini par** dire oui.*
<u>Interessanterweise</u> hat er den Fehler nicht bemerkt. *Il **est intéressant de constater** qu'il n'a pas remarqué l'erreur.*

Einem deutschen Adverb entspricht manchmal ein französisches Verb.

<u>Abends</u> geht er aus. *Il sort **le soir**.*
<u>Sonntags</u> jogge ich. ***Le dimanche**, je fais du jogging.*

Hier verwendest du das entsprechende Nomen mit dem bestimmten Artikel → **12/2.5**.

Ich habe es <u>erfolglos</u> versucht. *Je l'ai essayé **sans succès / en vain**.*
<u>Hastig</u> schreibt er den Satz zu Ende. *Il a terminé la phrase **en hâte**.*
Er lernt <u>mühelos</u>. *Il apprend **sans peine**.*
Sie schaut mich <u>neugierig</u> an. *Elle me regarde **avec curiosité**.*
Er fährt <u>sehr schnell</u>. *Il roule **à toute vitesse**.*
Wir arbeiten <u>höchstens</u> 7 Stunden. *Nous travaillons 7 heures **au maximum**.*
Sie arbeiten <u>mindestens</u> 8 Stunden. *Ils travaillent 8 heures **au moins (au minimum)**.*

Hier entspricht dem deutschen Adverb eine französische Präposition + Nomen.

Sie ist <u>fast</u> 100 Jahre alt. *Elle a **presque** 100 ans.*
Sie hat <u>fast</u> nichts gegessen. *Elle n'a **presque** rien mangé.*
aber:
Er ist <u>fast</u> hingefallen. *Il **a failli** tomber. /*
*Il **a manqué de** tomber.*

Vor einigen Verben kannst du *presque* nicht verwenden. Stattdessen musst du *faillir* oder *manquer de* verwenden.

Das Adverb / L'adverbe

4

Die Zahlwörter

Les nombres

Zu den Zahlwörtern gehören:

– die Grundzahlen	1, 2, 3, …	1
– die Ordnungszahlen	1er, 2ème, 3ème, …	2
– die Bruchzahlen	$1/2$, $1/3$, $1/4$, …	3
– die Sammelzahlen	*une dizaine, une douzaine*	4

Wenn du etwas über den Gebrauch der Zahlwörter
(z. B. Datumsangaben, Dezimalzahlen u. a.)
wissen willst, so findest du das in Abschnitt   5

1 Die Grundzahlen
Les nombres cardinaux

0	zéro	11	onze	30	trente	99	quatre-vingt-dix-neuf
1	un, un*e*	12	douze	40	quarante	100	cent
2	deux	13	treize	50	cinquante	101	cent un / cent un*e*
3	trois	14	quatorze	60	soixante	110	cent dix
4	quatre	15	quinze	70	soixante-dix	200	deux cents
5	cinq	16	seize	71	soixante et onze	1000	mille
6	six	17	dix-sept	72	soixante-douze	1575	mille cinq cent soixante-quinze
7	sept	18	dix-huit	79	soixante-dix-neuf		oder: *quinze cent soixante-quinze*
8	huit	19	dix-neuf	80	quatre-vingts	2000	deux mille
9	neuf	20	vingt	81	quatre-vingt-un	1000000	un million
10	dix	21	vingt et un/*e*	90	quatre-vingt-dix		
		22	vingt-deux	91	quatre-vingt-onze		

1.1 Das Geschlecht der Grundzahlen
Le genre des nombres cardinaux

C'est un trois ou un cinq?

Vingt et un livres. Vingt et une cassettes.

Im Unterschied zum Deutschen sind französische Zahlen männlich.
Für eins gibt es auch eine weibliche Form.

le un, **le** huit, **le** onze, **les** huit livres [leɥilivr]

Vor Zahlen wird der bestimmte Artikel nicht apostrophiert. Der bestimmte Artikel im Plural wird bei der Aussprache auch nicht gebunden.

1.2 Der Plural der Grundzahlen
Le pluriel des nombres cardinaux

deux zéros, quatre-vingts, deux cents

Zéro, vingt, cent haben eine Pluralform.

quatre-vingts aber: quatre-vingt-quatre
deux cents aber: deux cent quatre

ATTENTION Wenn auf *vingt* oder *cent* eine weitere Zahl folgt, entfällt das Plural -s.

mille, trois mille, trois mille deux cents

Mille ist unveränderlich.

deux millions
deux millions trois cent mille deux cents

un million **d'**habitants
deux millions **de** francs

trois millions cinq cent mille habitants

Million hat im Plural ein *-s* auch dann, wenn eine weitere Zahl folgt.

Million ist ein Nomen; nachfolgende Nomen werden daher (wie immer bei Mengenangaben) mit *de* angeschlossen.
ATTENTION Folgt auf *million* eine weitere Zahl, entfällt *de*.

Die Zahlwörter / *Les nombres*

1.3 Die zusammengesetzten Zahlen
Les nombres composés

vingt **et** un	aber: *quatre-vingt-un*
trente **et** un	*quatre-vingt-onze*
quarante **et** un	
cinquante **et** un	
soixante **et** un	
soixante **et** onze	

Von 20 bis 70 fügst du *un, une* und *onze* mit *et* an den Zehner an. Bei 80 und 90 steht kein *et*, aber ein Bindestrich.

2 Die Ordnungszahlen
Les nombres ordinaux

le	1er	le	premier	le/la	10ème	le/la	dixième
la	1ère	la	première	le/la	11ème	le/la	onzième
le/la	2ème	le/la	deuxième, le/la second/e	le/la	12ème	le/la	douzième usw.
le/la	3ème	le/la	troisième	le/la	20ème	le/la	vingtième
le/la	4ème	le/la	quatrième	le/la	21ème	le/la	vingt et unième
le/la	5ème	le/la	cinquième	le/la	30ème	le/la	trentième usw.
le/la	6ème	le/la	sixième	le/la	100ème	le/la	centième
le/la	7ème	le/la	septième	le/la	200ème	le/la	deuxcentième
le/la	8ème	le/la	huitième	le/la	1000ème	le/la	millième
le/la	9ème	le/la	neuvième	le/la	1001ème	le/la	mille et unième

Du bildest die Ordnungszahl, indem du an die Grundzahl die Endung *-ième* anhängst. Ausnahme: *premier/première*.
Endet eine Grundzahl auf *-e*, fällt dieses *-e* bei der Ordnungszahl weg: *onze → onzième*.

Zusatzinformation

premièrement	erstens
deuxièmement	zweitens

Aus den Ordnungszahlen kannst du Adverbien ableiten.
Zur Bildung von Adverbien → **48**/1.2.

3 Die Bruchzahlen
Les fractions

$1/2$	un **demi**	$2/2$	deux demi**s**
$1/3$	un **tiers**	$2/3$	deux tiers
$1/4$	un **quart**	$3/4$	trois quart**s**
$1/5$	un cinquième	$2/5$	deux cinquième**s**
$1/6$	un sixième	$5/6$	cinq sixième**s**

Den Zähler der Bruchzahl bildest du mit der Grundzahl, den Nenner mit der Ordnungszahl.
Ausnahmen: *un demi, un tiers, un quart*.
Ist der Zähler größer als 1, setzt du die Ordnungszahl im Nenner in den Plural.

$1 1/2$	un **et** demi
$1 3/4$	un (et) trois quarts
$2 1/5$	deux (et) un cinquième

Demi schließt du nach einer ganzen Zahl immer mit *et* an. Andere Brüche kannst du mit oder ohne *et* anschließen.

4 Die Sammelzahlen
Les nombres collectifs

une **paire** de chaussures	ein Paar Schuhe
une **douzaine** d'œufs	ein Dutzend Eier

Die Sammelzahlen *une paire* und *une douzaine* bezeichnen eine genaue Anzahl.

une **dizaine** de personnes	ungefähr zehn Personen
une **quinzaine** d'élèves	etwa fünfzehn Schüler
une **vingtaine** de clients	zirka zwanzig Kunden
une **centaine** de livres	etwa einhundert Bücher
aber: un **millier** de C.D.	etwa tausend CDs

Im Französischen gibt es auch einige Sammelzahlen, die eine ungefähre Anzahl bezeichnen. Außer den genannten gibt es noch: *une douzaine, une trentaine, une quarantaine, une cinquantaine, une soixantaine.* Beachte: *dix* → *une dizaine*.

Environ quatre-vingts personnes …

Aus zusammengesetzten Zahlen kannst du keine Sammelzahlen bilden. Du verwendest dann *environ* + Grundzahl.

5 Hinweise zur Vermeidung von Fehlern

Einige Zeitangaben sind im Französischen anders als im Deutschen:

Du willst sagen:	Das heißt auf Französisch:
eine Viertelstunde	*un quart d'heure*
eine halbe Stunde	*une demi-heure*
eine dreiviertel Stunde	*trois quarts d'heure*
anderthalb Stunden	*une heure et demie*
7 Tage (1 Woche)	**huit** *jours*
14 Tage (2 Wochen)	**quinze** *jours*
¼ Jahr, ½ Jahr, ¾ Jahr	*trois mois, six mois, neuf mois*
1½ Jahre	*un an et demi / dix-huit mois*

Auch der Gebrauch der Bruchzahlen ist nicht immer gleich:

ein halber Liter, eine halbe Stunde	*un demi-litre, une demi-heure*
eineinhalb Liter, eineinhalb Stunden	*un litre et demi, une heure et demie*

Vorangestelltes *demi* ist unveränderlich und wird mit Bindestrich an das Nomen angeschlossen. Steht *demi* allein nach einem Nomen, so musst du es im Geschlecht dem Nomen angleichen.

ein Drittel der Schüler	*le tiers des élèves*
zwei Fünftel der Schüler	*les deux cinquièmes des élèves*
mehr als die Hälfte der Schüler	*plus de la moitié des élèves*
weniger als ein Drittel der Lehrer	*moins du tiers des professeurs*

Im Deutschen steht eine Ordnungszahl, im Französischen eine Grundzahl:

jeder vierte Einwohner	*un habitant sur quatre*
Sie kam jeden dritten Tag.	*Elle venait tous les trois jours / un jour sur trois.*
der 3. Mai / am 3. Mai	*le trois mai*
Napoléon III	*Napoléon III (trois)*
aber: der 1. Mai / am 1. Mai	*le premier mai*

Die Zahlwörter / *Les nombres*

5

Das Verb
Le verbe

Verben nennt man im Deutschen auch „Tätigkeitswörter" oder „Zeitwörter". Verben bezeichnen Handlungen (z. B. gehen, tanzen, reden), Ereignisse (geschehen, passieren, regnen) oder Zustände (sein, haben). Verben spielen im Satz eine wichtige Rolle.

In diesem Kapitel erfährst du etwas über

– die verschiedenen Verbarten:
   Vollverben, Hilfsverben, Modalverben und reflexive Verben 1
– die verschiedenen Konjugationstypen:
   regelmäßige Verben auf *-er, -ir, -(d)re*, sowie unregelmäßige Verben, 2
– den Unterschied von Modus und Tempus 3
– die Bildung der verschiedenen Tempora:

le présent	elle chante	4.1
l'imparfait	elle chantait	4.2
le futur simple	elle chantera	4.3
le passé simple	elle chanta	4.4
le futur composé	elle va chanter	4.5
le passé composé	elle a chanté	4.6
le plus-que-parfait	elle avait chanté	4.7
le futur antérieur	elle aura chanté	4.8
le passé antérieur	elle eut chanté	4.9
le présent duratif	elle est en train de chanter	4.13
le passé immédiat	elle vient de chanter	4.14

– die Verwendung der Hilfsverben *avoir* und *être* 4.10
– die Veränderlichkeit des *participe passé* 4.11–4.12 und 10
– die Bildung der verschiedenen Modi:

l'impératif	chante	5
le subjonctif (présent, passé, imparfait)	qu'elle chante, qu'elle ait chanté ...	6
le conditionnel (présent, passé)	elle chanterait, elle aurait chanté	7

– die Bildung des Passivs   Cette chanson est chantée par P. Kaas.   8
– reflexive Verben sowie die Stellung der Reflexivpronomen und den *accord* des Partizips.   Elle se trompe.   9

Die folgenden Informationen findest du nicht in diesem Kapitel. Hier musst du an den folgenden Stellen nachschlagen:

– zu den Ergänzungen, die ein Verb nach sich ziehen kann, z. B.
   demander à qn de faire qc   Kap. 6, S. 87
– zur Verwendung
   von *participe présent* und *gérondif*   Kap. 12, S. 151
   des Passivsatzes   Kap. 16, S. 175
   des *subjonctif*   Kap. 11, S. 149
   des *conditionnel*   Kap. 18, S. 185
   der Tempora im Text   Kap. 18, S. 130

Die Konjugation der wichtigsten unregelmäßigen Verben findest du auf S. 203 ff.

Hinweise zur Vermeidung von Fehlern schließen auch dieses Kapitel ab   10

1 Die verschiedenen Verbarten
Les différents types de verbes

1. Hilfsverben

avoir →	*j'ai* écrit
être →	elle *est* partie
aller →	tu *vas* voir

Hilfsverben werden zur Bildung der zusammengesetzten Verbformen (z. B. *passé composé*) verwendet.

2. Modalverben

aimer	
devoir	
vouloir	
pouvoir	*faire qc*
savoir	
préférer	
il faut	

Modalverben stehen vor dem Infinitiv eines weiteren Verbs. Sie drücken aus, ob eine Handlung gewollt, möglich, bevorzugt ist, usw.

3. Vollverben

parler
sentir
comprendre

Alle anderen Verben sind Vollverben.

se tromper
s'appeler

Eine besondere Gruppe der Vollverben bilden die reflexiven Verben, die immer von einem Objektpronomen begleitet werden. Bei reflexiven Verben sind Subjekt und Objekt immer ein und dieselbe Person/Sache → **82**/9.

il faut
il pleut
il s'agit de

Einige Verben werden nur in der 3. Pers. Sing. konjugiert. Diese Verben nennt man unpersönliche Verben.

2 Die Verbformen
La forme des verbes

Grundsätzlich kann man zwei Arten von Verbformen unterscheiden: nicht-konjugierte Formen, z. B. *regarder, regardé, regardant* und konjugierte Formen, z. B. *je regarde, elle a regardé* usw.

2.1 Nicht-konjugierte Formen
Les formes non conjuguées

Die nicht-konjugierten Formen des Verbs sind:

chanter, avoir, être ...	– der Infinitiv
chanté, eu, été ...	– das Partizip Perfekt *(participe passé)*
chantant, ayant, étant ...	– das Partizip Präsens *(participe présent)*

1. Der Infinitiv

Der Infinitiv ist die Grundform des Verbs. Es ist die Form, in der du ein Verb im Wörterbuch findest.

An der Endung des Infinitivs kannst du erkennen, zu welcher Verbgruppe ein Verb gehört. So unterscheidet man im Französischen in der Regel:

chant**er**, mang**er**, appel**er** … dorm**ir**, part**ir**, sent**ir** … fin**ir**, chois**ir**, réuss**ir** … atten**dre**, enten**dre**, ven**dre** …	– regelmäßige Verben auf *-er*, *-ir*, *-(d)re*.
faire, dire, pouvoir …	– sowie unregelmäßige Verben.

Diese Unterscheidung hilft dir bei der Konjugation der Verben → **67**/4.

2. Das Partizip Präsens

Infinitiv	Präsens		Partizip Präsens	
parler	nous **parl**ons	→	**parl**ant	sprechend
manger	nous **mange**ons	→	**mange**ant	essend
finir	nous **finiss**ons	→	**finiss**ant	beendend
dormir	nous **dorm**ons	→	**dorm**ant	schlafend
attendre	nous **attend**ons	→	**attend**ant	wartend
vouloir	nous **voul**ons	→	**voul**ant	wollend

Du bildest das Partizip Präsens aus dem Stamm der ersten Person Plural Präsens, an den du die Endung *-ant* anhängst. Die Bildung des Partizips ist bei allen Verben – außer bei den drei unter **ATTENTION** genannten Formen – regelmäßig.

avoir	→	**ayant**	habend
être	→	**étant**	seiend
savoir	→	**sachant**	wissend

ATTENTION Nur diese drei Verben sind unregelmäßig.

Das *participe présent* hat eine Vergangenheitsform:

parlant	→	**ayant** parlé
allant	→	**étant** allé/e

Die Vergangenheitsform wird gebildet aus:
 Participe présent des Hilfsverbs (*avoir* oder *être*) + *participe passé* des Verbs.

MERKE

Partizip Präsens	*gérondif*	
parlant	→	**en** parlant
mangeant	→	**en** mangeant, usw.

Aus *en* und dem *participe présent* bildest du das *gérondif*.

Zum Gebrauch von *participe présent* und *gérondif*, → **152**/1.2 und **153**/2.2.

3. Das Partizip Perfekt

Das *participe passé* besteht aus einem Stamm und einer Endung.

Infinitiv		Partizip Perfekt	
regarder	→	*regardé*	gesehen
finir	→	*fini*	beendet
dormir	→	*dormi*	geschlafen
attendre	→	*attendu*	gewartet
faire	→	**fait**	getan
dire	→	**dit**	gesagt
pouvoir	→	**pu**	gekonnt

Die Partizipien der Verben auf
-*er* bildest du mit -*é*,
die Partizipien der regelmäßigen Verben auf
-*ir* bildest du mit -*i*,
die Partizipien der regelmäßigen Verben auf
-*(d)re* bildest du mit -*u*.
Die Partizipien der wichtigsten unregelmäßigen Verben findest du auf den Seiten **72** und **203** ff.

Das *participe passé* dient zur Bildung folgender zusammengesetzter Zeiten: *passé composé, plus-que-parfait, passé antérieur, futur antérieur, subjonctif passé, conditionnel passé* und zur Bildung des Passivs.

Das *participe passé* ist veränderlich → **76**/4.11.

2.2 Konjugierte Formen
Les formes conjuguées

Jedes Verb kommt in verschiedenen Formen vor: Es wird konjugiert.

Bei jedem Verb kannst du unterscheiden:

je	chant	e
tu	chant	es
je	fini	s
nous	finiss	ons
elle	peu	t
vous	pouv	ez
ils	peuv	ent

Stamm Endung

– einen Stamm (z. B. *chant-, fini-* usw.).
  Manche Verben haben auch zwei oder drei Stämme
  (fini-/finiss-, peu-/pouv-/peuv- usw.*)*.
– eine Endung (z. B. -*e*, -*es*, –*s*, -*ons* usw.).

Konjugierte Verbformen lassen sich unterteilen in:
– einfache Verbformen: *je chante, tu parles …;*
– zusammengesetzte Verbformen. Diese bestehen aus einem Hilfsverb *(avoir, être, aller)* und dem Partizip Perfekt bzw. dem Infinitiv des Vollverbs: *j'ai chanté, il est venu, il va partir …*

3 Modus und Tempus
Mode et temps

Versuche dir vorzustellen wann du die folgenden Sätze äußern würdest:

Je viendrai à sept heures. Ich werde um 7 Uhr kommen.	(1)	Indikativ

– *Je viendrai à 7 heures* könnte z. B. deine Antwort auf die Frage: *Alors, tu viens quand?* sein. Die Person, der du diese Antwort gibst, kann nun davon ausgehen, dass du um 7 Uhr auch da sein wirst. Um auszudrücken, dass ein Ereignis auch tatsächlich stattfindet, stattfinden wird (oder stattgefunden hat) verwendest du den Indikativ.

Viens à sept heures. Komm' um 7 Uhr.	(2)	Imperativ
Je voudrais que tu viennes à sept heures. Ich möchte, dass du um 7 Uhr kommst.	(3)	*subjonctif*
Pourrais-tu venir à sept heures? Könntest du um 7 Uhr kommen?	(4)	*conditionnel*

– Die Sätze 2, 3 und 4 drücken Wünsche oder Befehle aus. Dazu stehen dir der Imperativ, der *subjonctif* oder der *conditionnel* zur Verfügung.

Je serais venu à sept heures mais le bus avait du retard. Ich wäre um 7 Uhr gekommen, aber der Bus hatte Verspätung.	(5)	*conditionnel*

– Manchmal stellt man sich auch vor, was gewesen wäre, wenn ... oder man träumt: was wäre wohl, wenn ...? Dazu verwendest du den *conditionnel* (Satz 5).

Indikativ, Imperativ, *subjonctif* und *conditionnel* sind Modi.

Indikativ, *subjonctif* und *conditionnel* verfügen über verschiedene Tempora (Zeiten). Die Tempora sagen etwas über den Zeitpunkt aus, zu dem eine Handlung stattfindet, stattfinden soll oder stattgefunden hat: Gegenwart (Präsens), Vergangenheit (z. B. *imparfait, passé composé*), Zukunft *(futur)* usw.

In den folgenden Abschnitten kannst du nachschlagen, wie die Tempora der einzelnen Modi gebildet werden. Und zwar im Einzelnen die Tempora des
– Indikativ → **67**/4,
– Imperativ → **78**/5,
– *subjonctif* → **79**/6,
– *conditionnel* → **80**/7.

4 Die Tempora des Indikativs
Les temps de l'indicatif

Hier kannst du die Bildung der einfachen und zusammengesetzten Zeiten der Verben auf *-er*, *-ir* und *-(d)re* nachschlagen. Auf den Seiten **203** ff findest du eine Übersicht über die Konjugation einiger häufig gebrauchter unregelmäßiger Verben (z. B. *avoir, être, aller, faire, dire* usw.).

4.1 Das Präsens
Le présent

1. Verben auf *-er*

Hierzu gehören 90 % aller französischen Verben.

ATTENTION *aller* ist unregelmäßig.

▶

Verben auf -er, z. B.		Verben auf -cer, z. B.	
chanter		*commencer*	
je	chante	je	commence
tu	chantes	tu	commences
il/elle	chante	il/elle	commence
nous	chantons	nous	commençons
vous	chantez	vous	commencez
ils/elles	chantent	ils/elles	commencent

Vor -*a*-, -*o*-, -*u*- steht -*ç*- nicht -*c*-.

Verben auf -ger, z. B.		Verben auf -yer, z. B.	
manger		*tutoyer*	
je	mange	je	tutoie
tu	manges	tu	tutoies
il/elle	mange	il/elle	tutoie
nous	mangeons	nous	tutoyons
vous	mangez	vous	tutoyez
ils/elles	mangent	ils/elles	tutoient

Vor -*a*-, -*o*-, -*u*- steht -*ge*- nicht -*g*-.

Die Verben auf -*yer* behalten das -*y*- nur in der 1. und 2. Pers. Plur. Alle anderen Formen haben statt -*y*- ein -*i*-. Die Verben auf -*ayer* (z. B. *payer, essayer* usw.) können das -*y*- auch behalten: *je paye* oder *je paie*. Hier gibt es beide Formen.

Verben mit zwei Stämmen:

acheter		*préférer*		*appeler*	
j'	achète	je	préfère	j'	appelle
tu	achètes	tu	préfères	tu	appelles
il/elle	achète	il/elle	préfère	il/elle	appelle
nous	achetons	nous	préférons	nous	appelons
vous	achetez	vous	préférez	vous	appelez
ils/elles	achètent	ils/elles	préfèrent	ils/elles	appellent

Ebenso: *achever, amener, enlever, emmener, geler, lever, mener, peser*

Ebenso: *compléter, espérer, libérer, posséder, régler, répéter, tolérer*

Ebenso: *jeter, épeler, projeter, rappeler, rejeter, renouveler*

2. Verben auf -ir

Hiervon gibt es zwei Gruppen. Verben wie *finir* erweitern ihren Stamm um *-iss-*.

	dormir
je	dors
tu	dors
il/elle	dort
nous	dormons
vous	dormez
ils/elles	dorment

	finir
je	finis
tu	finis
il/elle	finit
nous	finissons
vous	finissez
ils/elles	finissent

Ebenso: *mentir, partir, sentir, servir, sortir*

Ebenso: *agir, agrandir, applaudir, choisir, définir, désobéir, démolir, enrichir, franchir, garantir, grandir, obéir, réfléchir, réunir, réussir, rougir, saisir, trahir*

3. Verben auf -(d)re

	attendre
j'	attends
tu	attends
il/elle	attend
nous	attendons
vous	attendez
ils/elles	attendent

Ebenso: *défendre, descendre, entendre, pendre, perdre, prétendre, rendre, répandre, répondre, tendre, vendre*

Viele Verben, deren Infinitiv auf *-(d)re* endet, sind unregelmäßig, z. B. *prendre* und alle seine Komposita (*apprendre, comprendre, entreprendre* usw.) sowie *connaître, dire, faire, lire, mettre, plaire, rire* usw.
Diese Verben findest du in der Liste der unregelmäßigen Verben → **203** ff.

MERKE Die 3. Pers. Sing. endet im Französischen nie auf *-s*.

4.2 Das *imparfait* / L'*imparfait*

	chanter (→ nous chantons)
je	chant**ais**
tu	chant**ais**
il/elle	chant**ait**
nous	chant**ions**
vous	chant**iez**
ils/elles	chant**aient**

	dormir (→ nous dormons)
je	dorm**ais**
tu	dorm**ais**
il/elle	dorm**ait**
nous	dorm**ions**
vous	dorm**iez**
ils/elles	dorm**aient**

Du bildest das *imparfait* aller Verben – auch der unregelmäßigen – aus dem Stamm der 1. Pers. Plur. Präsens und den Endungen: *-ais/-ais/-ait/-ions/-iez/-aient*.

Ausnahme: das *imparfait* von *être*. Der Stamm hier ist *ét-* (*j'étais, tu étais* usw.)

	finir (→ nous finissons)
je	finiss**ais**
tu	finiss**ais**
il/elle	finiss**ait**
nous	finiss**ions**
vous	finiss**iez**
ils/elles	finiss**aient**

	attendre (→ nous attendons)
j'	attend**ais**
tu	attend**ais**
il/elle	attend**ait**
nous	attend**ions**
vous	attend**iez**
ils/elles	attend**aient**

ATTENTION
Denke an die Verben auf *-cer* und *-ger*:
commencer → nous commençons → je commençais …
manger → nous mangeons → je mangeais …

4.3 Das Futur
Le futur simple

	manger		**dormir**
je	manger**ai**	je	dormir**ai**
tu	manger**as**	tu	dormir**as**
il/elle	manger**a**	il/elle	dormir**a**
nous	manger**ons**	nous	dormir**ons**
vous	manger**ez**	vous	dormir**ez**
ils/elles	manger**ont**	ils/elles	dormir**ont**

	finir		**attendre**
je	finir**ai**	j'	attendr**ai**
tu	finir**as**	tu	attendr**as**
il/elle	finir**a**	il/elle	attendr**a**
nous	finir**ons**	nous	attendr**ons**
vous	finir**ez**	vous	attendr**ez**
ils/elles	finir**ont**	ils/elles	attendr**ont**

Du bildest das *futur simple* der meisten Verben auf *-er* und der Verben auf *-ir* aus dem Infinitiv und den Endungen: *-ai/-as/-a/-ons/-ez/-ont*. Bei den Verben auf *-(d)re* fällt das *-e* des Infinitivs weg.

j'achète	→ j'achèterai
j'appelle	→ j'appellerai
je tutoie	→ je tutoierai …
aber:	
préférer	→ je préférerai

ATTENTION Bei den Verben des Typs *acheter* und *appeler* und den Verben auf *-yer* bildest du das *futur simple* aus dem Stamm der 1. Pers. Sing. Präsens + r + Futurendung.

Verben des Typs *préférer* bilden das *futur simple* aus dem Infinitiv. Achte aber auf die Aussprache von *préférer: je préférerai* [ʒəpreferəre].

MERKE
Auch viele unregelmäßige Verben bilden das *futur simple* aus dem Infinitiv und den Futurendungen. Eine Reihe von unregelmäßigen Verben haben aber einen besonderen Futur-Stamm. Hier sind die wichtigsten unregelmäßigen Verben so zusammengestellt, dass du sie gut lernen kannst:

être	→ je **ser**ai	pouvoir	→ je **pourr**ai	aller	→ j'**ir**ai
faire	→ je **fer**ai	courir	→ je **courr**ai		
				il faut	→ il **faudr**a
avoir	→ j'**aur**ai	venir	→ je **viendr**ai	il pleut	→ il **pleuvr**a
savoir	→ je **saur**ai	tenir	→ je **tiendr**ai		
voir	→ je **verr**ai	vouloir	→ je **voudr**ai		
envoyer	→ j'**enverr**ai				
		devoir	→ je **devr**ai		
		recevoir	→ je **recevr**ai		

Das Verb / Le verbe

4.4 Das *passé simple* / Le *passé simple*

	chanter
je	chant**ai**
tu	chant**as**
il/elle	chant**a**
nous	chant**âmes**
vous	chant**âtes**
ils/elles	chant**èrent**

Das *passé simple* der Verben auf *-er* bildest du aus dem Infinitivstamm und den Endungen: *-ai/-as/-a/-âmes/-âtes/-èrent*. Dies gilt auch für die Verben
– auf *-yer*: *tutoyer → je tutoyai*
– des Typs *acheter*, *préférer* und *appeler*:
acheter → j'achetai
préférer → je préférai
appeler → j'appelai

ATTENTION Denke an die Verben auf *-cer*: *commencer → je commençai / tu commenças* usw. und an die Verben auf *-ger*: *manger → je mangeai / tu mangeas* usw.

	dormir
je	dorm**is**
tu	dorm**is**
il/elle	dorm**it**
nous	dorm**îmes**
vous	dorm**îtes**
ils/elles	dorm**irent**

	finir
je	fin**is**
tu	fin**is**
il/elle	fin**it**
nous	fin**îmes**
vous	fin**îtes**
ils/elles	fin**irent**

	attendre
j'	attend**is**
tu	attend**is**
il/elle	attend**it**
nous	attend**îmes**
vous	attend**îtes**
ils/elles	attend**irent**

Das *passé simple* der Verben auf *-ir* und *-(d)re* bildest du aus dem Infinitivstamm und den Endungen: *-is/-is/-it/-îmes/-îtes/-irent*.

MERKE

apprendre	→	j'appris
connaitre	→	je connus

Die unregelmäßigen Verben haben oft einen besonderen Stamm für das *passé simple*. Als Endungen kommen in Frage:
– *-is/-is/-it/-îmes/-îtes/-irent*
oder:
– *-us/-us/-ut/-ûmes/-ûtes/-urent*

Siehe hierzu die Liste der unregelmäßigen Verben → **203** ff.

Das *passé simple* gehört der Schriftsprache an.

4.5 Das *futur composé* / Le *futur composé*

je	**vais**	chanter
tu	**vas**	chanter
il/elle	**va**	chanter
nous	**allons**	chanter
vous	**allez**	chanter
ils/elles	**vont**	chanter

Ebenso: *dormir, finir, apprendre ...*

Das *futur composé* bildest du aus den Präsensformen des Verbs *aller* + dem Infinitiv des jeweiligen Verbs.

4.6 Das *passé composé*
Le *passé composé*

	chanter	
j'	ai	chanté
tu	as	chanté
il/elle	a	chanté
nous	avons	chanté
vous	avez	chanté
ils/elles	ont	chanté

	arriver	
je	suis	arrivé/arrivée
tu	es	arrivé/arrivée
il	est	arrivé
elle	est	arrivée
nous	sommes	arrivés/arrivées
vous	êtes	arrivé/arrivée/arrivés/arrivées
ils	sont	arrivés
elles	sont	arrivées

Das *passé composé* bildest du
– mit den Hilfsverben *avoir* und *être* im Präsens
– und dem Partizip Perfekt (→ **66**/2.1) des Vollverbs.

	dormir/finir	
j'	ai	dormi/fini
tu	as	dormi/fini
usw.		

	partir	
je	suis	parti/partie
tu	es	parti/partie
usw.		

	attendre	
j'	ai	attendu
tu	as	attendu
usw.		

	descendre	
je	suis	descendu/descendue
tu	es	descendu/descendue
usw.		

Wenn du wissen möchtest, welches Hilfsverb *(avoir* oder *être)* du mit welchem Verb verwendest, → **75**/4.10.

Verben auf *-er* bilden das Partizip Perfekt auf *-é*.
Verben auf *-ir* bilden das Partizip Perfekt auf *-i*.
Verben auf *-(d)re* bilden das Partizip Perfekt auf *-u*.

Unregelmäßige Verben haben auch unregelmäßige Partizipien.
Hier eine Liste einiger häufig verwendeter unregelmäßiger Verben:

avoir	→	*eu*
boire	→	*bu*
devoir	→	*dû*
dire	→	*dit*
écrire	→	*écrit*
être	→	*été*
faire	→	*fait*
mettre	→	*mis*
pouvoir	→	*pu*
prendre	→	*pris*
voir	→	*vu*
vouloir	→	*voulu*

Die Partizipien der unregelmäßigen Verben findest du → **203** ff.
Zur Veränderlichkeit des Partizips → **76**/4.11 und **77**/4.12.

4.7 Das *plus-que-parfait*
Le *plus-que-parfait*

	chanter	
j'	avais	chanté
tu	avais	chanté
il/elle	avait	chanté
nous	avions	chanté
vous	aviez	chanté
ils/elles	avaient	chanté

	arriver	
j'	étais	arrivé/arrivée
tu	étais	arrivé/arrivée
il	était	arrivé
elle	était	arrivée
nous	étions	arrivés/arrivées
vous	étiez	arrivé/arrivée/ arrivés/arrivées
ils	étaient	arrivés
elles	étaient	arrivées

Das *plus-que-parfait* bildest du
– mit den Hilfsverben *avoir* und *être* im *imparfait*
– und dem Partizip Perfekt des Vollverbs.

	dormir/finir	
j'	avais	dormi/fini
usw.		

	partir	
j'	étais	parti/partie
usw.		

	attendre	
j'	avais	attendu
usw.		

	descendre	
j'	étais	descendu/descendue
usw.		

Zur Bildung des Partizip Perfekts → 66/2.1.
Es gelten die gleichen Regeln zur Angleichung des Partizip Perfekt wie beim *passé composé* → 78/4.11.
Wenn du wissen möchtest, welches Verb mit *avoir* und welches mit *être* konjugiert wird, → 75/4.10.

4.8 Das *futur antérieur*
Le *futur antérieur*

	chanter	
j'	aurai	chanté
tu	auras	chanté
il/elle	aura	chanté
nous	aurons	chanté
vous	aurez	chanté
ils/elles	auront	chanté

	arriver	
je	serai	arrivé/arrivée
tu	seras	arrivé/arrivée
il	sera	arrivé
elle	sera	arrivée
nous	serons	arrivés/arrivées
vous	serez	arrivé/arrivée/ arrivés/arrivées
ils	seront	arrivés
elles	seront	arrivées

Das *futur antérieur* bildest du
– mit den Hilfsverben *avoir* und *être* im *futur simple*
– und mit dem Partizip Perfekt des Vollverbs.

	dormir/finir	
j'	aurai	dormi/fini
usw.		

	partir	
je	serai	parti/partie
usw.		

	attendre	
j'	**aurai**	attendu
usw.		

	descendre	
je	**serai**	descendu/descendue
usw.		

Zur Bildung des Partizip Perfekts → **66**/2.1.
Es gelten die gleichen Regeln zur Angleichung des Partizip Perfekts wie beim *passé composé*.
Wenn du wissen möchtest, welches Verb mit *avoir* und welches mit *être* konjugiert wird, → **75**/4.10.

4.9 Das *passé antérieur*
Le passé antérieur

	chanter	
j'	**eus**	chanté
tu	**eus**	chanté
il/elle	**eut**	chanté
nous	**eûmes**	chanté
vous	**eûtes**	chanté
ils/elles	**eurent**	chanté

	arriver	
je	**fus**	arrivé/arrivée
tu	**fus**	arrivé/arrivée
il	**fut**	arrivé
elle	**fut**	arrivée
nous	**fûmes**	arrivés/arrivées
vous	**fûtes**	arrivé/arrivée/ arrivés/arrivées
ils	**furent**	arrivés
elles	**furent**	arrivées

Das *passé antérieur* bildest du
– mit den Hilfsverben *avoir* und *être* im *passé simple*
– und mit dem Partizip Perfekt des Vollverbs.

	dormir	
j'	**eus**	dormi
usw.		

	partir	
je	**fus**	parti/partie
usw.		

	attendre	
j'	**eus**	attendu
usw.		

	descendre	
je	**fus**	descendu/descendue
usw.		

Zur Bildung des Partizip Perfekts → **66**/2.1.
Es gelten die gleichen Regeln zur Angleichung des Partizip Perfekts wie beim *passé composé*.
Wenn du wissen möchtest, welches Verb mit *avoir* und welches mit *être* konjugiert wird, → **75**/4.10.

Das *passé antérieur* gehört nur der Schriftsprache an.

4.10 Welches Hilfsverb: *avoir* oder *être*?
Quel auxiliaire: **avoir** *ou* **être**?

*Flaubert **est né** en 1821.*
Flaubert ist 1821 geboren.

*Il **est devenu** écrivain vers 1840.*
Um 1840 ist er Schriftsteller geworden.

*Il **est mort** en 1880.*
Er ist 1880 gestorben.

Folgende Verben bilden die zusammengesetzten Zeiten mit *être*: *naître, devenir, mourir, décéder.*

Auch die folgenden Verben bilden die zusammengesetzten Zeiten mit *être*:

*Nous **nous sommes promenés** dans la neige.*
Wir sind im Schnee spazieren gegangen.

– reflexive Verben, z. B. *se promener,*

*Puis, nous **sommes arrivés** devant un petit restaurant.*
Dann sind wir vor einem kleinen Restaurant angekommen.

– Verben der Bewegungsrichtung, z. B. *arriver, entrer, repartir.*

*Nous **sommes entrés**.*
Wir sind hineingegangen.

*Nous y **sommes restés** deux heures.*
Wir sind zwei Stunden dort geblieben.

– Verben des Verweilens, z. B. *rester.*

*Puis, nous **sommes repartis**.*
Dann sind wir wieder weggegangen.

Das folgende Schema soll dir helfen die Verben der Bewegungsrichtung und des Verweilens besser zu behalten:

ATTENTION *avancer* und *reculer* werden mit *avoir* konjugiert.

MERKE Verben der Bewegungs<u>art</u>, wie z. B. *marcher, nager, courir, fuir, sauter* usw. bilden die zusammengesetzten Zeiten mit *avoir*.

Alle anderen Verben bilden das *passé composé* mit *avoir*.

Zur Verwendung von *être* im Passiv → **81**/8.

4.11 Die Veränderlichkeit des *participe passé*
L'accord du participe passé

Du musst drei Fälle berücksichtigen:
– Verben mit dem Hilfsverb *être*: *Elles sont venues.*
– Verben mit vorangestelltem Objektpronomen: *Je les ai vus.*
– Reflexive Verben: *Elle s'est levée à 5 heures.*

1. Verben mit dem Hilfsverb *être*

Qu'est-ce que vous avez fait hier?
PIERRE: *Je suis allé au cinéma.*
NAOMI: *Je suis rentrée chez moi.*
FABIEN: *J'ai retrouvé un copain et nous sommes allés au café.*
HÉLÈNE: *J'ai retrouvé une amie et nous sommes allées au théâtre.*

Verben, die im *passé composé* und anderen zusammengesetzten Zeiten mit *être* konjugiert werden, gleichen das *participe passé* in Geschlecht und Zahl dem Subjekt an.

2. Vorangestelltes Objektpronomen

Verben, die im *passé composé* und anderen zusammengesetzten Zeiten mit dem Hilfsverb *avoir* konjugiert werden, verändern in bestimmten Fällen das *participe passé*: nämlich dann, wenn das direkte Objekt vor dem Verb steht. Dann richtet sich das *participe passé* in Geschlecht und Zahl nach dem vorangehenden Objekt.

Das direkte Objekt kann nur in drei Fällen vorangehen:

Tu as lu ce livre?
Oui, je l'ai lu pendant les vacances.
Tu as vu cette exposition?
Oui, je l'ai vue le mois dernier.

– als direktes Objektpronomen *me, te, le, la, nous, vous, les* → **94**/1.3;

Voilà le livre qu'elle a envoyé.
Voilà les photos qu'on a prises pendant les vacances.

– im Relativsatz mit *que* → **135**/2.3;

Quels cours est-ce que tu as aimés à l'école?
Combien de langues est-ce que tu as apprises?

– in der Frage nach dem direkten Objekt (mit *quel* oder *combien de*).

MERKE

Je vous ai dérangé? — Hier wendest du dich an eine männliche Person, die du siezt.

Je vous ai dérangée? — Hier wendest du dich an eine weibliche Person, die du siezt.

Je vous ai dérangés? — Hier wendest du dich an mehrere männliche Personen oder eine gemischte Gruppe.

Je vous ai dérangées? — Hier wendest du dich an mehrere weibliche Personen.

3. Reflexive Verben

*Il **s'** est promené.*
*Elle **s'** est promenée.*
*Ils **se** est sont rencontrés.*
*Ils se sont donné **la main**.*

Bei reflexiven Verben richtet sich das *participe passé* in Geschlecht und Zahl nach dem Reflexivpronomen, wenn dieses direktes Objekt ist.
Dies ist häufig – aber nicht immer – der Fall. Im letzten Satz ist z. B. *la main* direktes Objekt. *La main* steht hinter dem Verb – also gleichst du das Partizip nicht an.
Näheres findest du bei den reflexiven Verben → **82**/9.

Zusatzinformation

Il m'a aidé à retrouver ma clé.
oder: *Il m'a aidé/e …*
Il nous a envoyé téléphoner.
oder: *Il **nous** a envoyés …*

Bei Verben im *passé composé* + Infinitivkonstruktion brauchst du das *participe passé* nicht dem vorangehenden Objektpronomen (hier: *m'* und *nous*) anzugleichen. Beide Formen sind hier richtig.

4.12 Verben mit wechselndem Hilfsverb
Verbes dont l'auxiliaire varie

Einige Verben haben unterschiedliche Bedeutungen. In der einen Bedeutung werden sie mit *avoir* und in der anderen mit *être* konjugiert.

*Le temps **a** passé.*	vergehen
*Elle **est** toujours **passée** par là.*	vorbeikommen
*Cela ne m'**a** pas **paru** utile.*	scheinen
*Son roman **est** par**u** chez Denoël.*	erscheinen/herauskommen
*Liliane **est** sorti**e**.*	ausgehen
*Elle **a** sorti son vélo du garage.*	herausholen
*Elle **est** rentré**e** assez tard.*	heimkehren
*Elle **a** rentré les chaises du jardin.*	hereinholen
*Elle **est** monté**e** au premier étage.*	hinaufsteigen
*Elle y **a** monté une table.*	hinaufbringen
*Elle **est** descendu**e** très vite.*	hinabsteigen
*Elle **a** descendu un gros sac.*	hinunterbringen
*Elle **est** retourné**e** chez elle.*	zurückkehren
*Elle **a** retourné toutes les lettres.*	zurückschicken

Du weißt, dass Verben der Bewegungsrichtung mit *être* konjugiert werden. Einige Verben der Bewegungsrichtung kannst du mit einem direkten Objekt verwenden, z. B. *sortir son vélo, rentrer les chaises* usw. In diesen Fällen bilden die Verben die zusammengesetzten Zeiten mit *avoir*.

4.13 Das *présent duratif*
Le présent duratif

Qu'est-ce que tu fais?
*Je **suis en train de** travailler.*
Ich arbeite gerade.

*J'**étais en train de** travailler quand il a téléphoné.*
Ich habe gerade gearbeitet, als er angerufen hat.

Mit *être en train de* + Infinitiv des Vollverbs drückt man aus, dass jemand gerade dabei ist etwas zu tun.

Être en train de kannst du in verschiedenen Tempora konjugieren.

4.14 Das *passé immédiat* / Le *passé immédiat*

*Je **viens de terminer** mes devoirs.*
Ich bin gerade mit meinen Hausaufgaben fertig geworden.

*Il **venait de ranger** sa guitare, lorsqu'un type l'a bousculé.*
Er hatte gerade seine Gitarre weggeräumt, als ein Typ ihn anrempelte.

Mit *venir de* + Infinitiv des Vollverbs kannst du ausdrücken, dass jemand gerade etwas gemacht hat oder dass eine Handlung gerade beendet ist.

Auch *venir de* kannst du in verschiedenen Tempora konjugieren.

5 Der Imperativ / L'impératif

Den Imperativ verwendet man, wenn man jemanden auffordern will etwas zu tun. Aufforderungssätze und ihre Bildung kannst du auf S. **166** nachschlagen.

Chante.
Chantons.
Chantez.

Finis ton devoir.
Finissons de manger.
Finissez tranquillement votre repas.

Apprends ce poème.
Apprenons le français.
Apprenez bien à l'école.

Die Singularform des Imperativs bildest du aus der 1. Pers. Sing. Präsens des jeweiligen Verbs. Das Subjektpronomen *(je)* fällt weg: *je chante → chante*.
Die Pluralformen des Imperativs bildest du aus der 1. bzw. 2. Pers. Plur. des entsprechenden Verbs. Die Subjektpronomen *(nous* bzw. *vous)* fallen weg: *nous finissons → finissons; vous apprenez → apprenez*.
Fast alle Verben, auch die unregelmäßigen Verben, bilden so den Imperativ.
Nach dem Imperativ steht im Französischen normalerweise ein Punkt, kein Ausrufezeichen.

être	→	*sois, soyons, soyez*
avoir	→	*aie, ayons, ayez*
aller	→	*va, allons, allez*
savoir	→	*sache, sachons, sachez*
vouloir	→	*veuille, –, veuillez*

ATTENTION Nur diese fünf Verben haben unregelmäßige Imperativformen.

Penses-y.
Vas-y.
Achètes-en trois.

ATTENTION Vor *y* und *en* haben einige Verben besondere Imperativformen. Wenn die Singularform mit einem Vokal endet *(pense, va, achète,* usw.*)* fügt man, aus Gründen der Aussprache, ein -s- hinzu.

Lève-toi.

Zum Imperativ der reflexiven Verben → **82**/9.1.

Téléphone-moi, mais ne m'écris pas.

Zum Gebrauch und zur Stellung der Objektpronomen beim Imperativ → **99**/1.6.

6 Die Tempora des *subjonctif*
Les temps du subjonctif

Hier kannst du die Bildung der *subjonctif*-Formen nachschlagen.
Wenn du wissen möchtest, wann der *subjonctif* verwendet wird, musst du S. **149**/6.3 nachschlagen.

6.1 Der *subjonctif présent*
Le subjonctif présent

Die meisten Verben, auch die unregelmäßigen, bilden den *subjonctif présent* aus dem Stamm der 3. Pers. Plur. des Indikativ Präsens → **68**/4.1.

Konjugationsbeispiel:

finir

que je	finisse
que tu	finisses
qu'il/elle	finisse
que nous	finissions
que vous	finissiez
qu'ils/elles	finissent

indicatif présent	→	*subjonctif présent*
ils chantent	→	que je chante
ils écrivent	→	que j'écrive
ils dorment	→	que je dorme
ils disent	→	que je dise
ils mettent	→	que je mette
ils lisent	→	que je lise

Die Endungen sind bei allen Verben die gleichen:
– Die 1. und 2. Pers. Plur. kennst du vom Indikativ *imparfait* (→ **69**/4.2): *-ions, -iez*.
– Alle anderen Endungen kennst du vom Indikativ Präsens der Verben auf *-er*: *-e* (1. Pers. Sing.), *-es* (2. Pers. Sing.), *-e* (3. Pers. Sing.), *-ent* (3. Pers. Plur.).

MERKE Verben, die in der 1. Pers. Plur. und in der 3. Pers. Plur. unterschiedliche Stämme aufweisen, behalten in der Regel beide Stämme, z. B.:

		indicatif présent		*subjonctif présent*
acheter	→	nous ach**e**tons / ils ach**è**tent	→	que nous ach**e**tions / qu'ils ach**è**tent
boire	→	nous b**u**vons / ils b**oiv**ent	→	que nous b**u**vions / qu'ils b**oiv**ent
devoir	→	nous d**e**vons / ils d**oiv**ent	→	que nous d**e**vions / qu'ils d**oiv**ent
envoyer	→	nous env**o**yons / ils env**oi**ent	→	que nous env**o**yions / qu'ils env**oi**ent
préférer	→	nous préf**é**rons / ils préf**è**rent	→	que nous préf**é**rions / qu'ils préf**è**rent
prendre	→	nous pre**n**ons / ils pre**nn**ent	→	que nous pre**n**ions / qu'ils pre**nn**ent
venir	→	nous ve**n**ons / ils vie**nn**ent	→	que nous ve**n**ions / qu'ils vie**nn**ent
voir	→	nous v**o**yons / ils v**oi**ent	→	que nous v**o**yions / qu'ils v**oi**ent

Beachte, dass der Stamm der 2. Pers. Plur. immer mit dem der 1. Pers. Plur. identisch ist, z. B. *que vous achetiez, que vous buviez* usw.

ATTENTION Einige Verben haben besondere *subjonctif*-Formen, z. B.:

aller	→	que j'aille [aj] / que nous allions [aljɔ̃]
avoir	→	que j'aie / qu'il ait / que nous ayons
être	→	que je sois / qu'il soit / que nous soyons
faire	→	que je fasse
pouvoir	→	que je puisse
savoir	→	que je sache
vouloir	→	que je veuille / que nous voulions

6.2 Der *subjonctif passé*
Le subjonctif passé

chanter

que j'	**aie**	chanté
que tu	**aies**	chanté
qu'il/elle	**ait**	chanté
que nous	**ayons**	chanté
que vous	**ayez**	chanté
qu'ils/elles	**aient**	chanté

partir

que je	**sois**	part*i*/part*ie*
que tu	**sois**	part*i*/part*ie*
qu'il	**soit**	part*i*
qu'elle	**soit**	part*ie*
que nous	**soyons**	part*is*/part*ies*
que vous	**soyez**	part*i*/part*ie*/part*is*/part*ies*
qu'ils	**soient**	part*is*
qu'elles	**soient**	part*ies*

Den *subjonctif passé* bildest du
- mit den Hilfsverben *avoir* und *être* im *subjonctif présent*,
- und mit dem Partizip Perfekt des Vollverbs.

Zur Bildung des Partizip Perfekts → **66**/2.1.
Es gelten die gleichen Regeln zur Angleichung des Partizip Perfekts wie beim *passé composé*.
Wenn du wissen möchtest, welches Verb mit *avoir* und welches mit *être* konjugiert wird, → **84**/4.10.

Zusatzinformation

Der **subjonctif imparfait**

Der *subjonctif imparfait* ist eine Form, die nur noch selten verwendet wird. Er gehört der gehobenen Schriftsprache an. Auch dort ist nur noch die 3. Pers. Sing. in Gebrauch.

chanter	→	qu'il chant*ât*
finir	→	qu'il fin*ît*
dormir	→	qu'il dorm*ît*
attendre	→	qu'il attend*ît*

Der *subjonctif imparfait* (3. Pers. Sing.) wird aus dem Infinitivstamm und den folgenden Endungen gebildet:
- *-ât* bei allen Verben auf *-er*
- *-ît* bei den Verben auf *-ir* und *-(d)re*

Infinitiv	passé simple	subjonctif imparfait
mettre	→ il mit →	qu'il mît
lire	→ il lut →	qu'il lût
pouvoir	→ il put →	qu'il pût
faire	→ il fit →	qu'il fît
avoir	→ il eut →	qu'il eût
être	→ il fut →	qu'il fût

Die unregelmäßigen Verben haben den gleichen Stamm wie im *passé simple* und weisen entweder die Endung *-ît* oder *-ût* auf.

MERKE
Die Endungen des *subj. imparfait* (3. Pers. Sing.) unterscheiden sich von den Endungen des *passé simple* nur durch den *accent circonflexe*.

7 Die Tempora des *conditionnel*
Les temps du conditionnel

In den folgenden Abschnitten kannst du die Bildung des *conditionnel* nachschlagen.
Informationen zum Gebrauch des *conditionnel* findest du → **185**/2.

7.1 Das *conditionnel présent*
Le *conditionnel présent*

	chanter
je	chanterais
tu	chanterais
il/elle	chanterait
nous	chanterions
vous	chanteriez
ils/elles	chanteraient

	dormir
je	dormirais
tu	dormirais
il/elle	dormirait
nous	dormirions
vous	dormiriez
ils/elles	dormiraient

Conditionnel présent und *futur simple* haben den gleichen Stamm → **66**/2.2.
Die Endungen des *conditionnel présent* sind mit denen des *imparfait* identisch → **69**/4.2.

	finir
je	finirais
tu	finirais
il/elle	finirait
nous	finirions
vous	finiriez
ils/elles	finiraient

	attendre
j'	attendrais
tu	attendrais
il/elle	attendrait
nous	attendrions
vous	attendriez
ils/elles	attendraient

7.2 Das *conditionnel passé*
Le *conditionnel passé*

	chanter	
j'	aurais	chanté
tu	aurais	chanté
il/elle	aurait	chanté
nous	aurions	chanté
vous	auriez	chanté
ils/elles	auraient	chanté

	partir	
je	serais	parti/partie
tu	serais	parti/partie
il	serait	parti
elle	serait	partie
nous	serions	partis/parties
vous	seriez	parti/partie/partis/parties
ils	seraient	partis
elles	seraient	parties

Das *conditionnel passé* bildest du
– mit den Hilfsverben *avoir* und *être* im *conditionnel présent*
– und dem Partizip Perfekt des Vollverbs.

Zur Bildung des Partizip Perfekts → **66**/2.1.
Es gelten die gleichen Regeln zur Angleichung des Partizip Perfekts wie beim *passé composé*.
Wenn du wissen möchtest, welches Verb mit *avoir* und welches mit *être* konjugiert wird, → **75**/4.10.

8 Das Passiv
Le *passif*

Renaud chante «Le Père Noël noir». Renaud singt „Le Père Noël noir".	Aktiv
«Le Père Noël noir» est chanté par Renaud. „Le Père Noël noir" wird von Renaud gesungen.	Passiv
Un dessinateur belge a créé les B.D. de Tintin. Ein belgischer Zeichner hat die Tim und Struppi Comics erfunden.	Aktiv
Les B.D. de Tintin ont été créées par un dessinateur belge. Die Tim und Struppi Comics wurden von einem belgischen Zeichner erfunden.	Passiv

Das Passiv bildest du
– mit dem Hilfsverb *être*
– und dem Partizip Perfekt des Vollverbs.
Das Partizip Perfekt richtet sich in Geschlecht und Zahl nach dem Subjekt: *Les B.D. ont été créées*.

Informationen zum Gebrauch des Passivs findest du in Kapitel 17, S. **175** ff.

Wie die Beispielsätze auf S. **81** zeigen, gibt es im Passiv verschiedene Tempora und Modi.
Hier eine Auflistung der wichtigsten Formen:

la chanson **est** chantée	**présent** = présent von être + Partizip
la chanson **était** chantée	**imparfait** = imparfait von être + Partizip
la chanson **a été** chantée	**passé composé** = passé composé von être + Partizip
la chanson **sera** chantée	**futur** = futur von être + Partizip
la chanson **avait été** chantée	**plus-que-parfait** = plus-que-parfait von être + Partizip
que la chanson **soit** chantée	**subjonctif présent** = subjonctif présent von être + Partizip
la chanson **serait** chantée	**conditionnel présent** = conditionnel présent von être + Partizip

MERKE Tempus und Modus einer Passivform erkennst du an der Form von *être*.

9 Die reflexiven Verben
Les verbes réfléchis

Reflexive Verben sind Verben, die immer von einem Objektpronomen begleitet sind:
sich irren / *se tromper*, sich befinden / *se trouver* usw.
Dieses Pronomen verweist auf die gleiche Person wie das Subjekt und heißt deshalb Reflexivpronomen → **98**/1.5.
Ein reflexives Verb wird so konjugiert wie die Verbgruppe, der es angehört: *Se tromper* und *se trouver* sind z. B. Verben auf *-er*.
Aufgrund des Reflexivpronomens ergeben sich jedoch einige Besonderheiten, auf die du achten musst.

9.1 Die Form des Reflexivpronomens
La forme du pronom réfléchi

se tromper			s'appeler			se promener
je	me	trompe	je	m'	appelle	Promène-**toi**.
tu	te	trompes	tu	t'	appelles	Promenons-**nous**.
il/elle	se	trompe	il/elle	s'	appelle	Promenez-**vous**.
nous	**nous**	trompons	nous	**nous**	appelons	
vous	**vous**	trompez	vous	**vous**	appelez	
ils/elles	se	trompent	ils/elles	s'	appellent	

Die Reflexivpronomen *me, te, se* werden vor Vokal und stummem *h* zu *m', t', s'* verkürzt.

Beim bejahten Imperativ lautet das Reflexivpronomen der Singularform *toi* (nicht *te*!) → **98**/1.5 und **100**/1.6 (3).

9.2 Die Stellung der Reflexivpronomen
La place des pronoms réfléchis

elle se promène
elle se promenait
en se promenant

Das Reflexivpronomen steht:
– bei einfachen Zeiten und dem *gérondif* vor dem <u>Verb</u>,

elle va se promener
elle vient de se lever
elle est en train de se lever

– bei *futur composé, passé récent* und *présent duratif* vor dem <u>Infinitiv</u>,

Das Verb / *Le verbe*

elle s'est promenée

Promène-toi.

Ne te promène pas.

– bei allen anderen zusammengesetzten Zeiten vor dem Hilfsverb,

– beim bejahten Imperativ mit Bindestrich hinter dem Verb → **100**/1.6 (3),

– beim verneinten Imperativ vor dem Verb → **100**/1.6 (3).

9.3 Die reflexiven Verben im *passé composé*
Les verbes réfléchis au passé composé

Il s'est levé de bonne heure. *Elle s'est levée de bonne heure.*
Il s'est lavé, puis *Elle s'est lavée, puis*
il s'est promené. *elle s'est promenée.*

Reflexive Verben bilden das *passé composé* mit *être*.

Vergleiche (1) und (2):

Elle s'est lavée. (1)

Elle s'est lavé les mains. (2)

Wie die Beispiele zeigen, wird das Partizip manchmal angeglichen, manchmal nicht. Frag nach dem direkten Objekt: Wen oder was hat sie gewaschen?
Im ersten Satz lautet die Antwort: sich. Im zweiten Satz lautet die Antwort: die Hände.

Ist das Reflexivpronomen das direkte Objekt wie in Satz 1, musst du das Partizip in Geschlecht und Zahl an das Reflexivpronomen angleichen.
Ist das Reflexivpronomen aber indirektes Objekt wie in Satz 2 (Wem hat sie die Hände gewaschen? Sich), bleibt das Partizip unverändert.

9.4 Reflexives Verb oder nicht?
Verbe réfléchi ou non?

Einem reflexiven Verb im Französischen entspricht nicht immer ein reflexives Verb im Deutschen, z. B.:

s'appeler	heißen	*s'en aller*	fortgehen	*se méfier de qn/qc*	jdm/etw. misstrauen
s'arrêter	stehen bleiben	*s'endormir*	einschlafen	*se noyer*	ertrinken
s'avancer vers qn/qc	auf jdn/etw. zugehen	*s'enfuir*	fliehen	*se promener*	spazieren gehen
se baigner	baden	*s'envoler*	fortfliegen	*se réaliser*	wahr werden
se douter de qc	etw. ahnen	*se marier*	heiraten	*se réveiller*	wach werden
se conjuguer	konjugiert werden	*se lever*	aufstehen	*se taire*	schweigen

Umgekehrt entspricht auch nicht jedem reflexiven Verb im Deutschen ein reflexives Verb im Französischen, z. B.

sich bewegen	*bouger*	sich scheiden lassen	*divorcer*	sich verdoppeln	*doubler*
sich schämen	*avoir honte*	sich verändern	*changer*	sich Zeit lassen	*prendre son temps*

10 Hinweise zur Vermeidung von Fehlern

Die Angleichung des Partizips Perfekt
L'accord du participe passé

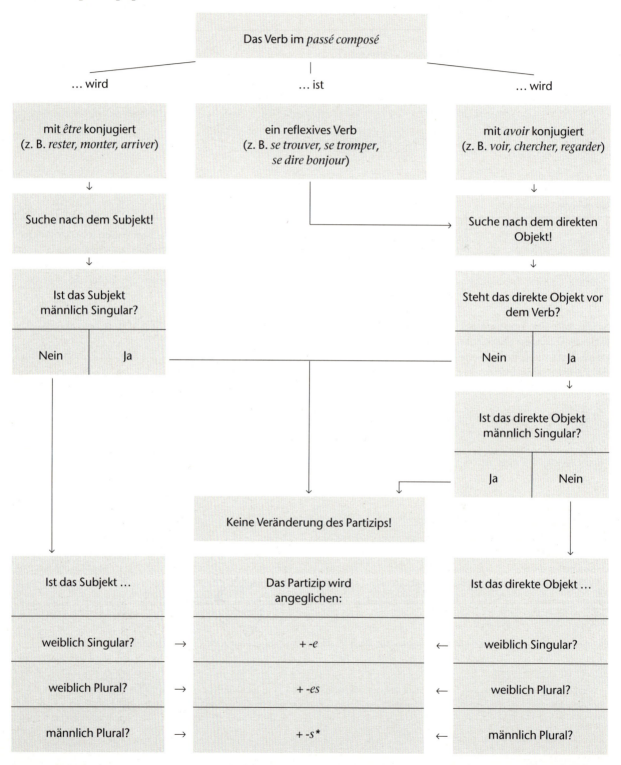

* Beachte: Partizipien, die auf *-s* enden, haben in der männlichen Pluralform kein zusätzliches *-s* als Pluralzeichen.

6

Das Verb und seine Ergänzungen
Le verbe et ses compléments

Verben können verschiedene Ergänzungen haben.

*Fabienne organise **une fête**.*	– direkte Objekte
*Elle téléphone **à ses copains**.*	– indirekte *à*-Objekte
*Elle parle **de ses problèmes**.*	– indirekte *de*-Objekte
*Elle parle **avec Valérie**.*	– andere indirekte Objekte
*Valérie peut **apporter** son minicassette.*	– Infinitivergänzungen
*Puis Fabienne réussit **à convaincre** Sophie.*	– Infinitivergänzungen mit *à*
*Sophie accepte **de venir** avec son groupe.*	– Infinitivergänzungen mit *de*

Natürlich können bei einigen Verben mehrere Ergänzungen gleichzeitig stehen:

*Naomi donne **son livre à François**.*	– direktes Objekt / indirektes *à*-Objekt
*Elle parle **à son copain de son sport préféré**.*	– indirektes *à*-Objekt / indirektes *de*-Objekt
*Elle persuade **son copain de venir**.*	– direktes Objekt / Infinitivergänzung
*Il propose **à Naomi d'aller au cinéma**.*	– indirektes *à*-Objekt / Infinitivergänzung

Manchmal ändert ein Verb auch seine Bedeutung, je nachdem, welche Ergänzung folgt, z. B.:

*Elle a beaucoup **changé**.* Sie hat sich sehr verändert.
*Il faut **changer de train** à Paris.* Sie müssen in Paris umsteigen.

Welche Ergänzungen bei einem Verb stehen können, erfährst du normalerweise aus dem Wörterbuch. Hier ein Beispiel:

apprendre [aprɑ̃dr] v. t. et t. ind.
1. *Apprendre qc*, apprendre que (+ ind.), *à (+ inf.)* acquérir une connaissance, recevoir une information que l'on ignorait: *J'apprends l'anglais* (syn. ÉTUDIER). *Il a appris à dessiner.* – 2. *Apprendre qc à qn*, apprendre à qn que (+ ind.), à (+ inf.), lui faire acquérir la connaissance de qc: *La police lui a appris la mort accidentelle de son mari* (syn. INFORMER DE). *Elle m'a appris qu'elle était reçue à son examen. Apprendre à compter à un petit enfant* (syn. MONTRER).

1. *Apprendre qc = apprendre* kann ein direktes Objekt anschließen. Dieses Objekt ist immer eine Sache *(qc)*. Bei einer Person würde *qn* stehen.

2. *à (+ inf.) = apprendre* kann einen Infinitiv mit *à* anschließen.

3. *Apprendre qc à qn = apprendre* kann ein direktes Objekt (hier eine Sache) und ein indirektes Objekt mit *à* (hier eine Person) anschließen.

Im Folgenden findest du eine alphabetische Liste häufig gebrauchter Verben mit ihren geläufigen Ergänzungen. 1

Hinweise zur Vermeidung von Fehlern findest du in Abschnitt 2

1 Liste der Verben und ihrer Ergänzungen
Liste des verbes et de leurs compléments

accepter qn/qc	*Elle accepte le cadeau de Naomi.*	jdn/etw. akzeptieren
accepter de faire qc	*Elle accepte de venir.*	zusagen etw. zu tun
accuser qn	*Il accuse son frère.*	jdn anklagen
accuser qn de faire qc	*Il accuse son frère de tricher.*	jdn anklagen etw. zu tun
adorer qn/qc	*Fabienne adore le cinéma.*	jdn/etw. sehr gerne mögen
adorer faire qc	*Elle adore aller au cinéma.*	etw. sehr gerne tun
aider qn	*Elle aide son petit frère.*	jdm helfen
aider qn à faire qc	*Elle aide son petit frère à faire ses devoirs.*	jdm helfen etw. zu tun
aimer qn/qc	*Hélène aime les ordinateurs.*	jdn/etw. mögen
aimer faire qc	*Hélène aime jouer avec son ordinateur.*	etw. gerne tun
s'amuser à faire qc	*Elle s'amuse à inventer des histoires.*	sich damit vergnügen etw. zu tun
apercevoir qn/qc	*J'aperçois une ombre là-bas.*	jdn/etw. erblicken
s'apercevoir de qc	*Je me suis aperçue de mon erreur.*	etw. bemerken
approcher	*Noël approche.*	näher rücken
s'approcher de qn/qc	*Je me suis approché/e de lui.*	sich jdm/etw. nähern
apprendre qc	*J'apprends l'anglais.*	etw. lernen
apprendre qc à qn	*J'apprends l'anglais à ma sœur.*	jdm etw. beibringen
apprendre à faire qc	*J'apprends à dessiner.*	lernen etw. zu tun
apprendre à qn à faire qc	*J'apprends à ma sœur à dessiner.*	jdm beibringen etw. zu tun
arrêter qn/qc	*Il a arrêté une voiture.*	jdn/etw. anhalten
arrêter de faire qc	*Il a arrêté de travailler.*	aufhören, etw. zu tun
arriver à faire qc	*Je n'arrive pas à finir ce travail.*	gelingen etw. zu tun
avoir qn/qc	*Naomi a deux frères.*	jdn/etw. haben
avoir à faire qc	*J'ai deux devoirs à faire.*	zu tun haben
avoir besoin de qn/qc	*J'ai besoin d'une grammaire.*	jdn/etw. brauchen
avoir confiance en qn	*Je n'ai pas confiance en Fabien.*	Vertrauen haben zu jdn
changer	*Le temps va changer.*	sich ändern, sich verändern
changer qn/qc	*Il faut changer les draps.*	jdn/etw. verändern; etw. wechseln
changer de qc	*Je n'ai pas changé d'avis.*	etw. ändern
	Il faut changer de train à Paris.	umsteigen
chercher qn/qc	*Valérie cherche son stylo.*	jdn/etw. suchen
chercher à faire qc	*Elle cherche à trouver une solution.*	sich bemühen etw. zu tun
choisir qc	*Il a choisi un métier intéressant.*	etw. auswählen
choisir de faire qc	*Je n'ai pas choisi de travailler ici.*	wählen etw. zu tun
commencer qc	*Je n'ai pas encore commencé mes devoirs.*	etw. beginnen
commencer par qc	*Commence par le début et non par la fin.*	mit etw. beginnen
commencer à faire qc	*J'ai commencé à faire mes devoirs.*	beginnen etw. zu tun
compter qn/qc	*Elle ne compte plus ses médailles.*	jdn/etw. zählen
compter sur qn	*Je compte sur toi.*	auf jdn zählen (sich auf jdn verlassen)
compter faire qc	*Je compte partir demain.*	vorhaben etw. zu tun
conseiller à qn de faire qc	*Il a conseillé à Naomi de partir.*	jdm raten etw. zu tun.

Das Verb und seine Ergänzungen / *Le verbe et ses compléments*

continuer qc	*Continue **ton histoire**.*	etw. fortsetzen / mit etw. weitermachen
*continuer **à** faire qc*	*Elle continue **à travailler**.*	fortfahren etw. zu tun
contredire qn	*Ils contredisent toujours **leur prof**.*	jdm widersprechen
convaincre qn	*Il a convaincu **ses parents**.*	jdn überzeugen
*convaincre qn **de** qc*	*Elle a convaincu Naomi **de sa bonne volonté**.*	jdn von etw. überzeugen
*convaincre qn **de** faire qc*	*Elle a convaincu Naomi **de venir**.*	jdn überzeugen etw. zu tun
craindre qn/qc	*Il craint **une catastrophe**.*	jdn fürchten / etw. befürchten
*craindre **de** faire qc*	*Il craint **de le blesser**.*	befürchten etw. zu tun
croire qn/qc	*Je ne crois pas **Pierre**. / Je ne **le** crois pas.*	jdm/etw. glauben
*croire **à** qc*	*Tu crois **à une vie après la mort**?*	an etw. glauben
*croire **en** qn*	*Je ne crois pas **en lui**.*	jdm vertrauen / an jdn glauben
croire faire qc	*J'ai cru **entendre un bruit**.*	glauben etw. zu tun
*décider **de** faire qc*	*Il a décidé **de partir**.*	entscheiden etw. zu tun
*se décider **à** faire qc*	*Il s'est décidé **à partir**.*	sich entscheiden etw. zu tun
défendre qn/qc	*Naomi a défendu **son amie**.*	jdn/etw. verteidigen
*défendre **à** qn **de** faire qc*	*Elle a défendu **à sa sœur de la déranger**.*	jdm verbieten etw. zu tun
demander qn/qc	*Richard a demandé **une information**.*	jdn/etw. verlangen / um etw. bitten
*demander **à** qn*	*Demande **à Richard**.*	jdn fragen
*demander qc **à** qn*	*Elle a demandé son chemin **à un passant**. / Elle a demandé de l'argent **à son père**.*	jdn nach etw. fragen / jdn um etw. bitten
*demander **à** qn **de** faire qc*	*Elle a demandé **à son amie de l'aider**.*	jdn bitten etw. zu tun
descendre	*Liliane **est** descendue.*	hinuntergehen
descendre qc	*Elle **a** descendu **sa valise**.*	etw. hinunterbringen
détester qn/qc	*Il déteste **les maths**.*	jdn/etw. nicht mögen/hassen
détester faire qc	*Il déteste **sortir seul le soir**.*	nicht mögen etw. zu tun
devoir faire qc	*Je dois encore **faire mes devoirs**.*	etw. tun müssen
*dire qc **à** qn*	*Tu ne dis pas bonjour **à tes voisins**?*	jdm etw. sagen
*dire **à** qn **de** faire qc*	*J'ai dit **à Fabien d'écrire à l'auberge de jeunesse**.*	jdm sagen, dass er etw. tun soll
*discuter **de** qc*	*Ils ont discuté **de leurs projets**.*	über etw. reden/diskutieren
écouter qn/qc	*Tu as déjà écouté **le nouveau C.D. de Patricia Kaas**?*	jdm zuhören / etw. anhören
empêcher qc	*Ils ont empêché **la construction du tunnel**.*	etw. verhindern
*empêcher qn **de** faire qc*	*Ils ont empêché **le maire de construire ce tunnel**.*	jdn daran hindern etw. zu tun
emprunter qc	*J'ai emprunté **un peu d'argent**.*	etw. leihen
*emprunter qc **à** qn*	*Naomi a emprunté son livre **à son amie**.*	etw. bei jdm ausleihen
encourager qn	*Valérie a encouragé **Sophie**.*	jdn ermutigen
*encourager qn **à** faire qc*	*Elle a encouragé Sophie **à donner un concert**.*	jdn ermutigen etw. zu tun
enseigner qc	*Elle enseigne **les maths**.*	etw. unterrichten
*enseigner qc **à** qn*	*Elle enseigne les maths **à des élèves de 3e**.*	jdn in etw. unterrichten
espérer faire qc	*Elle espère **devenir journaliste**.*	hoffen etw. zu tun
essayer qc	*Essaie **cette robe**.*	etw. versuchen / etw. anprobieren
*essayer **de** faire qc*	*J'ai essayé **de faire cet exercice**, mais ...*	versuchen etw. zu tun
*s'étonner **de** qc*	*Je me suis étonné/e **de sa réponse**.*	sich über etw. wundern

éviter qc	Elle n'a pas pu éviter **cette rencontre**.	etw. verhindern
éviter **de** faire qc	Elle n'a pas pu éviter **de le rencontrer**.	verhindern dass etw. geschieht
faire qc	J'ai fait **mes devoirs**.	etw. tun
faire faire qc	J'ai fait **réparer mon vélo**.	etw. tun lassen
féliciter qn	J'ai félicité **Sophie**.	jdm gratulieren
féliciter qn **de** qc	J'ai félicité Sophie **de son succès**.	jdm zu etw. gratulieren
féliciter qn **de** faire qc	J'ai félicité Sophie **d'avoir gagné le concours**.	jdm zu etw. gratulieren
finir qc	Tu as fini **tes devoirs**?	etw. beenden
finir **de** faire qc	Je n'ai pas encore fini **d'écrire cette lettre**.	etw. beenden
finir **par** faire qc	Ses parents ont fini **par dire oui**.	schließlich etw. tun
forcer qn **à** faire qc	Ils ont forcé Jérôme **à venir**.	jdn zwingen etw. zu tun
hésiter **à** faire qc	N'hésite pas **à lui demander un conseil**.	zögern etw. zu tun
s'informer **de** (oder **sur**) qn/qc	Je me suis informé/e **de sa santé**.	sich über etw. informieren
informer qn **de** qc	Tu as informé tout le monde **de ton départ**?	jdn über etw. informieren
interdire **à** qn **de** faire qc	Mme Delveau a interdit **à son fils de sortir**.	jdm verbieten etw. zu tun
jouer qc	Isabelle Adjani joue **le rôle de Camille Claudel**.	etw. spielen
jouer **à** qc	Tu joues **au foot**?	etw. spielen (Sportart od. Spiel)
jouer **de** qc	Tu joues **de la guitare**?	etw. spielen (Instrument)
laisser qn/qc	J'ai laissé **mes affaires** à la maison.	jdn/etw. lassen
laisser qn faire qc	Est-ce que tes parents **te laissent sortir**?	jdn etw. tun lassen
menacer qn	Les gangsters ont menacé **Patricia**.	jdn bedrohen
menacer **de** faire qc	Ils ont menacé **de revenir** le lendemain.	drohen etw. zu tun
mentir **à** qn	Tu as déjà menti **à tes parents**?	jdn belügen
monter	Liliane <u>est</u> montée au grenier.	hinaufsteigen
monter qc	Elle <u>a</u> monté **les valises** au grenier.	etw. hinaufbringen
se moquer **de** qn/qc	Ne te moque pas **de lui**.	sich über jdn/etw. lustig machen
s'occuper **de** qn/qc	Elle s'occupe **de son petit frère**.	sich um jdn kümmern
offrir qc **à** qn	Elle a offert un livre **à sa correspondante**.	jdm etw. schenken
offrir **à** qn **de** faire qc	Elle a offert **à son frère de l'aider**.	jdm anbieten etw. zu tun
ordonner **à** qn **de** faire qc	La police a ordonné **aux manifestants de quitter la place**.	jdm befehlen etw. zu tun
oser faire qc	Il n'ose pas **parler allemand**.	sich trauen etw. zu tun
oublier qn/qc	J'ai oublié **mon livre**.	jdn/etw. vergessen
oublier **de** faire qc	J'ai oublié **de faire mes devoirs**.	vergessen etw. zu tun
paraître	Il paraît **malade**.	scheinen
paraître faire qc	Il paraît **être malade**.	zu sein scheinen
parler	On a beaucoup parlé.	reden
parler **à** qn (**de** qc)	On a parlé **à Christine** (**de ses problèmes**).	mit jdm (über etw.) reden
parler **de** qn/qc	Elle a parlé **de ses problèmes**.	über jdn/etw. reden
passer	Le temps passe.	vergehen
passer qc	Il passe **ses vacances** en Espagne.	etw. verbringen
passer qc **à** qn	Passe-**moi** le sel, s.t.p.	(jdm) etw. reichen
passer **par** qc	La Seine passe **par Paris**.	etw. durchqueren
penser **à** qn/qc	Il pense **à son amie**.	an jdn/etw. denken
penser faire qc	On pense **partir** demain.	etw. vorhaben

permettre à qn de faire qc	*Ses parents **lui** permettent **d'utiliser** leur voiture.*	jdm erlauben etw. zu tun
se plaindre de qn/qc (à qn)	*Elle se plaint **de sa mère** (**à son copain**).*	sich (bei jdm) über jdn/etw. beklagen
pouvoir faire qc	*Je ne peux plus **marcher**.*	etw. können
préférer qn/qc (à qn/qc)	*Je préfère **le poulet** (**au mouton**).*	jdn/etw. (gegenüber jdn/etw.) bevorzugen
préférer faire qc	*Je préfère **lire**.*	bevorzugen etw. zu tun
préparer qn/qc	*J'ai préparé **le petit-déjeuner**.*	jdn/etw. vorbereiten
se préparer à faire qc	*Elle s'est préparée **à partir** très tôt.*	sich auf etw. vorbereiten
être prêt/e à faire qc	*Il est prêt **à partir**.*	bereit sein etw. zu tun
prétendre faire qc	*Il prétend **travailler**.*	vorgeben etw. zu tun
profiter de qn/qc	*Elle a profité **de cette situation**.*	von jdn/etw. profitieren
promettre qc (à qn)	*Elle a promis **un cadeau** (**à sa sœur**).*	(jdm) etw. versprechen
promettre (à qn) de faire qc	*Elle (**lui**) a promis **de venir**.*	(jdm) versprechen etw. zu tun
proposer qc (à qn)	*Elle (**leur**) a proposé **une balade**.*	(jdm) etw. vorschlagen
proposer (à qn) de faire qc	*Elle a proposé (**à son ami/e**) **d'aller au cinéma**.*	(jdm) vorschlagen etw. zu tun
rappeler qc à qn	*Elle **lui** a rappelé **sa promesse**.*	jdn an etw. erinnern
rappeler à qn de faire qc	*Elle a rappelé **à Jérôme de téléphoner**.*	jdn daran erinnern etw. zu tun
se rappeler qn/qc	*Je ne me rappelle plus **le premier rendez-vous**.*	sich an etw. erinnern
recommander à qn de faire qc	*Il a recommandé **à Fabienne d'acheter ce livre**.*	jdm empfehlen etw. zu tun
recommander qc (à qn)	*Je (**te**) recommande **ce film**.*	(jdm) etw. empfehlen
refuser qc	*Il a refusé **ma demande**.*	etw. ablehnen
refuser de faire qc	*Je refuse **de travailler** plus.*	ablehnen / sich weigern etw. zu tun
regretter qn/qc	*Je regrette **son départ**.*	jdn/etw. bedauern
regretter de faire qc	*Je regrette **de partir**.*	bedauern etw. zu tun
se réjouir de faire qc	*Je me réjouis **de te revoir**.*	sich freuen, etw. zu tun/ sich darauf freuen etw. zu tun
remercier qn (de qc)	*Je te remercie (**de ta lettre**).*	jdm (für etw.) danken
remercier qn de faire qc	*Je te remercie **de m'appeler**.*	jdm danken, dass er etw. tut
rencontrer qn	*J'ai rencontré **Jérôme**.*	jdm begegnen
rendre visite à qn	*J'ai rendu visite **à Jérôme**.*	jdn besuchen
renoncer à qc	*Je renonce **à ce voyage**.*	auf etw. verzichten
renoncer à faire qc	*Je renonce **à partir** cette année.*	darauf verzichten etw. zu tun
rentrer	*Liliane **est** rentrée à huit heures.*	nach Hause kommen
rentrer qc	*Elle **a** rentré **les chaises** du jardin.*	etw. hineinbringen
répondre à qn/qc	*J'ai répondu **à Fabien**. J'ai répondu **à cette question**.*	jdm antworten/etw. beantworten
reprocher qc à qn	*Ses parents **lui** reprochent **sa paresse**.*	jdm etw. vorwerfen
reprocher à qn de faire qc	*Ses parents **lui** reprochent **d'être paresseuse**.*	jdm vorwerfen etw. zu tun
se reprocher de faire qc	*Elle se reproche **de ne pas être venue**.*	sich etw. vorwerfen
réussir qc	*Elle a réussi **son plat**.*	jdm gelingt etw.
réussir à qc	*Elle a réussi **à son examen**.*	etw. bestehen
réussir à faire qc	*Elle a réussi **à le convaincre**.*	gelingen etw. zu tun

rêver *à* qc	*À quoi est-ce que* tu rêves?	an etw. denken
rêver *de* qn/qc	*J'ai rêvé de toi* cette nuit.	von etw./jdm träumen
rêver *de* faire qc	Elle a toujours rêvé *de faire des voyages.*	davon träumen etw. zu tun
rire *de* qn/qc	On a beaucoup ri *de cette aventure.*	über etw. lachen
savoir faire qc	Elle sait **parler l'arabe.**	etw. tun können
sembler	Elle semble **malade.**	scheinen
sembler faire qc	Elle semble **avoir trop travaillé.**	zu tun scheinen
servir *à* (faire) qc	Cela ne sert *à rien.* / Cette machine sert *à faire du café.*	zu etw. dienen
sortir	Elle n'*est* pas encore sortie.	hinausgehen
sortir qc	Elle *a* sorti **les chaises.**	etw. hinausbringen
souhaiter faire qc	Je souhaite **partir.**	wünschen etw. zu tun
souhaiter qc (*à* qn)	Je (te) souhaite **un bon anniversaire.**	(jdm) etw. wünschen
soupçonner qn *de* faire qc	On soupçonne **Jérôme *d'avoir* écrit cette lettre.**	jdn verdächtigen etw. zu tun
se souvenir *de* qn/qc	Tu te souviens encore *de Béatrice?*	sich an jdn/etw. erinnern
suivre qn/qc	Suivez **mon conseil.** / Suivez **le guide.**	etw. befolgen / jdm folgen
téléphoner *à* qn	J'ai téléphoné *à Naomi.*	jdn anrufen
venir faire qc	Il est venu **m'aider.**	kommen um etw. zu tun
venir *de* faire qc	Il vient *de partir.*	gerade etw. getan haben
vouloir qc	Tu veux **un café?**	etw. wollen
vouloir faire qc	Tu veux **partir?**	etw. tun wollen

2 Hinweise zur Vermeidung von Fehlern

Du willst sagen:	Das heißt auf Französisch:	
Sie ist hinausgegangen <u>um</u> sich Brot <u>zu</u> kaufen.	*Elle est* **sortie s'acheter** *du pain.*	
Er ist hinaufgegangen, <u>um</u> das Buch <u>zu</u> holen.	*Il est* **monté chercher** *le livre.*	
Ich komme vorbei <u>um</u> Ihnen den Brief <u>zu</u> geben.	*Je* **passerai** *vous* **donner** *le livre.*	

An einige Verben der Bewegungsrichtung kannst du den Infinitiv ohne Präposition anhängen und damit unter anderem den deutschen Nebensatz mit um zu ausdrücken.

Er hat ihn gezwungen zu Hause zu bleiben.	*Il l'a forcé à rester à la maison.*	
Sie ist gezwungen zu Hause zu bleiben.	*Elle est forcée de rester à la maison.*	

Bei einigen Verben schließt du den Infinitiv mit *à* an. Wird das Partizip solcher Verben aber mit *être* gebraucht verwendest du vor dem Infinitiv *de*.

ebenso:

obliger qn à faire qc	jdn zwingen etw. zu tun
être obligé de faire qc	gezwungen sein etw. zu tun
se fatiguer à faire qc	sich anstrengen, etw. zu tun
être fatigué de faire qc	es müde sein etw. zu tun

7

Die Pronomen
Les pronoms

Pronomen – man sagt auch „Fürwörter" – sind Stellvertreter.
Sie stehen für ein Nomen mit seinem Begleiter und seinen Erweiterungen.

In dem folgenden Beispiel kannst du alle unterstrichenen Satzteile durch ein Pronomen ersetzen:

Au café,	*Naomi*	donne	*le C.D.*	*à sa copine*.
Adverbiale Bestimmung	Subjekt	Verb	direktes Objekt	indirektes Objekt
Wo?	Wer?/Was?		Wen?/Was?	Wem?

1. Du ersetzt *au café* durch *y*:   *Naomi y donne le C.D. à sa copine.*

2. Du ersetzt *Naomi* durch *elle*:   *Au café, **elle** donne le C.D. à sa copine.*

3. Du ersetzt *le C.D.* durch *le*:   *Au café, Naomi **le** donne à sa copine.*

4. Du ersetzt *à sa copine* durch *lui*:   *Au café, Naomi **lui** donne un C.D.*

Dieses Kapitel informiert über:

– die verbundenen Personalpronomen	*je, tu, il, elle, …*	1.1
– die unverbundenen Personalpronomen	*moi, toi, lui, elle, …*	1.2
– die direkten Objektpronomen und das partitive	*me, te, le, la, nous, vous, les en*	1.3
– die Pronomen für *de-* und *à-*Ergänzungen, dazu gehören die indirekten Objektpronomen aber auch	*me, te, lui, nous, vous, leur, en* und *y*	1.4
– die Stellung der Objektpronomen im Satz	*Je **le lui** donne.*	1.6–1.7
– die neutralen Pronomen	*le, cela, ça*	1.8
– die Reflexivpronomen	*me, te, se, …*	1.5
– die Relativpronomen	*qui, que, dont, où, ce qui, ce que, lequel …*	2
– die Interrogativpronomen	*qui? que? quoi? lequel? …*	3
– die Demonstrativpronomen	*celui, celle, ceux, celles*	4
– die Possessivpronomen	*le mien, le tien, …*	5
– die Indefinitpronomen	*tout, quelque chose, quelques-uns, chacun, n'importe qui*	6

Hinweise zur Vermeidung von Fehlern findest du in Abschnitt   7
Dort findest du auch Hinweise, wie du die deutschen Pronomen **es** und **was** übersetzen kannst.

1 Subjekt- und Objektpronomen
Les pronoms sujet et objet

1.1 Die verbundenen Personalpronomen
Les pronoms personnels conjoints

1. Formen und Gebrauch

Je	suis de Paris mais j'habite à Grenoble.
Tu	es de Paris?
Il/Elle/On	est de Paris.
Nous	sommes de Paris.
Vous	êtes de Paris?
Ils/Elles	sont de Paris.

Die Personalpronomen *je, tu, il, elle, on, nous, vous, ils, elles* werden wie im Deutschen (ich, du, er, sie …) als Subjekte von Verben gebraucht.
Vor einem Vokal oder stummen *h*
– verkürzt du *je* zu *j'*: *j'habite, j'ai*
– bindest du in der Aussprache die Personalpronomen *nous, vous, ils, elles* an das Verb: *nous avons* [nuzavɔ̃], *vous êtes* [vuzɛt] usw.

Um Missverständnisse zu vermeiden unterscheide deshalb in der Aussprache deutlich:

[ilzɔ̃] / [ɛlzɔ̃]   von   [ilsɔ̃] / [ɛlsɔ̃]
ils ont / elles ont   *ils sont / elles sont*
  sie haben   sie sind

Il pleut.
Il s'agit d'une question importante.

Unpersönliche Verben haben das Pronomen *il*.
Il entspricht in diesem Fall dem deutschen es.

Vous êtes contente, Madame?
Vous êtes M. et Mme Delveau?
Vous êtes Stéphanie et Christophe?

Vous ist zugleich das Personalpronomen für die Höflichkeitsform Singular und Plural (Sie) und für die 2. Pers. Plur. (= ihr).
Achte auf die Angleichung von Adjektiven und Partizipien: *Vous êtes contente?* Hier wendest du dich an eine einzelne weibliche Person.

Voilà Fabien et Pierre. Ils sont de Grenoble.
Voilà Nicole et Julia. Elles sont de Bochum.
Voilà Stéphanie et Christophe. Ils sont de Paris.

Ils (sie) und *elles* (sie) sind Personalpronomen der 3. Pers. Plur. Im Gegensatz zum Deutschen unterscheidet das Französische auch im Plural zwischen männlichen *(ils)* und weiblichen *(elles)* Personalpronomen. *Ils* verwendest du aber auch als zusammenfassendes Pronomen für männliche und weibliche Personen bzw. Sachen.

Zusatzinformation

On est très contents de te voir.
C'est un restaurant où on mange très bien.

Im mündlichen Französisch wird *on* häufig in der Bedeutung von *nous* verwendet.
Ob *on* wir oder man bedeutet, erkennst du aus dem Gesprächszusammenhang.
Verwendest du *on* in der Bedeutung von *nous*, musst du das Adjektiv und das Partizip Perfekt an das gemeinte Subjekt angleichen: *On est contents. / On est arrivés à deux heures.*

2. Stellung

In Aussagesätzen steht das verbundene Personalpronomen vor dem konjugierten Verb außer:

«Je peux venir demain», dit-**elle**. Viendrait-**elle** vraiment? Peut-être voulait-**elle** se débarasser de lui.	– hinter der direkten Rede (*dit-elle*); – in der Inversionsfrage → **162**/4; – wenn der Satz mit *peut-être, sans doute* oder *ainsi* anfängt Das nachgestellte Personalpronomen wird mit dem Verb durch einen Bindestrich verbunden (*dit-elle*).
Va-**t**-elle venir? Sera-**t**-il à la gare?	Wenn das Verb auf Vokal endet, wird zwischen dem Verb und dem Pronomen der 3. Pers. Sing. noch ein -*t*- eingeschoben. Dann lässt sich der Satz besser aussprechen.

Zusatzinformation

Où suis-je? *Où est-ce que je suis?* *Puis-je vous poser une question?* *Est-ce que je peux vous poser une question?*	Nachgestelltes *je* klingt sehr gewählt und wird kaum noch verwendet. Bei Fragen mit *je* verwendet man heute meist *est-ce que*.

1.2 Die unverbundenen Personalpronomen
Les pronoms personnels disjoints

1. Formen

Singular	Plural
moi	nous
toi	vous
lui, elle	eux, elles

TIPP Merke dir die unverbundenen Pronomen, die sich in der Form von den verbundenen Pronomen unterscheiden: *moi, toi, lui* und *eux*. Alle anderen Pronomen sind gleich: *elle, nous, vous, elles*.

2. Gebrauch

Diese Pronomen verwendest du:

Qui a parlé à Pierre? **Toi** *ou* **elle**?
Moi.

– in Sätzen ohne Verb;

Nous avons longtemps discuté **avec lui**.
Pour lui, *la chose était claire*.

– nach Präpositionen, z. B. *pour, avec, sans, à côté de*, usw.;

Ce sont Valérie et Patrick sur la photo?
Oui, <u>ce sont</u> **eux**. *La photo est de David*.
<u>C'est</u> **lui** *qui prend les meilleures photos*.

– nach *c'est* und *ce sont*;

Mohammed court <u>plus</u> *vite* <u>que</u> **moi**.
Il <u>n'y a</u> **que** *lui qui soit* <u>plus</u> *fort* <u>que</u> **moi**.

– in Vergleichssätzen und nach *ne ... que*;

Eux, *je les ai vus hier*.
Mais Isabelle, **elle**, *je ne l'ai pas revue*.
Nous, *on ne voit plus personne*.

– zur Hervorhebung. In diesem Fall kann das unverbundene Personalpronomen ein Subjekt oder ein direktes Objekt verstärken, z. B. *les* in <u>Eux</u>, *je* <u>les</u> *ai vus hier*, oder *Isabelle* in <u>Isabelle</u>, <u>elle</u>, *je ne l'ai pas revue*. Das unverbundene Personalpronomen kann hier am Anfang oder am Ende des Satzes stehen. Anstatt *Eux, je les ai vus hier*, könntest du auch sagen: *Je les ai vus hier, eux*. ▶

*Tu as fait ça **toi-même**?*				
Hast du das selbst (allein) getan?				
*Elles viennent **elles-mêmes**.*				
Sie kommen selbst.				

Die unverbundenen Personalpronomen können durch *même* verstärkt werden.
Achte
auf die Schreibung: zwischen dem Pronomen und *même* steht ein Bindestrich;
auf die Veränderlichkeit von *même*: Pronomen im Plural → *même* + *s*.

MERKE

Chez moi/toi …	zu Hause
*Ce stylo est **à toi**?*	Gehört dieser Kugelschreiber dir?
*Oui, il est **à moi**.*	Ja, er gehört mir.

Mit *à moi, à toi, à lui* usw. drückst du Zugehörigkeit aus.

1.3 Die direkten Objektpronomen und das partitive *en*
Les pronoms d'objet direct et le *en* partitif

*Tu cherches **ton livre**?*
*Non, je **l'**ai trouvé.*

Nach dem direkten Objekt fragst du mit Was? (bei Sachen) oder Wen? (bei Personen). Das direkte Objekt (hier: *mon livre*) kannst du auch durch ein Pronomen (hier: *l'*) ausdrücken.

Wenn du noch mehr über das direkte Objekt wissen möchtest, dann musst du auf S. **124** nachschlagen.

1. Die direkten Objektpronomen

	Jacques	**me**	*regarde.*	mich
	Pourquoi est-ce qu'il	**m'**	*observe?*	
	Tes parents	**te**	*cherchent.*	dich
	Ils	**t'**	*aiment bien, tu sais.*	
Voilà <u>David</u>.	*Vous*	**le**	*voyez?*	ihn
	Oui, je	**l'**	*observe.*	
Voilà <u>Nathalie</u>.	*Mon frère*	**la**	*rencontre souvent.*	sie
	Il	**l'**	*estime beaucoup.*	
	Pierre	**nous**	*regarde.*	uns
	Je vais	**vous**	*appeler demain.*	Sie, euch
Voilà <u>David</u> et <u>Patrick</u>.	*Tu ne*	**les**	*vois pas?*	sie
Voilà <u>Valérie</u> et <u>Florence</u>.				

Die direkten Objektpronomen vertreten männliche oder weibliche Personen oder Sachen.
In der 3. Pers. Sing. wird dies auch in der Form des Pronomens sichtbar: *le* vertritt ein männliches, *la* ein weibliches Objekt. Überlege also immer, welches Geschlecht das französische Nomen hat, das du durch ein Objektpronomen ersetzen willst z. B.: Kennst du <u>sie</u>? (= die CD) → *Tu <u>le</u> connais?* (= <u>le C.D.</u>)

Vor Vokal und stummem *h* werden *me, te, le/la* zu *m', t', l'* verkürzt.

Zur Stellung der direkten Objektpronomen im Satz, → **99**/1.6

> **Zusatzinformation**
>
> ***On*** *a perdu le chemin.* Wird *on* in der Bedeutung von wir verwendet, lautet das
> *Vous pouvez **nous** aider, s.v.p.?* entsprechende Objektpronomen *nous*.
>
> *Si **on** a besoin d'un médecin, **on** peut* Wird *on* in der Bedeutung von man verwendet, lautet das
> *appeler le SAMU.* entsprechende Objektpronomen *vous*.
> *Le SAMU **vous** aide tout de suite.*

2. Das partitive *en*

Je cherche une épicerie.	*Vous **en** trouvez une sur la place.*	*En* ist hier direktes Objekt. *En* steht – für unbestimmte oder leere Mengen: *J'en ai encore* (= *J'ai encore des pommes*), *Je n'en ai plus* (= *Je n'ai plus de lait.*) – in Verbindung mit Zahlwörtern und anderen Mengenausdrücken: *J'en prends cinq* (= *Je prends cinq pommes*), *J'en bois un demi-litre* (= *Je bois un demi-litre de lait.*) – in Verbindung mit Adjektiven: *J'en ai de belles:* (= *J'ai de belles pommes.*)
Vous avez des pommes?	*Oui, j'**en** ai encore.* *J'**en** ai de belles.* *Vous **en** prenez encore combien?* *J'**en** prends cinq.*	
Vous avez du lait?	*Je n'**en** ai plus mais il y a une crèmerie là-bas.*	
Tu bois beaucoup de lait?	*J'**en** bois un demi-litre par jour.*	

Combien de pommes *est-ce que tu as achetées?*

aber:
J'en ai acheté cinq.

Im *passé composé* löst *en* keine Angleichung des *participe passé* aus.

MERKE
Anders als im Deutschen können im Französischen Zahlwörter, Mengenausdrücke und Adjektive als Objekte nicht allein stehen: Ich nehme zwei → *J'en prends deux*.

MERKE

Elle mange	*des pommes.* *de la soupe.*	*Elle mange*	*la pomme.* *cette pomme.* *ma pomme.*
	↓		↓
Elle	*en mange.*	*Elle*	*la mange.*

1.4 Die Pronomen für *à*- und *de*-Ergänzungen.
Les pronoms remplaçant des compléments avec **à** *ou* **de**

Einige Verben schließen Ergänzungen mit *à* oder *de* an. Die meisten dieser Ergänzungen sind indirekte Objekte.

*Tu as parlé **à Sophie**? Qu'est-ce que tu **lui** as dit?*

*Je dois m'occuper **de ma sœur**. Je m'occupe **d'elle** tous les jours.*

Auch diese Ergänzungen kannst du durch Pronomen ausdrücken, hier z. B. *lui* oder *d'elle*.

Wenn du wissen möchtest, welche Verben eine Ergänzung mit *à* oder *de* anschließen, dann musst du → **86** ff/1 nachschlagen.

1. *à*-Ergänzungen

*Tu as déjà écrit **à Jérôme**?* → *Oui, je **lui** ai écrit hier.*   Lebewesen
*Tu as écrit **au journal**?*   → *Oui, j'**y** ai écrit hier.*   Sachen

Für Lebewesen und Sachen verwendest du unterschiedliche Pronomen.

Lebewesen

	Mes parents	**me**	*font un cadeau.*	mir
	Ils	**m'**	*achètent un ordinateur.*	
	Je	**te**	*montre les photos.*	dir
	et je	**t'**	*explique tout.*	
Elle demande à David de venir.	*Elle*	**lui**	*demande de venir.*	ihm, ihr
Elle demande à Naomi de venir.				
	Tu	**nous**	*écriras?*	uns
	Je	**vous**	*écrirai.*	euch, Ihnen
Il écrit à ses amis.	*Il*	**leur**	*écrit souvent.*	ihnen
Il écrit à ses amies.				

Diese Pronomen nennt man auch indirekte Objektpronomen.

Vor Vokal und stummen *h* werden *me* und *te* zu *m'* und *t'* verkürzt.

Für die 3. Pers. Sing. (ihm, ihr) gibt es nur eine Form: *lui*. Ebenso für die 3. Pers. Plur.: *leur*.

Zur Stellung der Pronomen → **99**/1.6

MERKE direktes Objektpronomen   indirektes (*à*-)Objekt

le, la   lui
les   leur

Claire nous a reçus et *nous a montré notre chambre.*
↓ ↓
direktes Objekt indirektes (à-)Objekt
Angleichung des Partizips Keine Angleichung des Partizips

ATTENTION Die Pronomen *me* (mir), *te* (dir), *nous* (uns), *vous* (euch, ihnen) sind von der Form her nicht zu unterscheiden von den direkten Objektpronomen *me* (mich), *te* (dich), *nous* (uns), *vous* (euch, Sie).
Ein indirektes Objekt löst beim *passé composé* mit *avoir* keine Angleichung des Partizips aus. Aus diesem Grund musst du sorgfältig prüfen, ob ein vorangehendes Pronomen direktes oder indirektes Objekt ist.

Pascale pense à sa petite sœur. → *Elle pense **à elle**.*
Elle tient beaucoup à sa sœur. → *Elle tient beaucoup **à elle**.*

s'adapter à qn	sich an jdn anpassen	s'intéresser à qn	sich für jdn interessieren
s'adresser à qn	sich an jdn wenden	s'habituer à qn	sich an jdn gewöhnen
s'attacher à qn	sich an jdn anschließen	penser à qn	an jdn denken
s'attaquer à qn	jdn angreifen	se plaindre à qn	sich bei jdm beschweren
comparer à qn	mit jdm vergleichen	renoncer à qn	auf jdn verzichten
se confier à qn	sich jdm anvertrauen	songer à qn	an jdn denken
se fier à qn	sich auf jdn verlassen	tenir à qn	an jdm hängen

ATTENTION Es gibt Verben, die eine *à*-Ergänzung anschließen, die nicht durch indirekte Objektpronomen, sondern durch die unverbundenen Personalpronomen (→ **93**/1.2) ausgedrückt werden.

Hier eine Liste der wichtigsten Verben.

<u>Sachen</u>

– *Est-ce que tu as répondu **à ses lettres**?*
– *Oui, j'**y** ai répondu.*

– *Tu penses **à mes livres**?*
– *Oui, j'**y** ai pensé. Les voilà.*

Bei Sachen verwendest du *y*.

2. *de*-Ergänzungen / indirekte Objekte mit *de*

<u>Lebewesen</u>

*Tu as besoin **de quelqu'un**?*
*Oui, j'ai besoin **de toi**.*

*Il a parlé **de Sonia**?*
*Oui, il a parlé **d'elle**.*

<u>Sachen</u>

*Tu as besoin **de ce marteau**?*
*Oui, j'**en** ai besoin.*

*Il a parlé **de ses problèmes**?*
*Oui, il **en** a parlé.*

Bei Lebewesen verwendest du die unverbundenen Personalpronomen, → **93**/1.2.

Bei Sachen verwendest du *en*.

Zusatzinformation

*Il a parlé **de Sonia**?*
*Oui, il **en** a beaucoup parlé.*

Im gesprochenen Französisch wird *en* auch für Personen verwendet.

Les pronoms / Die Pronomen

3. Ortsangaben mit *à*, *de* und anderen Präpositionen

*Vous venez **de Rouen**?*
*Oui, j'**en** viens.*

En vertritt Ortsangaben, die mit *de* eingeleitet werden.

*Elle est toujours **à Paris**?*
*Oui, elle **y** est depuis trois mois.*

Y vertritt alle anderen Ortsangaben.

*Tu es déjà allé/e **en France**?*
*J'**y** vais cet été.*

Zur Stellung von *en* und *y* im Satz, → **101**/1.7

*J'ai cherché ma disquette **sur mon bureau**
mais elle n'**y** était pas.*

*Tu as regardé **dans ton tiroir**?*
*Elle n'**y** était pas non plus.*

1.5 Die Reflexivpronomen
Les pronoms réfléchis

Reflexive Verben gibt es auch im Deutschen: sich irren – *se tromper* sich anschauen – *se regarder*.

Reflexive Verben sind stets von einem Objektpronomen begleitet. Dieses Pronomen steht in derselben Person wie das Subjekt und heißt Reflexivpronomen: Ich irre mich. – *Je me trompe.*

Je	**me**	*trouve devant l'hôtel.*
Tu vas	**te**	*promener?*
Il/elle/on	**se**	*trouve derrière la gare.*
Nous	**nous**	*promenons dans la montagne.*
Vous	**vous**	*appelez Duroi?*
Ils/elles	**s'**	*appellent Bonnard.*

Die Reflexivpronomen unterscheiden sich nur in der 3. Pers. (Sing. und Plur.) von den direkten Objektpronomen: *se*.

Me, te, se werden vor Vokal zu *m', t', s'* verkürzt.
Zur Stellung der Reflexivpronomen, → **83**/9.2 und **101**/1.7

*Ne **te** prépare pas, c'est inutile.*
*Prépare-**toi**.*

Beim bejahten Imperativ wird *te* zu *toi*.

s'appeler	heißen
se promener	spazieren gehen.

ATTENTION
Nicht jedes Verb, das im Französischen reflexiv ist, ist auch im Deutschen reflexiv und umgekehrt → **83**/9.4.

Zusatzinformation

<u>Das Reflexivpronomen als direktes oder als indirektes (*à*-)Objekt</u>

Das Reflexivpronomen kann direktes Objekt sein oder für eine *à*-Ergänzung stehen:

*Elle **se** regarde.*	*regarder qn/qc*	(*se* = direktes Objekt) Wen oder was?
*Elles **s'**écrivent.*	*écrire **à** qn*	(*s'* = indirektes Objekt) Wem?
*Elle **se** prépare.*	*préparer qn/qc*	(*se* = direktes Objekt) Wen oder was?
*Elle **se** prépare un thé.*	*préparer qc **à** qn*	(*se* = indirektes Objekt, *un thé* = direktes Objekt) Wem?

Die Pronomen / *Les pronoms*

Die Unterscheidung ist für die Angleichung des Partizips im *passé composé* wichtig.
Betrachte die folgenden Beispiele:

Ils se sont regardés.

Elle l' a regardé.
Il l' a regardée.

Hier ist das Reflexivpronomen das
<u>direkte</u> Objekt, genauso wie das *l'*.

Ils se sont dit bonjour et ils se sont donné la main.

Hier steht das Reflexivpronomen für ein indirektes
Objekt, das direkte ist durch den Pfeil markiert.

Plus tard, ils se sont écrit des lettres.
Voilà les lettres qu' ils se sont écrites.

Du gleichst die Partizipien der reflexiven Verben dem <u>vorangestellten direkten Objekt</u> an genauso wie bei
den Verben, die das *passé composé* mit *avoir* bilden. Vergleiche:

Ils se sont regardés.
   direktes Objekt → Angleichung

Ils se sont écrit des lettres.
   keine Angleichung ← direktes Objekt

Voilà les lettres qu' ils se sont écrites.
   direktes Objekt → Angleichung.

1.6 Die Stellung eines Objektpronomens im Satz
La place d'un pronom objet dans la phrase

1. Voilà

– *Où es-tu?*
– *Me voilà.*   Da bin ich.

– *Je cherche mon livre.*
– *Le voilà.*   Da ist es.

Die direkten Objektpronomen stehen vor dem
Hinweiswort *voilà*.

2. Bejahter und verneinter Aussagesatz

Il les cherche mais il <u>ne</u> les trouve <u>pas</u>.
Je leur téléphone mais je <u>ne</u> leur écris <u>pas</u>.
J'y vais ou je <u>n'</u>y vais <u>pas</u>?
Elle se promène ici mais elle <u>ne</u> se promène <u>jamais</u> là-bas.

Il les a cherché(e)s, mais il <u>ne</u> les a <u>pas</u> trouvé(e)s.
Je leur ai téléphoné mais je <u>ne</u> leur ai <u>pas</u> écrit.
J'en ai rêvé mais je <u>n'</u>en ai <u>jamais</u> parlé.
Elle s' est promenée ici mais elle <u>ne</u> s' est <u>pas</u> promenée là-bas.

Die Objektpronomen stehen:
– in den einfachen Zeiten (*présent, imparfait, futur simple* usw.) <u>vor</u> dem konjugierten Verb und <u>innerhalb</u> der Verneinungsklammer;

– in den zusammengesetzten Zeiten (*passé composé, plus-que-parfait* usw.) <u>vor</u> dem Hilfsverb und <u>innerhalb</u> der Verneinungsklammer.

Bei vorangestelltem direkten Objektpronomen (hier: *les* und *se*) musst du auf die Angleichung des Partizips achten → **76**/4.11.

*Il va les chercher
mais il ne va pas les trouver.*

*Je vais leur téléphoner
mais je ne veux pas leur écrire.*

*Je veux y retourner bientôt
mais je ne voudrais pas en parler.*

*Elle veut se promener
mais elle ne peut pas se lever.*

Im *futur composé* und bei Modalverben *(vouloir, pouvoir,* usw.*)* vor dem Infinitiv zu dem sie gehören und außerhalb der Verneinungsklammer.

3. Bejahter und verneinter Imperativ

Regarde- moi.	*Ne me regarde pas.*
Regarde- toi.	*Ne te regarde pas.*
Regarde- le.	*Ne le regarde pas.*
Regarde- la.	*Ne la regarde pas.*
usw.	usw.

Im bejahten Imperativsatz steht das Objektpronomen hinter dem Verb und wird mit Bindestrich an das Verb angeschlossen.
Me und *te* werden zu *moi* und *toi*.

Raconte- moi cette histoire.	*Ne me cache rien.*
Fais- toi un thé.	*Ne te fais pas de soucis.*
Raconte- lui cette histoire.	*Ne lui raconte pas tout.*
Raconte- nous cette histoire.	*Ne nous cache rien.*
usw.	usw.

Im verneinten Imperativsatz steht das Objektpronomen vor dem Verb und innerhalb der Verneinungsklammer.

Vas- y	*N'y va pas!*
Prends- en trois.	*N'en prends pas!*

Beachte *en* und *y*: Endet das Verb im bejahten Imperativ auf einen Vokal (hier z. B. *va*), dann fügst du aus Aussprachegründen ein *-s* an das Verb: *vas-y!*

4. Verben + Infinitivergänzung

*Elle me regarde travailler.
Je ne te défends pas de partir.
Il m'a aidé à retrouver ma clé.
Je ne lui ai pas appris à jouer du piano.
Je la fais venir deux fois par semaine.
Elle ne nous laisse pas partir.*

Das Objektpronomen steht immer vor dem Verb, zu dem es sinngemäß gehört:
Elle me regarde travailler.
(Sie betrachtet (wen?) – mich – wie ich arbeite).
Je ne te défends pas de partir. (Ich verbiete (wem?) – dir – nicht zu gehen.)

*Il m'a aidé à retrouver ma clé.
Il nous a envoyé téléphoner.*

Bei Verben + Infinitivergänzung ist in den zusammengesetzten Zeiten keine Angleichung des Partizips erforderlich → **77/4.1**.

1.7 Die Stellung von zwei Objektpronomen im Satz
La place de deux pronoms objet dans la phrase

Auch im Deutschen stellst du häufig zwei Objektpronomen zum Verb: Ich schenke es ihm.
Ist dir aufgefallen, dass es im Deutschen dafür Stellungsregeln gibt?
Ein Satz wie: Ich schenke ihm es klingt merkwürdig.
Stellungsregeln hat auch das Französische.

1. Aussagesatz, Fragesatz und verneinter Imperativ

Il	me te nous vous	le la les	montre.		Il	le la les	lui leur	montre.
Ne	me	le	montre pas.		Ne	le	lui	montre pas.
	indirektes Objekt Wem?	direktes Objekt Wen?/Was?				direktes Objekt Wen?/Was?	indirektes Objekt Wem?	

Die Pronomen für indirekte Objekte *me, te, se, nous, vous* stehen immer vor den direkten Objektpronomen *le, la, les*. *Lui* und *leur* stehen hinter *le, la, les*.

Je	vous	y	emmène.
Il	m'	y	rencontre.
Elle	t'	en	a parlé?
Nous ne	lui	en	parlons jamais.
Ne	lui	en	parle pas.
Il	y	en	a beaucoup.

Die Pronomen *y* und *en* stehen immer hinter allen anderen Pronomen. *En* steht zuletzt.

Das funktioniert auch mit den Reflexivpronomen:

La voiture, il se l'achète.
Den Wagen? Er kauft ihn sich.

Je m'y plais.
Es gefällt mir dort.

Die Reflexivpronomen *me, te, se, nous, vous, se* stehen vor *le, la, les, y* und *en*.

MERKE

me te se nous vous	→	le la les	→	lui leur
indirektes Objekt		direktes Objekt		indirektes Objekt

Les pronoms / **Die Pronomen**

Sa voiture? Oui, il me l'a prêtée.

Cette ratatouille?
Oui, il se l'est préparée lui-même

Ses problèmes? Non, il ne m'en a pas parlé.

ATTENTION Vergiss nicht das Partizip bei vorangestelltem direkten Objektpronomen anzugleichen:
Reflexive Verben verhalten sich wie Verben, die im *passé composé* mit *avoir* konjugiert werden, → **72**/4.6.

Bei vorangestelltem *en* findet keine Angleichung statt.

ATTENTION Es ist dir vielleicht aufgefallen, dass einige Pronomen fehlen, nämlich *me* (= mich), *te* (= dich) und auch *nous*, *vous* (als direktes Objekt). Bei einem Verb wie *présenter* kann das zu Komplikationen führen. Wie sagt man korrekt: „Er stellt mich ihr vor"? So:

Il me présente à elle.

Je m'adresse	*à vous*, madame.
	à lui.
	à elle, usw.

2. Bejahter Imperativ

Donne-le-moi.
Montre-la-leur.
Prête-les-nous.

Le, la, les stehen als erste <u>hinter</u> dem Verb. *Me* und *te* (indirekte Objektpronomen) werden zu *moi* und *toi*.
Verb und Pronomen werden durch Bindestriche verbunden.

Présente-moi à David. → *Présente-moi à lui.*
Présente-nous à tes parents. → *Présente-nous à eux.*

Moi, toi, nous, vous (direkte Objektpronomen) stehen als erste <u>hinter</u> dem Verb. Die indirekten Objekte werden mit *à* + unverbundene Pronomen (→ **93**/1.2) angeschlossen.

Va-t'en. / Allez-vous-en. Geh! / Geht!

Man sagt: *Assieds-toi là.* (nicht: *Assieds-t-y.*)
oder: *Donnez-moi un peu de …*
Pourriez-vous m'en donner? (nicht: *Donnez-m'en.*)

Die Kombination mit *en* gibt es bei *s'en aller* (weggehen).

In allen anderen Fällen vermeidet man die Kombination von *en* und *y* mit einem weiteren Pronomen.

Zusatzinformation

faire + infinitif und *laisser + infinitif*
Bei diesen Verben musst du einige Besonderheiten beachten:

Jérôme fait comprendre **à Fabien** *qu'il n'est pas content.*
                               ↓   ↓
                         indirektes   direktes
                         Objekt   Objekt

                         = *lui*   = *le*

*Jérôme **le lui** fait comprendre.*

Hier gilt die Regel, die du schon kennst:
Le steht vor *lui*.

Die Pronomen / *Les pronoms*

Le prof fait lire **une nouvelle**. Le prof fait lire **ses élèves**. Le prof fait lire **une nouvelle** à **ses élèves**.	Il **la** fait lire. Il **les** fait lire. Il **la leur** fait lire.	Stehen zwei Objekte (ein Sach- und ein Personenobjekt) bei *faire* + Infinitiv so wird das Personenobjekt *(ses élèves)* zum indirekten Objekt *(à ses élèves → leur)*

Les habitants laissent	**le maire** direktes Objekt	**prendre les décisions**. direktes Objekt	Laisser + Infinitiv kann zwei direkte Objekte haben. Werden beide Objekte durch Objektpronomen ausgedrückt, so wird das Personenobjekt zum indirekten Objekt.

Les habitants **le** laissent **prendre les décisions**.
Les habitants laissent **le maire les prendre**.
Les habitants **les lui** laissent **prendre**.

Il ne **les** laisse pas s'asseoir.	Das Reflexivpronomen steht immer <u>vor</u> dem Infinitiv.

1.8 Die neutralen Pronomen
Les pronoms neutres

1. Il, ce, cela/ça, ceci

Il pleut. **Il** est 2 heures. **C'**est vrai? **Ce** n'est pas vrai. **Cela/Ça** t'étonne? J'ai dit **cela/ça** pour rire.	<u>Es</u> regnet. <u>Es</u> ist 2 Uhr. Ist <u>das</u> wahr? <u>Das</u> ist nicht wahr. Wundert dich <u>das</u>? Ich habe <u>das</u> aus Spaß gesagt.	*Il* und *ce* sind Subjekte. *Cela* und *ça* können sowohl Subjekt als auch Objekt sein. *Ce* kann nur vor *être*, nicht vor anderen Verben stehen.
Cela me plaît, **ceci** non. Je vais te dire **ceci**.	<u>Das</u> gefällt mir, <u>dies</u> nicht. Ich werde dir <u>Folgendes</u> sagen.	*Ceci* dient der Gegenüberstellung.
Ça/Cela, c'est ma fille.		*Ce* kann durch *cela* oder *ça* verstärkt werden.

Schlage auf S. 113 nach, wenn du die verschiedenen Möglichkeiten es auszudrücken im Überblick sehen möchtest.

2. Le

Céline est malade. Je **le** sais.	*Le* steht für einen ganzen Satz und entspricht dem deutschen *es*. *Le* ist immer direktes Objekt.

3. Soi

Chacun pour **soi** et Dieu pour tous. On n'est jamais mieux servi que par **soi-même**. Cela va de **soi**. Ce sont des **soi-disant** artistes. Je suis ruiné, **soi-disant**.	Jeder für <u>sich</u> und Gott für alle. Niemand hilft einem besser als man <u>selbst</u>. Das ist <u>selbst</u>verständlich. Das sind <u>angeblich(e)</u> Künstler. Ich bin <u>sozusagen</u> ruiniert.	*Soi* bezieht sich auf ein unbestimmtes Subjekt im Singular *(on, n'importe qui, personne (ne), chacun* usw.*)*: *Soi* kann durch *même* verstärkt werden.

Les pronoms / Die Pronomen

MERKE

*Il ne pense qu'à **lui**.*	Er denkt nur an sich.	Bei *on* verwendest du *soi*.
***On** pense toujours à **soi** d'abord.*	Man denkt immer zuerst an sich.	

2 Die Relativpronomen
Les pronoms relatifs

Relativpronomen verbinden zwei Sätze miteinander, z. B.:

La photo est belle. La photo est sur la table. → *La photo **qui** est sur la table, est belle.*

Es gibt verschiedene Relativpronomen, z. B. *où, qui, que, quoi, dont, lequel* usw.
Näheres über Relativsätze findest du in Kapitel 11, S. **133–137**.

2.1 *Où*

*C'est le magasin **où** je fais mes courses.* *L'année **où** j'ai déménagé a été très turbulente.*	*Où* folgt immer dem Nomen, auf das es sich bezieht, hier: *magasin* und *année*. *Où* steht für eine Orts- oder Zeitangabe.

*La ville **d'où** je viens …* *L'endroit **jusqu'où** il m'a suivi/e …* *Les villes **par où** il est passé …*	*Où* kannst du auch mit den Präpositionen *de, par* und *jusque* kombinieren. Bei anderen Präpositionen verwendest du *lequel* → **107**/2.5.

2.2 *Qui* und *que*

Fabien va chez sa cousine. Elle habite à Paris. *Fabien va chez sa <u>cousine</u> **qui** habite à Paris.*	Das Relativpronomen *qui* ist immer Subjekt des Relativsatzes.
Il visite les catacombes. Elles sont très intéressantes. *Il visite les <u>catacombes</u> **qui** sont très intéressantes.*	Du fragst danach mit wer? oder was? Auf *qui* folgt meist das Verb.
Pierre ne dit rien. Il est très timide. *<u>Pierre</u>, **qui** est très timide, ne dit rien.*	*Qui* ist unveränderlich.

Paris est une ville intéressante. Beaucoup de touristes visitent cette ville. *Paris est une <u>ville</u> intéressante **que** beaucoup de touristes visitent.*	Das Relativpronomen *que* ist direktes Objekt des Relativsatzes.
Voilà un livre sur Paris. Tu ne connais pas encore ce livre. *Voilà <u>un livre</u> sur Paris **que** tu ne connais pas encore.*	Du fragst danach mit wen? oder was? Auf *que* folgt immer das Subjekt des Relativsatzes. Auch *que* ist unveränderlich.

*Le monsieur **à qui** j'ai téléphoné ...*
*Le garçon **avec qui** j'ai dansé ...*

aber:

*Le stylo **avec lequel** j'écris ...*

Qui kannst du auch mit Präpositionen *(à, avec, de,* usw.*)* verwenden, allerdings nur, wenn *qui* für eine Person steht. Sonst musst du *lequel* verwenden → **107**/2.5.

*Les catacombes qui **sont** très intéressant**es** ...*
*La photo **qu'** il m'a montr**ée** était très jolie.*

ATTENTION Das Verb im Relativsatz richtet sich nach dem Bezugsnomen von *qui* und muss entsprechend angeglichen werden. Das Gleiche gilt ggf. für Adjektive.
In Relativsätzen mit *que* steht das direkte Objekt *(que)* vor dem Verb. Das erfordert bei zusammengesetzten Zeiten eine Angleichung des Partizips → **76**/4.11.

Zusatzinformation

***Qui** vivra, verra.*
(wörtlich:) Wer lebt, wird sehen.

***Qui** n'est pas avec moi est contre moi.*
Wer nicht für mich ist, ist gegen mich.

*Je danse **avec qui** je veux.*
Ich tanze mit wem ich will.

Qui kann auch ohne Bezugsnomen verwendet werden. Dies ist vor allem in Sprichwörtern und Redewendungen der Fall.

2.3 Quoi

*Il n'y a vraiment rien **de quoi** vous pouvez parler?*

Gibt es wirklich nichts, worüber Sie reden können?

*Voilà quelque chose **à quoi** nous pensons toujours.*

Das ist etwas, woran wir immer denken.

*Ce **à quoi** il pense toujours, c'est l'argent.*

Er denkt immer nur ans Geld.

Das Relativpronomen *quoi* brauchst du selten – und nur mit Präpositionen. Es bezieht sich auf unbestimmte Pronomen im Hauptsatz (wie *quelque chose, rien, ce*).

Merke dir aber die folgenden Wendungen:

*Voilà **de quoi** rêver.*	Davon kann man träumen.
*Voilà **à quoi** réfléchir.*	Das muss man sich überlegen.
*Il n'y a pas **de quoi** rire.*	Es gibt nichts zu lachen.
*Prends ton parapluie, **sans quoi** tu seras mouillé/e.*	Nimm deinen Regenschirm, sonst wirst du nass.
*Il m'a vu/e dans la rue, **après quoi** il est parti à toute vitesse.*	Er hat mich auf der Straße gesehen, woraufhin er in höchster Eile wegging.

Les pronoms / **Die Pronomen**

2.4 Dont

> *Les notes **d'Adrien** ne sont pas assez bonnes. Il ne peut pas passer en seconde.*
> ***Adrien dont** les notes ne sont pas assez bonnes, ne peut pas passer en seconde.*
> Adrien, <u>dessen</u> Noten nicht gut genug sind, kann nicht in die *seconde* wechseln.
>
> *Adrien a besoin **d'informations**. Le conseiller d'orientation peut lui donner ces informations.*
> *Le conseiller d'orientation peut lui donner **les informations dont** il a besoin.*
> Der Schulberater kann ihm die Information geben, <u>die</u> er benötigt.
>
> *Le bac pro est peut-être une solution. On ne parle pas souvent **de ce bac**.*
> ***Le bac pro, dont** on ne parle pas souvent, est peut-être une solution.*
> Das „Berufsabitur", <u>über das</u> man nicht oft redet, ist vielleicht eine Lösung.

Das Relativpronomen *dont* ist unveränderlich: Es steht für Personen und Sachen, weiblich und männlich, im Singular oder Plural.

Dont vertritt immer eine Ergänzung mit *de*. Das kann eine Ergänzung des Nomens sein:

> *Les notes **d'Adrien*** → ***Adrien dont** les notes …*
> *Le dernier livre **de cet auteur*** → ***L'auteur dont** le dernier livre vient de paraître, …*

Es kann sich aber auch um die *de*-Ergänzung eines Verbs oder eines anderen Ausdrucks handeln, z. B.:

> *parler de:*   *On ne parle pas **de ce bac**.* → ***Ce bac dont** on ne parle pas …*
> *avoir besoin de:*   *Adrien a besoin **d'informations**.* → ***Les informations dont** Adrien a besoin …*
>   *Adrien a besoin **de cela**.* → ***Ce dont** Adrien a besoin …*

oder auch um ein Adjektiv wie:

> *être content de:*   *Adrien est très content **de cette note**.* → ***Cette note dont** Adrien est très content, …*

Dont übersetzt du meist mit deren, dessen, von dem usw., aber nicht immer:

les informations **dont** il a besoin	*(avoir besoin de qc)*	die Informationen, <u>die er</u> braucht
le problème **dont** il s'occupe	*(s'occuper de qc)*	das Problem, um <u>das er</u> sich kümmert
le C.D. **dont** elle a envie	*(avoir envie de)*	die C.D., <u>auf die</u> sie Lust hat

> *venir de* → *La ville **d'où** il vient …*

ATTENTION *Dont* vertritt keine Ortsangabe. Für Ortsangaben verwendest du *d'où*.

2.5 Lequel

1. Formen

lequel	laquelle	
duquel	de laquelle	Singular
auquel	à laquelle	
lesquels	lesquelles	
desquels	desquelles	Plural
auxquels	auxquelles	

Voilà le <u>magasin</u>	dans lequel	je fais mes courses.	*Lequel* gleichst du in Geschlecht und Zahl an das Bezugsnomen an.
Voilà la <u>librairie</u>	dans laquelle	j'achète mes livres.	
Voilà les <u>livres</u>	avec lesquels	j'apprends le français.	
Voilà les <u>cassettes</u>	avec lesquelles	j'apprends le français.	
Voilà un <u>livre</u>	à l'aide duquel	tu trouveras la solution.	*Lequel* und *lesquels/-les* verschmelzen mit den Präpositionen *de* und *à*.
Voilà des <u>livres</u>	à l'aide desquels	tu trouveras une solution.	
Le <u>projet</u>	auquel	elle participe est très intéressant.	
Les <u>questions</u>	auxquelles	elle doit répondre sont difficiles.	

2. Gebrauch

Le journal **dans lequel** Béatrice parle de ses expériences est très intéressant. (1)
Das Tagebuch, <u>in dem</u> Béatrice von ihren Erfahrungen berichtet, ist sehr interessant.

Le projet **auquel** elle a participé a été très enrichissant. (2)
Das Projekt, <u>an dem</u> sie teilgenommen hat, hat ihr viel gebracht.

Voilà la raison **pour laquelle** elle voudrait retourner au Togo, un jour. (3)
Dies ist der Grund, <u>weshalb</u> sie eines Tages nach Togo zurückkehren möchte.

Lequel wird vor allem dann verwendet, wenn das Bezugswort eine Sache ist.
Lequel wird in Verbindung mit Präpositionen verwendet, z. B.: *dans* (Satz 1), *à* (Satz 2), *pour* (Satz 3), aber auch mit präpositionalen Ausdrücken wie: *à côté de, en face de, à l'aide de,* usw.

Le jeune Togolais **à qui** (auquel) elle écrit de temps en temps, termine son apprentissage. (4)
Der junge Tongolaner, <u>dem</u> sie manchmal schreibt, beendet seine Lehre.

C'est le garçon **pour qui** (pour lequel) Béatrice garde tous les timbres. (5)
Dies ist der Junge, <u>für den</u> sie alle Briefmarken aufhebt.

Ist das Bezugswort eine Person (Sätze 4 und 5), verwendet man die Präposition + *qui*.
Lequel wird nur verwendet um Verwechslungen auszuschließen:
*J'ai vu la sœur de Patrick **avec laquelle** je suis allé boire un verre.*
Avec qui wäre hier doppeldeutig, da sich *qui* sowohl auf *la sœur* als auch auf *Patrick* beziehen kann.

De jeunes Européens **parmi lesquels** il y avait des Allemands, ont construit une école.
Les hommes **entre lesquels** elle doit choisir…

ATTENTION In Verbindung mit *parmi* und *entre* steht <u>immer</u> *lequel,* auch in Bezug auf Personen.

*Le cinéma **près duquel** j'habite ...*

aber:

*Le cinéma **dont** je t'ai parlé ...*

ATTENTION Für „einfache" Ergänzungen mit *de* steht *dont*. *Lequel* verwendest du hingegen bei Präpositionalgruppen mit *de*: *en face de, à l'aide de, près de,* usw.

2.6 Ce qui, ce que, ce à quoi, ce dont

Für das deutsche Relativpronomen was gibt es im Französischen zwei Ausdrücke: *ce qui* und *ce que*.

*Dis-moi **ce qui** est juste.*
Sag mir, was richtig ist.

Ce qui ist das Subjekt des Relativsatzes.
Auf *ce qui* folgt ein Verb des Relativsatzes.

*Dites-moi **ce que** vous avez fait dimanche.*
Sagt mir, was ihr am Sonntag getan habt.

Ce que ist das direkte Objekt des Relativsatzes.
Auf *ce que* folgt das Subjekt des Relativsatzes.
Vor Vokal wird *ce que* zu *ce qu'* verkürzt.

Die verschiedenen Möglichkeiten was auszudrücken, kannst du auf S. **114** nachschlagen.

Zusatzinformation

*Elle s'excuse **de ce qu'**elle a fait.*
*Vous êtes responsable **de ce que** vous dites.*
*Je pense **à ce que** tu m'as dit hier soir ...*

Wenn das Verb im Hauptsatz eine Ergänzung mit *à* oder *de* verlangt, tritt zu *ce que* die entsprechende Präposition (*de* oder *à*) hinzu.

3 Die Interrogativpronomen
Les pronoms interrogatifs

In diesen Abschnitten lernst du die verschiedenen Interrogativpronomen kennen. Wenn du wissen möchtest, wie man einen Fragesatz bildet, → **159** ff.

3.1 Frage nach Personen
L'interrogation portant sur les personnes

Qui est parti le premier?
Qui est-ce qui est parti le premier?

Wer ist als Erster gegangen?

Qui kann Subjekt oder Objekt des Fragesatzes sein.

Qui a-t-elle rencontré à Paris?
Qui est-ce qu'elle a rencontré à Paris?

Wen hat sie in Paris getroffen?

Qui est-ce qui ist immer Subjekt des Fragesatzes.
Qui est-ce que ist immer Objekt des Fragesatzes.

De qui s'agit-il?	*De qui est-ce qu'il s'agit?*	Um wen ...?
À qui pensez-vous?	*À qui est-ce que vous pensez?*	An wen ...?
Pour qui est-ce?	*Pour qui est-ce que c'est?*	Für wen ...?

Qui und *qui est-ce que* kannst du zusammen mit Präpositionen verwenden.

Qui a-t-elle rencontré?
Qui cherche-t-elle?

ATTENTION *Qui* als Objekt des Fragesatzes erfordert eine Inversion des Subjekts.

3.2 Fragen nach Sachen
L'interrogation portant sur les choses

Qu'est-ce qui se passe ici?	Was geht hier vor?

Qu'est-ce qui ist immer Subjekt des Fragesatzes.

Qu'est-ce que tu fais?	Was machst du?
Que fais-tu?	

Qu'est-ce que, *que* und *quoi* sind Objekt des Fragesatzes. *Que* als Objekt des Fragesatzes erfordert eine Inversion des Subjekts: *Que fais-tu?*

Tu fais quoi?

Quoi steht am Satzende. Die Frage mit *quoi* ist umgangssprachlich.

De quoi s'agit-il?	Worum ...?
À quoi penses-tu?	Woran ...?
Avec quoi fais-tu cela?	Womit ...?

In Verbindung mit Präpositionen verwendest du *quoi*.

MERKE

Person	*Qui*	*est-ce*	*qui?*
	Qui	*est-ce*	*que?*
			Objekt
Sache	*Qu'*	*est-ce*	*que?*
	Qu'	*est-ce*	*qui?*

3.3 Auswahlfragen
L'interrogation portant sur un choix

Mit *lequel* fragst du nach Personen oder Sachen, die du aus einer Gruppe auswählst.
Lequel hat dieselben Formen wie das entsprechende Relativpronomen → **107**/2.5.

Beim Gebrauch dieses Pronomens musst du an zwei Dinge denken:

Parmi ces <u>fleurs</u>, lesquelles vont avec un vase jaune?

– Welches Nomen wird durch das Pronomen ersetzt? Danach richten sich Geschlecht und Zahl von *lequel*.

Ces deux <u>livres</u> sont très beaux:
Lequel prendrais-tu?
Lequel est-ce que tu prendrais?

J'ai toute une liste d'<u>hôtels</u>.
Mais auxquels écrire?

– Ist dieses Nomen Subjekt oder Objekt des Fragesatzes? Wenn *lequel* Objekt des Fragesatzes ist, musst du dir das Verb genau ansehen:
Zieht dieses Verb eine Präposition nach sich (z. B. *écrire à*)? Dann musst du *lequel* auch mit der entsprechenden Präposition kombinieren (also: *auquel*).

4 Das Demonstrativpronomen
Le pronom démonstratif

1. Formen

Das Demonstrativpronomen hat vier Formen:

celui	celle
ceux	celles

2. Gebrauch

Est-ce que cette robe te plaît?
Celle-là? Non, pas du tout.

J'aime bien ce t-shirt à 300 F.
Moi, je préfère celui à 200 F, là-bas.

Est-ce que ce sont tes livres?
Ce sont ceux de ma sœur.

J'aime beaucoup ces photos.
Moi, je préfère celles que j'avais prises l'année dernière.

Anders als das deutsche dieser/diese können *celui, celle/s* und *ceux* nicht allein stehen. Sie ziehen nach sich:

– *-ci* (hier) oder *-là* (dort): *celui-ci* (dieser hier), *celui-là* (dieser dort)
– eine Ergänzung mit Präposition: *celui à 100 F, ceux de ma sœur.*
– einen Relativsatz: *celles que j'avais prises …*

5 Die Possessivpronomen
Les pronoms possessifs

1. Formen

Singular		Plural	
le mien	la mienne	les miens	les miennes
le tien	la tienne	les tiens	les tiennes
le sien	la sienne	les siens	les siennes
le nôtre	la nôtre	les nôtres	
le vôtre	la vôtre	les vôtres	
le leur	la leur	les leurs	

Die Possessivpronomen stehen immer mit dem bestimmten Artikel.

2. Gebrauch

Tu me prêtes ta valise, s'il te plaît? La mienne est trop petite.
Leihst du mir deinen Koffer? Meiner ist zu klein.
J'ai trouvé ce stylo dans la voiture. Est-ce que c'est le tien?
Ich habe diesen Stift im Auto gefunden. Ist das deiner?
Non, le mien est vert.
Nein, meiner ist grün.

Possessivpronomen richten sich in Geschlecht und Zahl nach dem Nomen, das sie vertreten.

Ist das dein oder mein Buch?
*C'est ton livre ou **le mien**?*

Anders als im Deutschen können im Französischen nicht zwei Possessivbegleiter *(mon, ton, son,* usw.) vor einem Nomen stehen.

Begleiter	Possessivpronomen
notre – votre	*nôtre – vôtre*
[nɔtr] – [vɔtr]	[notr] – [votr]

ATTENTION Possessivbegleiter *(notre/votre)* und Possessivpronomen *(le nôtre/le vôtre)* werden unterschiedlich geschrieben und ausgesprochen.

6 Die Indefinitpronomen
Les pronoms indéfinis

Indefinitpronomen stehen für eine nicht näher bestimmte Person (z. B. jemand) oder Sache (z. B. etwas). Im Französischen gibt es eine Reihe von Indefinitpronomen.

6.1 *Tout le monde, tout*

C'est un écrivain célèbre. **Tout le monde** *le connaît.*
Das ist ein berühmter Schriftsteller. Jeder kennt ihn.
Ce livre s'adresse à **tout le monde.**
Das Buch wendet sich an alle.

J'ai **tout** *vu.*
Ich habe alles gesehen.
Tout *m'a plu.*
Alles hat mir gefallen.

Tout le monde bedeutet alle/jeder ohne dass man an eine bestimmte Gruppe von Personen denkt. *Tout le monde* kann Subjekt oder Objekt des Satzes sein und kann mit oder ohne Präpositionen verwendet werden.
Tout le monde als Subjekt steht immer mit dem Verb im Singular!
Tout (alles) ist unveränderlich. *Tout* kann Subjekt oder Objekt des Satzes sein. In zusammengesetzten Zeiten steht *tout* als direktes Objekt
– vor dem Partizip: *J'ai tout vu.*
– und außerhalb der Verneinungsklammer:
  Je n'ai pas tout vu.

On fait **tout ce qui** *est possible.*
Je ferai **tout ce que** *je pourrai.*

Relativsätze schließt du mit *ce qui* und *ce que* an.

MERKE

alle/jeder	→	*tout le monde*
die ganze Welt	→	*le monde entier*

6.2 *Chacun/chacune, tous/toutes*

Chacun *de vous a déjà fait cette expérience.*
Il a demandé l'avis de **chacune.**

Chacun/chacune bezeichnet jeden/jede Einzelne aus einer (bekannten) Gruppe. Häufig wird diese (bekannte) Gruppe in einer *de*-Ergänzung angegeben: *chacun de nous.*

ATTENTION *Chacun* steht nur in bejahten Sätzen.
Die Verneinung von *chacun* ist *ne … pas … un seul* → **169**/2.1.

Pour son anniversaire, Mariam a invité

tous les garçons   et toutes les filles de sa classe.
       ↓   ↓
Elles les a tous invités.   Elle les a toutes invitées.   (1)
       Sie hat sie alle eingeladen.

Tous sont venus.   Toutes ne sont pas venues.   (2)
Alle sind gekommen.   Nicht alle sind gekommen.

Ils sont tous venus.   Elles ne sont pas toutes venues.   (3)
Sie sind alle gekommen.   Sie sind nicht alle gekommen.

Tous [tus] steht für männliche Personen oder Sachen im Plural.
Toutes [tut] steht für weibliche Personen oder Sachen im Plural.
Im Deutschen verwendest du beide Male das Pronomen alle.

In den Sätzen (2) und (3) ist *tous/toutes* Subjekt.
Als Subjekt kann *tous/toutes* an zwei Stellen stehen: vor dem Verb **(*Toutes* ne sont pas venues.)** oder als prädikative Ergänzung **(*Ils* sont **tous** venus.)**.

In Satz (1) ist *tous/toutes* direktes Objekt. Als direktes Objekt wird *tous/toutes* immer zusammen mit dem Objektpronomen *les* verwendet.

Jeder, der schon einmal diese Erfahrung gemacht hat ... →
Tous ceux qui ont déjà fait cette expérience ...

ATTENTION Vor einem Relativsatz (... der schon einmal ...) steht *tous ceux qui* ... oder *toutes celles qui* ..., nicht *chacun/e*.

6.3 Quelqu'un, quelque chose, quelques-uns/unes

Quelqu'un a frappé.
J'entends **quelqu'un** parler.
Tu as parlé à **quelqu'un**?

Quelque chose m'a réveillé.
J'ai entendu **quelque chose**.
Tu as besoin de **quelque chose**?

Quelqu'un (jemand) steht für Personen, *quelque chose* (etwas) steht für Sachen. *Quelqu'un* und *quelque chose* können Subjekt, direktes oder indirektes Objekt des Satzes sein.
Sie stehen nur in bejahten Sätzen. In verneinten Sätzen steht *ne ... personne* bzw. *ne ... rien* → **169**/2.1.

Regarde ces photos.
Quelques-unes sont très réussies.

J'aime beaucoup Verlaine. J'ai appris **quelques-uns** de ses poèmes par cœur.

Quelques-uns/-unes (einige) gleichst du im Geschlecht an das Nomen an, das es vertritt.
Quelques-uns/-unes kann Subjekt oder Objekt des Satzes sein.
Quelques-uns/-unes steht nur in bejahten Sätzen. In verneinten Sätzen steht *ne ... aucun/e* → **169**/2.1.

6.4 N'importe qui, n'importe quoi, n'importe lequel

Tu peux poser cette question à **n'importe qui**.   irgend jemand

Il a répondu **n'importe quoi**.   irgend etwas

– Je mange tous les fruits.
– **N'importe lesquels**?   irgendwelche
– Oui

N'importe kannst du noch mit anderen Pronomen und Fragewörtern kombinieren, z. B.: *n'importe où* (irgendwo), *n'importe comment* (irgendwie).
Achte bei *n'importe lequel* auf die Angleichung in Geschlecht und Zahl an das Nomen, das *lequel* ersetzt (hier: *les fruits*).

Die Pronomen / *Les pronoms*

7 Hinweise zur Vermeidung von Fehlern

Im Deutschen wird häufig das unpersönliche *es* zum Einleiten von Sätzen verwendet.
Wie übersetzt du es ins Französische?

Du willst sagen:	Das heißt auf Französisch:
<u>Es fehlen</u> noch 2 Beispiele.	***Il manque*** *encore 2 exemples.*
<u>Es bleiben</u> noch 200 FF übrig.	***Il reste*** *encore 200 FF.*

Steht das unpersönliche *es* für ein Nomen (hier: 2 Beispiele / 200 FF) übersetzt du es am besten mit *il*. Dabei musst du beachten, dass sich das Verb des französischen Satzes – im Unterschied zum Verb des deutschen Satzes – nach *il* richtet.

<u>Es ist klar</u>, dass sie Recht hat.	*C'est (Il est) **évident** qu'elle a raison.*
<u>Es ist wahr</u>, dass ich mich getäuscht habe.	*C'est (Il est) **vrai** que je me suis trompé/e.*
<u>Es ist schade</u>, dass Sie nicht frei sind.	*C'est **dommage** que vous ne soyez pas libre.*
<u>Es ist dumm</u> so zu reagieren.	*C'est **une bêtise** de réagir ainsi.*
<u>Es ist richtig/falsch/ärgerlich</u> …	*C'est **juste/faux/ennuyeux** …*

Willst du Sätze mit *Es ist + Adjektiv* übersetzen, so kannst du *es ist* immer mit *c'est* übersetzen. Vor einigen Adjektiven kann im Französischen auch das unpersönliche *il est* stehen; *c'est* steht aber immer, wenn das unpersönliche *il est* (es ist) zu Verwechslungen mit dem persönlichen *il est* (er ist) führen könnte: z. B. *Il est ennuyeux* … heißt: <u>Er</u> ist langweilig … und nicht: <u>Es</u> ist langweilig …

<u>Es ist mir peinlich</u> unpünktlich zu sein.	*Cela (ça) me gêne d'être en retard.*
<u>Es passt mir gut</u>, dass er kommt.	*Cela (ça) m'arrange qu'il vienne.*
<u>Es</u> macht nichts.	*Ça ne fait rien.*
<u>Es</u> geht nicht.	*Ça ne va pas.*
<u>Es</u> geht dich nichts an.	*Ça ne te regarde pas.*
<u>Es</u> kommt darauf an.	*Ça dépend.*
<u>Es</u> tut mir weh.	*Ça me fait mal.*

Ce steht nur vor *être*. Vor anderen Verben steht immer *cela* oder *ça* → **103**/1.8.

<u>Es</u> ist ein Brief für Sie angekommen.	*Une lettre est arrivée pour vous.*
<u>Es</u> sind viele Leute gekommen.	*Beaucoup de personnes sont venues.*
<u>Es</u> klingelt/klopft.	*On sonne/frappe.*

Sätze mit dem unpersönlichen *es* werden im Deutschen häufiger gebraucht als im Französischen. Nicht immer können sie auch als unpersönliche Sätze ins Französische übersetzt werden.

Wie übersetzt du was ins Französische?

Du willst sagen: | Das heißt auf Französisch:

Was liegt unter dem Bett? | *Qu'est-ce qui se trouve sous le lit?*
Was hat sie gesagt? | *Qu'est-ce qu'elle a dit?*
Was für ein Buch liegt unter dem Bett? | *Quel livre se trouve sous le lit?*
Was für eine Kassette hat sie gekauft? | *Quelle cassette a-t-elle achetée?*

In diesen Sätzen ist Was? (Was für ein …?) ein Fragepronomen, mit dem du nach Sachen fragst: *Qu'est-ce qui?* (die Sache ist Subjekt), *Qu'est-ce que?* (die Sache ist Objekt). In den letzten beiden Sätzen willst du Genaueres erfahren und fragst deshalb mit *quel?*

Madeleine hat mir erzählt, was passiert ist. | *Madeleine m'a raconté ce qui s'est passé.*
Jean hat vergessen, was er kaufen sollte. | *Jean a oublié ce qu'il devait acheter.*

Hier ist was Relativpronomen und ersetzt das Subjekt *(ce qui)* oder das Objekt *(ce que)* im Relativsatz.

Das Fragepronomen was kann mit verschiedenen Präpositionen kombiniert werden:

an was (woran) | *à quoi*
auf was (worauf) | *sur quoi*
aus was (woraus) | *de quoi, en quoi*
für was (wofür) | *pourquoi*
in was (worin) | *dans quoi, en quoi*
mit was (womit) | *avec quoi*
nach was (wonach) | *après quoi, d'après quoi*
über was (worüber) | *sur quoi, de quoi*
von was (wovon) / vor was (wovor) | *de quoi*
zu was (wozu) | *à quoi*

Zwei Pronomen beim Verb:

Du hast gelernt, dass du bei der Verwendung von zwei Pronomen im französischen Satz eine bestimmte Reihenfolge der Pronomen beachten musst. Diese Reihenfolge ist nicht immer dieselbe wie im Deutschen → **101**/1.7.

Du willst sagen: | Das heißt auf Französisch:

Das Bild? Er zeigt es mir. | *Il **me le** montre.*
Den Computer? Sie kauft ihn uns. | *Elle **nous l'**achète.*
Die Kassetten? Sie gibt sie euch. | *Elle **vous les** donne.*

8

Die Präpositionen
Les prépositions

Präpositionen (z. B. über, unter, vor usw.) bezeichnen das Verhältnis von Personen oder Dingen zueinander und heißen deshalb auf deutsch auch Verhältniswörter.

Hier erfährst du etwas über:

- die Form der Präpositionen oder
  präpositionalen Ausdrücke   *à, de, à côté de, près de*, etc.   1
- den Gebrauch wichtiger Präpositionen,   z. B. *à, en, chez, dans ...*   2
- den Unterschied zwischen einigen
  Präpositionen und Konjunktionen   *avant/avant que, depuis/
                                      depuis que*, usw.   3

Die Hinweise zur Vermeidung von Fehlern findest du in Abschnitt   4
Sie sagen dir, wie du bestimmte Präpositionen ins Französische übersetzt.

1 Die Form der Präpositionen
La forme des prépositions

à	chez	derrière	hors
après	contre	devant	jusque
avant	dans	en	parmi
avec	de	entre	sous
	dès		sur …

Es gibt Präpositionen, die aus einem Wort bestehen.

à cause de	à gauche de	en face de
à côté de	à partir de	grâce à
au-dessous de	à travers	loin de …
à droite de	en dehors de	

Und es gibt präpositionale Ausdrücke, die aus mehreren Wörtern bestehen.

Il va **au** zoo.
Le zoo se trouve **près du** parc.

Die Präpositionen *à* und *de* musst du – auch wenn sie Teil eines präpositionalen Ausdrucks sind *(près de, à côté de, jusqu'à)* – mit den nachfolgenden bestimmten Artikeln *le* oder *les* zusammenziehen. Mit den bestimmten Artikeln *la* und *l'* werden *à* und *de* nicht zusammengezogen.
Siehe dazu auch: der Begleiter und das Nomen, → **9/2.2**.

MERKE Außer *à* und *de* sind alle anderen Präpositionen unveränderlich.

2 Der Gebrauch der Präpositionen
L'emploi des prépositions

Mit Hilfe von Präpositionen kannst du:

Elle est née **au** mois de mai.	… <u>im</u> Mai	– einen Zeitpunkt
Il chante **depuis** trois heures.	… <u>seit</u> 3 Stunden	– eine Zeitdauer
Il habite **à** Paris.	… <u>in</u> Paris	– einen Ort
Elle va **à** Bordeaux.	… <u>nach</u> Bordeaux	– eine Richtung
Elle lave le pull **à** la main.	… <u>mit</u> der Hand	– das Mittel
Nous rentrons **à cause de** la pluie.	… <u>wegen</u> des Regens	– einen Grund
La chaise est **en** bois.	… <u>aus</u> Holz	– das Material angeben.

MERKE

Je suis **contre**.
Il est **pour**.

Einige Präpositionen kannst du auch alleinstehend benutzen. Aus den vorhergehenden Sätzen oder dem Textzusammenhang ist aber klar, worauf sich die Präposition inhaltlich bezieht.
Zu diesen Präpositionen zählen: *avec, après, avant, contre, depuis, derrière, devant, pour.*

2.1 Der Gebrauch einiger Präpositionen
L'emploi de certaines prépositions

Hier findest du die häufigsten französischen Präpositionen und ihren Gebrauch. Da der Gebrauch der französischen Präpositionen nicht immer dem der deutschen entspricht, werden die meisten Fehler bei der Auswahl der Präpositionen gemacht. Lerne deshalb die wichtigsten Verbindungen am besten auswendig.

1. Du willst einen Ort angeben (Frage: Wo?)

à	la campagne	auf dem Land
à	la maison	zu Hause
à	Paris	in Paris
à côté de	l'école	neben der Schule
à droite de / à gauche de	la piscine	rechts / links vom Schwimmbad
au milieu de	la ville	inmitten der Stadt
autour de	la ville	um die Stadt herum
chez	Valérie	bei Valérie
dans	la cuisine	in der Küche
dans	la rue	auf der Straße
de	Paris / France	aus Paris / Frankreich
de	Metz à Nancy	von Metz bis Nancy
derrière	la maison	hinter dem Haus
devant	la maison	vor dem Haus
en	France / Normandie	in Frankreich / der Normandie
en	ville	in der Stadt
entre	Grenoble et Marseille	zwischen Grenoble und Marseille
loin de	Paris	weit von Paris
près de	l'école	in der Nähe der Schule
sous	la table	unter dem Tisch
sur	la chaise	auf dem Stuhl
sur	la Loire	an der Loire

2. Du willst eine Richtung angeben (Frage: Wohin?)

à	l'école	in die Schule
à	la gare	zum Bahnhof
à	la maison	nach Hause
à	Paris	nach Paris
au	Portugal	nach Portugal
chez	Valérie	zu Valérie
dans	la cuisine	in die Küche
en	France	nach Frankreich
jusqu'à	la Seine	bis zur Seine
vers	Fabien	auf Fabien zu

3. Du willst einen Zeitpunkt angeben (Frage: Wann?)

à	*deux heures*	<u>um</u> zwei Uhr
à	*demain*	<u>bis</u> morgen
à	*Noël*	<u>an</u> Weihnachten
à	*midi*	mittags
à	*12 ans*	<u>im</u> Alter von 12 Jahren
à partir de	*lundi*	<u>ab</u> Montag / <u>von</u> Montag <u>an</u>
après	*Noël*	<u>nach</u> Weihnachten
au	*printemps*	<u>im</u> Frühling
au	*15ème siècle*	<u>im</u> 15. Jahrhundert
avant	*le ciné*	<u>vor</u> dem Kino (Beginn der Vorstellung)
dans	*20 minutes*	<u>in</u> 20 Minuten
dès	*1987*	<u>seit</u> 1987 / <u>von</u> 1987 <u>an</u>
en	*mars*	<u>im</u> März
en	*été*	<u>im</u> Sommer
en	*1989*	(<u>im</u> Jahre) 1989
entre	*2 et 3 heures*	<u>zwischen</u> 2 und 3 Uhr
il y a	*2 mois*	<u>vor</u> 2 Monaten
jusqu'à	*5 heures*	<u>bis</u> 5 Uhr
vers	*6 heures*	<u>gegen</u> 6 Uhr

4. Du willst eine Zeitdauer angeben (Frage: Wie lange?)

à	*2 minutes d'ici*	2 Minuten <u>von</u> hier
de	*3 à 5*	<u>von</u> 3 <u>bis</u> 5
depuis	*une heure*	<u>seit</u> einer Stunde
en	*10 minutes*	<u>in</u> (innerhalb von) 10 Minuten
pendant	*une heure*	eine Stunde <u>lang</u>
pendant	*les vacances*	<u>während</u> der Ferien
pour	*2 ans*	<u>für</u> 2 Jahre / 2 Jahre <u>lang</u>

5. Du willst ein Mittel angeben (Frage: Womit?)

à	*pied / vélo*	<u>zu</u> Fuß / <u>mit</u> dem Fahrrad
à	*la main*	<u>mit</u> der Hand
au	*crayon*	<u>mit</u> einem Bleistift
avec	*un marteau*	<u>mit</u> einem Hammer
en	*voiture / bus / train / avion / bateau / métro*	<u>mit</u> dem Auto / Bus / Zug / Flugzeug / Schiff / der U-Bahn

6. Du willst ein Material angeben (Frage: Woraus?)

de/en	*soie / laine / bois / verre*	<u>aus</u> Seide / Wolle / Holz / Glas

Die Präpositionen / *Les prépositions*

7. Du willst einen Grund / eine Ursache angeben (Frage: Weswegen?)

à cause de	l'école	wegen der Schule
de	faim / soif / froid / fatigue	vor Hunger / Durst / Kälte / Müdigkeit
grâce à	ma sœur	dank meiner Schwester
malgré	la maladie	trotz der Krankheit
par	amour / pitié / expérience / manque de temps	aus Liebe / Mitleid / Erfahrung / Zeitmangel

3 Präposition oder Konjunktion?
Préposition ou conjonction?

Präpositionen verbinden Wörter miteinander.
Konjunktionen leiten einen Nebensatz ein. Die wichtigsten Konjunktionen findest du → **143** f/4.1–4.6.

Im Deutschen können einige Präpositionen auch als Konjunktionen verwendet werden. Im Französischen musst du Präpositionen und Konjunktionen der Form nach unterscheiden. Konjunktionen verwendest du immer zusammen mit *que*.

depuis / depuis que
Cet élève travaille beaucoup mieux **depuis** les vacances. ... seit den Ferien
Elle danse très bien le tango **depuis qu'**elle participe à un cours à la M.J.C. ... seit sie an einem Kurs teilnimmt

pendant / pendant que
On ne doit pas faire ses devoirs de maths **pendant** le cours de géo. ... während der Geografiestunde
Les filles rangeaient la cuisine **pendant que** les garçons passaient l'aspirateur. ... während die Jungen Staub saugten

MERKE

Präposition		Konjunktion		
afin de	um	afin que	(+ subjonctif)	damit
après	nach	après que		nachdem
avant de	vor	avant que	(+ subjonctif)	bevor
dès	seit	dès que		sobald
jusqu'à	bis	jusqu'à ce que	(+ subjonctif)	bis dass
malgré	trotz	malgré que	(+ subjonctif)	obwohl
pour	für / um zu	pour que	(+ subjonctif)	damit
sans	ohne	sans que	(+ subjonctif)	ohne dass

4 Hinweise zur Vermeidung von Fehlern

Einige deutsche Präpositionen werden je nach Bedeutung sehr unterschiedlich ins Französische übersetzt:

an:	<u>an</u> der Loire	*sur* la Loire
	<u>an</u> die Tafel (schreiben)	(écrire) *au* tableau
	<u>am</u> Tag/Abend	*le* jour/soir
	<u>an</u> Weihnachten	*à* Noël
auf:	<u>auf</u> der Treppe	*dans* l'escalier
	<u>auf</u> der Welt	*dans* le monde
	<u>auf</u> dem Land	*à* la campagne
	<u>auf</u> den Boden (fallen)	(tomber) *par* terre
aus:	<u>aus</u> Paris / Frankreich	*de* Paris/France
	<u>aus</u> einer Tasse trinken	boire *dans* une tasse
	<u>von</u> einem Teller essen	manger *dans* une assiette
	etw. <u>aus</u> dem Schrank nehmen	prendre qc *dans* l'armoire
	<u>aus</u> Holz	*en/de* bois
	<u>aus</u> Angst	*de* peur
	<u>aus</u> Erfahrung	*par* expérience
	<u>aus</u> diesem Grund	*pour* cette raison
in:	<u>in</u> die Schule (gehen) (wohin?)	(aller) *à* l'école
	<u>in</u> der Schule (sein) (wo?)	(être) *à* l'école
	<u>im</u> 15. Jahrhundert	*au* 15ème siècle
	<u>im</u> März	*en* mars
	<u>in</u> 10 Minuten (innerhalb von)	*en* 10 minutes
	<u>in</u> 3 Monaten (nach Ablauf von)	*dans* 3 mois
	<u>in</u> der nächsten Woche	la semaine prochaine
mit:	<u>mit</u> der Post	*par* la poste
	<u>mit</u> Matthieu	*avec* Matthieu
	<u>mit</u> der Hand (schreiben)	(écrire) *à* la main
nach:	<u>nach</u> Amerika fahren	partir *pour* l'Amérique / *en* Amérique
	<u>nach</u> den Ferien	*après* les vacances
vor:	<u>vor</u> dem Haus	*devant* la maison
	<u>vor</u> 8 Uhr	*avant* 8 heures
	<u>vor</u> 2 Wochen	*il y a* 2 semaines
	<u>vor</u> Angst	*de* peur
zu:	<u>zu</u> Hause	*chez* soi / *à* la maison
	<u>zur</u> Schule	*à* l'école
	<u>zum</u> Zahnarzt	*chez* le dentiste
	<u>zum</u> ersten Mal	*pour* la première fois
	<u>zu</u> Fuß	*à* pied
	<u>zum</u> Vergnügen	*pour* le plaisir

9

Der Satz und seine Bestandteile
La phrase et ses composantes

In den vorhergehenden Kapiteln dieser Grammatik hast du viele einzelne Wortarten kennen gelernt: Nomen und Pronomen, Adjektive und Adverbien, Verben und Zahlwörter. All diese Wortarten sind „Bausteine", die du brauchst um Sätze bilden zu können. In diesem Teil der Grammatik kannst du nun nachschlagen, wie du Sätze bildest und welche Rolle Wörter in ihnen spielen können.

Am Beispiel des Aussagesatzes werden die Bestandteile, die Sätze haben können, erklärt:

Les élèves	*apprennent le français.*
Subjekt	Prädikat

Ein vollständiger Aussagesatz besteht aus einem Subjekt und einem Prädikat.

Häufig besteht das Prädikat aus einem Verb *(apprennent)* und einer oder mehreren Ergänzungen *(le français)*.
Für französische Sätze gibt es eine Reihe von festen Stellungsregeln.
Dies bedeutet, dass du bestimmte Satzteile nur in einer bestimmten Reihenfolge im Satz benutzen kannst.

Die normale Stellung der Satzteile in einem Aussagesatz ist:
Subjekt + Verb (+ Ergänzung).
Das kennst du aus dem Englischen:
Subject + Verb + Object.

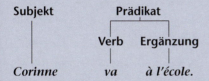

In den folgenden Abschnitten erhältst du Informationen

– zum Subjekt und seiner Stellung im Satz:	*Elle apprend le français.* *Peut-être va-t-elle passer* *ses vacances en France.*	1
– zu einzelnen Ergänzungen, und zwar		
– zum direkten Objekt:	*Hélène achète **un cadeau**.*	2.1
– zum indirekten Objekt:	*Elle l'offre **à sa cousine**.*	2.1
– zur Stellung der Objekte im Satz:	*Elle achète <u>un livre</u> **à sa sœur**.*	2.1
– zu den adverbialen Bestimmungen:	*Hélène habite **à Grenoble**.*	3
– zu den Infinitivergänzungen:	*Elle aime **habiter en ville**.*	4

1 Das Subjekt und seine Stellung
Le sujet et sa place

Subjekt eines Satzes können ein einzelnes Wort, aber auch Wortgruppen oder Sätze sein:

Joëlle fait du sport.	– Eigenname
Elle fait du sport.	– Subjektpronomen
Les filles vont danser.	– Nomen mit Begleiter
Voyager est très agréable.	– Infinitiv
Ce qu'il vient de dire ne me plaît pas.	– Nebensatz

Das Subjekt erfragst du mit Wer? oder Was?
Das Subjekt steht im französischen Aussagesatz immer vor dem Verb.

Von dieser Regel gibt es zwei Abweichungen. Du musst das Verb vor das Subjekt stellen:

«Au revoir», **dit-elle**.	– nach der direkten Rede,
Peut-être **va-t-elle** revenir bientôt. Sans doute **avez-vous** raison. À peine **était-elle** rentrée, que le téléphone se mit à sonner. Aussi se **dépêcha-t-elle**.	– nach den Adverbien *peut-être, sans doute, à peine, aussi* (so, deshalb), wenn sie am Satzanfang stehen. Diese Umkehrung der Reihenfolge Subjekt-Verb nennt man Inversion.

MERKE

Bei den Adverbien *peut-être* und *sans doute* kannst du die Inversion vermeiden:

*Vous avez **sans doute** raison.* *Vous avez **peut-être** raison.*	– indem du diese Adverbien nicht an den Satzanfang, sondern hinter das Verb stellst;
*Peut-être **que** vous avez raison.* *Sans doute **que** vous avez raison.*	– indem du *que* nach dem Adverb am Satzanfang einfügst. Vor allem die zweite Möglichkeit kannst du oft im gesprochenen Französisch hören. Im gesprochenen Französisch ist die Inversion in Aussagesätzen selten.

Zusatzinformation

***Probablement** n'a-t-il plus faim.* → *Il n'a **probablement** plus faim.* ***Au moins** avons-nous bien mangé.* → *Nous avons bien mangé **au moins**.*	Auch nach den Adverbien *ainsi* (so), *au moins, du moins* (wenigstens), *encore* (noch) oder *probablement* (wahrscheinlich) steht häufig die Inversion, wenn diese Adverbien am Satzanfang stehen. Die Inversion kannst du vermeiden, wenn du die Adverbien umstellst.

2 Das Prädikat
Le prédicat

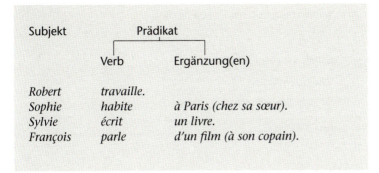

Das Prädikat eines Satzes besteht aus einem Verb oder aus einem Verb mit Ergänzung(en).

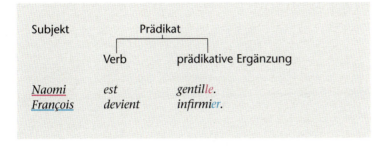

Den Verben *être, devenir, sembler, rester* und *paraître* folgt eine prädikative Ergänzung. Diese prädikative Ergänzung bezieht sich auf das Subjekt. Sie kann aus einem Nomen (mit oder ohne Begleiter) oder einem Adjektiv bestehen. Die Ergänzung wird immer in Geschlecht (männlich/weiblich) und Zahl (Singular/Plural) dem Subjekt angeglichen.

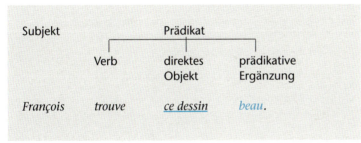

Manche Verben mit direktem Objekt können eine prädikative Ergänzung mit sich führen, die sich auf das direkte Objekt bezieht.
Die wichtigsten Verben sind *trouver, rendre, croire*.
Die prädikative Ergänzung gleichst du in diesem Fall dem direkten Objekt an *(ce dessin)*.

Wenn du mehr über die Angleichung der prädikativen Ergänzungen im Satz wissen möchtest → **34**/2.

2.1 Die Ergänzungen des Verbs und ihre Stellung
Les compléments du verbe et leur place

Verben können die folgenden Ergänzungen haben:

*Les jeunes regardent **la télé**.*	– ein direktes Objekt,
*Elle téléphone **à Joseph**.*	– ein indirektes Objekt mit **à**,
*Ils parlent **de Maurice**.*	– ein indirektes Objekt mit **de**,
*Elles vont **au cinéma**.*	– eine adverbiale Bestimmung,
*Ils aiment **nager**.*	– eine Infinitivergänzung.

TIPP In → **86**/1 findest du eine Liste häufig gebrauchter Verben mit ihren Ergänzungen. Wenn du also nicht genau weißt, welche Ergänzungen ein bestimmtes Verb haben kann, schlage dort nach.
Wenn dir hingegen die Begriffe „direktes Objekt", „indirektes Objekt" usw. nicht geläufig sind, dann lies dir die folgenden Abschnitte durch.

1. Das direkte Objekt

Das direkte Objekt heißt so, weil es direkt, das heißt ohne Präposition, an das Verb angeschlossen ist.
Direktes Objekt eines Verbs können ein einzelnes Wort, Wortgruppen oder Sätze sein, z. B.:

*Hélène achète **un cadeau**.*	– ein Nomen mit Begleiter,
*Naomi rencontre **Fabien**.*	– ein Eigenname,
*Elle **le** rencontre.*	– ein direktes Objektpronomen,
*Elle demande à Fabien **ce qu'il a fait hier**.*	– ein Relativsatz.

Nach dem direkten Objekt eines Satzes fragst du mit Wen? oder Was?
In bestimmten Fällen gleichst du in zusammengesetzten Zeiten das Partizip Perfekt dem direkten Objekt an
→ **76**/4.11 (2).

2. Das indirekte Objekt

Das indirekte Objekt schließt du mit einer Präposition – meist *à* oder *de* – an das Verb an.
Indirektes Objekt kann sein:

*Elle téléphone **à sa copine**.*	– ein Nomen mit Begleiter,
*Elle parle **de Louise**.*	– ein Eigenname,
*Elle **lui** parle.*	– ein indirektes Objektpronomen,
*Elle pense souvent **à eux**.*	– ein unverbundenes Personalpronomen,
*Elle s'intéresse **à ce qu'elle fait**.*	– ein Relativsatz.

3. Die Stellung der Objekte im Satz

*Corinne a acheté **un livre**.* *Corinne a parlé <u>à Adrien</u>.* *Corinne a donné **son livre** <u>à Adrien</u>.*	Die direkten und die indirekten Objekte stehen im Aussagesatz nach dem Verb. Das direkte Objekt steht vor dem indirekten Objekt.
Il parle <u>à sa copine</u> de son sport préféré. *Il a parlé de ses projets <u>à M. et Mme Forestier</u>.*	Manche Verben können auch zwei indirekte Objekte mit sich führen. Dann steht das *à*-Objekt vor dem *de*-Objekt. Nur wenn das *à*-Objekt länger ist als das *de*-Objekt, stellst du das *de*-Objekt an die erste Stelle.
*Corinne **l'**a acheté.* *Corinne <u>lui</u> a parlé.* *Corinne **le** <u>lui</u> a dit.*	Objektpronomen stehen vor dem Verb, auf das sie sich beziehen → **99**/1.6. Stehen vor dem Verb <u>zwei</u> Objektpronomen, musst du auf eine bestimmte Reihenfolge achten, → **101**/1.7. Zur Stellung der Objektpronomen beim Imperativ → **100**/1.6 (3) und **102**/1.7 (2).

3 Die adverbialen Bestimmungen und ihre Stellung
Les compléments circonstanciels et leur place

Eine adverbiale Bestimmung kann bestehen aus:

*Il habite **là-bas**.*	– einem Adverb,
*Sophie habite **rue de France**.*	– einem Eigennamen,
*Elle va **à la piscine**.*	– einer Präposition und Nomen,
*Elle **y** va souvent.*	– einem Pronomen,
*Estelle sort **quand elle veut**.*	– einem Nebensatz.

Adverbiale Bestimmungen geben Auskunft über:

*Il part **pour l'Espagne**.*	– den Ort,
*Elle arrive **à 5 heures**.*	– die Zeit,
*Il ne travaille pas **à cause de la chaleur**.*	– den Grund,
*Elle écrit ses lettres **à la main**.*	– die Art und Weise,
*Il me téléphone **tous les jours**.*	– die Häufigkeit einer Handlung oder eines Ereignisses.

Nach den adverbialen Bestimmungen fragst du mit Wo?, Wohin?, Wann?, Warum?, Wie?, Wie viel?, Wie oft?

*Corinne va **à l'école**.* *Pierre habite **à la campagne**.*	Manche Verben können nicht alleine stehen, z. B. *aller* und *habiter*. Eine adverbiale Bestimmung kann also eine notwendige Verbergänzung sein. Die adverbialen Bestimmungen stehen in diesem Fall beim Verb.
***Aujourd'hui**, Corinne va à l'école.* *Pierre habite à la campagne **depuis deux mois**.*	Eine adverbiale Bestimmung kann sich auch auf einen ganzen Satz beziehen. Dann handelt es sich um eine freie Ergänzung, die auch weggelassen werden kann. Eine freie Ergänzung kann am Anfang oder am Ende des Satzes stehen.

Verwendest du in deinem Satz mehrere freie Ergänzungen, so kannst du sie:

***Le soir, au stade**, le groupe de Daniel s'entraîne.*	– entweder zusammen an den Satzanfang
*Le groupe de Daniel s'entraîne **le soir, au stade**.*	– oder an das Satzende stellen,
***Le soir**, le groupe de Daniel s'entraîne **au stade**.*	– oder verteilt auf Satzanfang und Satzende verwenden.

4 Die Infinitivergänzung
Le complément avec l'infinitif

*Ils veulent **partir**.*
*Elle apprend **à lire**.*
*Il a oublié **de payer**.*
*Ils veulent **partir** avec des amis.*
*Elle apprend **à lire** à sa sœur.*

Eine Infinitivergänzung kannst du mit oder ohne Präposition an das Verb anschließen.

Die Infinitivergänzung kann auch aus einem Infinitiv und weiteren Ergänzungen bestehen.

In → **86**/1 findest du eine Liste mit wichtigen Verben und ihren Ergänzungen. Ob du eine Präposition verwenden musst und welche, hängt von dem jeweiligen Verb ab. Schlage dort nach, wenn du dir nicht sicher bist.

MERKE

*Il a oublié de payer **la facture**.*

*Il a oublié de **la** payer.*

Die Ergänzungen zum Infinitiv stehen:

– hinter dem Infinitiv, wenn es sich um ein Nomen handelt *(la facture)*.

– vor dem Infinitiv, wenn es sich um ein Pronomen handelt *(la)*.

Näheres zur Stellung der Pronomen in Sätzen mit einem Infinitiv findest du → **100**/1.6 (4).

10

Varianten des Aussagesatzes
Variantes de la phrase déclarative

Ein einfacher Aussagesatz besteht in der Regel aus einem Subjekt und einem Prädikat:

Sophie travaille.

Die Bestandteile des Aussagesatzes hast du in Kapitel 9 kennen gelernt.

In diesem Kapitel kannst du nachschlagen, wie die folgenden Aussagesätze gebildet werden:

– Sätze mit	*voilà* und *il y a*	1
– segmentierte Aussagesätze:	*Cette phrase, je l'ai lue.*	2
– die *mise en relief*:	*C'est moi, qui l'ai appelé*	
	hier soir.	3.1–3.2

Weitere Formen der Hervorhebung, neben der *mise en relief*, findest du in Abschnitt 3.3

1 Aussagesätze mit *voilà* und *il y a*
Les phrases déclaratives avec voilà et il y a

Voilà Jean.
Voilà les livres dont je t'ai parlé.
Voilà la cassette qu'il m'a offerte.

Voilà entspricht meist dem deutschen Hier ist / Hier sind. Es ist unveränderlich.

Dans mon quartier, il y a une piscine, un stade et une M.J.C.
Il y a aussi un cinéma?

Il y a entspricht meist dem deutschen Es gibt. Auch *il y a* ist unveränderlich

ATTENTION Verwechsle nicht das unpersönliche Verb *il y a* mit der Präposition *il y a*:

Il y a beaucoup de restaurants ici.
Hier <u>gibt es</u> viele Restaurants.

unpersönliches Verb

Je suis arrivée à Grenoble, il y a deux ans.
Ich bin <u>vor</u> zwei Jahren in Grenoble angekommen.

Präposition

2 Der segmentierte Satz
La phrase segmentée

Il est arrivé, ton copain.
Ce film, je l'ai déjà vu.

Im gesprochenen Französisch kannst du häufig Sätze hören, in denen ein Satzteil wiederholt wird. Diese Sätze heißen segmentierte Sätze.

Ton copain est arrivé.

So würde der normale Aussagesatz lauten.

<u>Ton copain</u>, <u>il</u> est arrivé.
<u>Il</u> est arrivé, <u>ton copain</u>.

Im segmentierten Satz stellst du einen Satzteil (hier das Subjekt) vor oder nach den Satz und wiederholst es im Satz durch ein Pronomen. Das Subjekt trennst du durch ein Komma vom Satz ab.

<u>Ce film</u>, je <u>l</u>'ai déjà vu.
Je <u>l</u>'ai déjà vu, <u>ce film</u>.

Genauso kannst du auch mit dem direkten Objekt verfahren. Das voran- oder nachgestellte direkte Objekt wiederholst du im Satz durch ein direktes Objektpronomen.

Moi,   je voudrais aller au cinéma.
*   Je voudrais aller au cinéma, **moi**.*
Lui,   il voudrait aller dans une boîte.
*   Il voudrait aller dans une boîte, **lui**.*
Nous, on voudrait rester à la maison.
*   On voudrait rester à la maison, **nous**.*

Auch wenn das Subjekt eines Satzes ein Pronomen ist, kannst du es in einem segmentierten Satz wiederholen. Für die Wiederholung nimmst du die unverbundenen Personalpronomen → **93**/1.2 (1).

Varianten des Aussagesatzes / *Variantes de la phrase déclarative*

3 Die Hervorhebung von Satzteilen
La mise en relief

Wenn du in einem Satz einen Satzteil hervorheben willst, hast du im Deutschen zwei Möglichkeiten:

Die Betonung: Ér will tanzen gehen. (Nicht ich.)
Die Satzstellung: Eine Disko suchen wir. (Kein Restaurant.)

Im Französischen ist das so nicht möglich. Ein Objekt (wie z. B. eine Disko) kannst du nicht einfach an den Satzanfang stellen.

3.1 Die Hervorhebung mit *c'est ... qui*
La mise en relief avec c'est ... qui

C'est	Joseph	qui veut aller danser.
C'est	lui	qui cherche une boîte.
C'est	nous	qui le suivons.
C'est / Ce sont	Isabelle et Louise	qui veulent regarder ce film.
Mais c'est	moi	qui ai acheté les billets.

Mit *c'est ... qui* hebst du das Subjekt hervor. Steht das Subjekt in der 3. Pers. Plur. kannst du auch *ce sont ... qui* verwenden.
Nach *c'est / ce sont* stehen die unverbundenen Personalpronomen: *moi, toi, lui, elle, nous, vous, eux, elles*.

MERKE

C'est toi qui as appelé ce matin?
Warst du es, der heute Morgen angerufen hat?

Oui, c'est moi qui t'ai appelé.
Ja, ich bin es, der dich angerufen hat.

Anders als im Deutschen richtet sich das Verb im *qui*-Satz immer nach dem hervorgehobenen Subjekt.

3.2 Die Hervorhebung mit *c'est ... que*
La mise en relief avec c'est ... que

Mit *c'est ... que* kannst du hervorheben:

C'est	le rap	que Christian aime.
C'est / Ce sont	les chansons de MC Solaar	qu'il écoute tout le temps.
C'est	à Christine	qu'il a offert un C.D.
C'est	chez Ludovic	qu'ils vont se rencontrer.
C'est	vendredi	que la boum aura lieu.
C'est	en allant chez Ludovic	que Christian est tombé.

– ein direktes Objekt.
  Steht das hervorgehobene Objekt im Plural, kannst du *c'est* oder *ce sont* verwenden.
– ein indirektes Objekt.
– eine adverbiale Bestimmung.

– ein *gérondif*.

Ce sont les poèmes de Desnos qu' elle a lus dans le train.
Ce sont les chansons de MC Solaar qu' elle a écoutées.

ATTENTION Hier wird das direkte Objekt durch *c'est ... que* hervorgehoben. Es steht also vor dem Verb *(a lus / a écoutées)*. Das Verb steht hier im *passé composé*. Also musst du das Partizip in Geschlecht und Zahl an das direkte Objekt angleichen.
Zur Angleichung des Partizip Perfekt
→ **76**/4.11 (2).

3.3 Andere Formen der Hervorhebung
Autres formes de mise en relief

*Jérôme, **lui**, travaille beaucoup.*
*Christine, **elle**, parle très bien français.*
*Les Pouchain, **eux**, aiment vivre à Lille.*

Das Subjekt kannst du durch ein unverbundenes Personalpronomen verstärken, wenn es sich um Personen handelt.

***Ce qui** m'intéresse, **c'est** la lecture.*
***Ce qui** m'énerve, **c'est** qu'il se mêle de tout.*
***Ce qui** le passionne, **c'est** de découvrir le monde.*

Andere Subjekte (z. B. Sachen, Infinitive, Nebensätze) kannst du mit *ce qui ... c'est* hervorheben.

***Ce que** je préfère, **c'est** la lecture.*
***Ce que** j'adore, **c'est** jouer de la guitare.*
***Ce que** son père n'aime pas, **c'est** qu'elle lui contredise.*

Ergänzungen (z. B. Objekte, Infinitive) und *que*-Sätze kannst du mit *ce que ... c'est* hervorheben.
Sätze mit *ce qui* und *ce que* sind Relativsätze → **108**/2.6.

SÄTZE

11

Der komplexe Aussagesatz
La phrase déclarative complexe

Der folgende Text kommt dir vielleicht etwas merkwürdig und vielleicht sogar unverständlich vor: *Béatrice est heureuse. Elle a gagné au loto. Elle a reçu la bonne nouvelle. Elle a tout de suite appelé son fiancé. Jean-Marie semblait mécontent. Elle ne comprenait pas sa réaction. Elle lui a demandé: «Qu'est-ce que tu as?»*

Hier fehlt etwas! Nämlich all die Wörter und Ausdrücke, die die Beziehungen der Sätze zueinander bezeichnen. Die folgende Version ist daher viel klarer: *Béatrice est heureuse, **parce qu**'elle a gagné au loto. **Quand** elle a reçu la bonne nouvelle, elle a tout de suite appelé son fiancé. **Mais** Jean-Marie semblait mécontent. **Comme** elle ne comprenait pas sa réaction, elle lui a demandé: «Qu'est-ce que tu as?»*

Die hier eingefügten Wörter nennt man Konjunktionen. Sie sind ein wichtiges Mittel um Zusammenhänge von Sätzen (oder Satzteilen) zu verdeutlichen.
Neben Konjunktionen spielen auch noch Relativpronomen eine wichtige Rolle bei der Verknüpfung von Sätzen.

Dieses Kapitel zeigt dir, wie mehrere Sätze zu einem längeren und komplexeren Satz bzw. Text zusammengefügt werden können.
Auf welche Weise dies geschehen kann, sei an den folgenden beiden Sätzen erläutert: *Béatrice est contente. Ses vacances commencent demain.*

Beide Sätze kannst du verbinden zu:

– zwei Hauptsätzen:	*Béatrice est contente. **En effet**, ses vacances commencent demain.* Bindeglied ist hier *en effet*.	1
– einem Haupt- und einem Nebensatz. Nebensätze können sein:		
– Adverbialsätze:	*Béatrice est contente **parce que** ses vacances commencent demain.* Eingeleitet wird der Adverbialsatz hier durch die Konjunktion *parce que*.	4
– Relativsätze:	*Béatrice, **dont les vacances commencent demain**, est contente.* Eingeleitet wird der Relativsatz hier durch das Relativpronomen *dont*.	2
– dass-Sätze:	*Béatrice est contente **que ses vacances commencent demain**.* Der dass-Satz wird im Französischen durch die Konjunktion *que* eingeleitet.	3
– Bedingungssätze:	*Si ses vacances commencent demain, Béatrice sera contente.* Der Bedingungssatz wird durch *si* eingeleitet.	5

Bei der Bildung von komplexen Sätzen kann der *subjonctif* erforderlich sein. Du findest ihn in einigen Adverbialsätzen, Relativsätzen und *que*-Sätzen. Wenn du wissen möchtest, wann der *subjonctif* in diesen Sätzen verwendet wird, schlage unter diesen Sätzen nach.

Einen Überblick über den Gebrauch des *subjonctif* findest du in Abschnitt	6.3
Hinweise zur Vermeidung des *subjonctif* findest du auf den Seiten 139, 140, 141 und in Abschnitt	6.3
Die Zeitenfolge im *subjonctif*-Satz findest du in Abschnitt	3.4
Weitere Hinweise zur Vermeidung von Fehlern findest du in den Abschnitten	6.1 und 6.2

1 Nebenordnende Verknüpfungen
La coordination

Betrachte die folgenden Sätze:

> *Elle fait du vélo. Elle joue au volley.*
> *Il déteste le volley. Il aime le foot.*
>
> *Elle fait du vélo **et** elle joue au volley.*
> *Il déteste le volley **mais** il aime le foot.*

Beide Satzpaare kannst du miteinander zu einem Satz verbinden.

Die folgenden Listen geben dir einen Überblick über die wichtigsten Wörter und Ausdrücke, die Hauptsätze miteinander verbinden.

1.1 Reihung
Consécutivité

*Julien fait ses devoirs **et** sa sœur écrit une lettre.*	et	und
***Non seulement** Patrick est paresseux*	non seulement ...	nicht nur ...
***mais encore** il dépense tout son argent.*	mais encore	sondern auch

1.2 Zeitliche Reihenfolge
Ordre chronologique

M. Martin a une journée très chargée.
***D'abord**, il range la cuisine.*
***Ensuite**, il fait les lits,*
***puis** il sort pour faire les courses.*
***Après cela**, il rentre et*
*il prépare le repas. **Finalement**/*
***Enfin**, il arrive à se reposer un peu.*

d'abord	zuerst
ensuite	dann
puis }	
après cela }	danach
finalement }	
enfin }	endlich, schließlich

1.3 Begründung, Folgerung
Conséquence

*Les petits magasins sont en danger, **car** les loyers sont trop chers. **En effet**, on trouve de plus en plus les grandes chaînes de vente. **Par conséquent** / **Donc**, les différents quartiers se ressemblent tous. **C'est pourquoi** beaucoup de gens regrettent «leur petit magasin du coin.» **Aussi** protestent-ils contre l'ouverture de nouveaux hypermarchés. **Ainsi**, ils espèrent retrouver le bon vieux temps.*

car	denn
en effet	in der Tat, nämlich
par conséquent }	
donc }	folglich, also
c'est pourquoi	deshalb
aussi	daher, folglich
ainsi	so

ATTENTION
Aussi = daher muss am Satzanfang stehen und löst eine *Inversion* (Nachstellung des Subjekts) aus → **122**/1.

1.4 Entgegensetzung, Ausschließung
Opposition, exclusion

L'ordinateur est une bonne chose, **mais** il est assez cher.	mais	aber, sondern
D'une part (D'un côté), l'ordinateur est pratique **d'autre part (d'un autre côté, de l'autre)** il est mauvais pour les yeux.	d'une part … d'autre part d'un côté … d'un autre côté d'un côté … de l'autre	einerseits … andererseits
Malgré cela (Pourtant, Cependant), on le trouve **(quand même)** dans les bureaux, dans toutes les usines … On ne peut plus s'en passer, **sinon (autrement)** le travail serait plus pénible.	malgré cela, pourtant, cependant, quand même	trotzdem, jedoch, dennoch
	sinon, autrement	sonst
Par contre, l'ordinateur ne remplace pas la réflexion.	par contre	hingegen
Il n'a **ni** idées **ni** fantaisie.	(ne) ni … ni	weder … noch
Néanmoins (toutefois), il est devenu un instrument indispensable.	néanmoins, toutefois	jedoch
Ou (Soit) on l'utilise pour travailler **ou (soit)** on s'en sert pour jouer.	ou … ou, soit … soit	entweder … oder

1.5 Vergleich
Comparaison

Plus je pars, **plus** j'ai envie de partir.	plus … plus	je mehr …, desto mehr
Moins on voyage, **moins** on apprend à connaître le monde.	moins … moins	je weniger …, desto weniger
Plus je pense aux vacances, **moins** j'ai envie de rester ici.	plus … moins	je mehr …, desto weniger
Moins tu y penses, **mieux** ce sera.	moins … mieux	je weniger …, umso besser

2 Nebensätze: der Relativsatz
Les subordonnées: la proposition relative

Das Wichtigste in Kürze:

Tu as trouvé <u>le livre</u> **que** j'ai laissé sur ton bureau?	Relativsätze sind Nebensätze. Sie geben zusätzliche Informationen meist zu Nomen, die im Hauptsatz vorkommen. Im Beispielsatz wird *le livre* durch den Relativsatz näher bestimmt: es handelt sich um das Buch, das ich auf dem Schreibtisch liegen gelassen habe.
Hauptsatz Relativsatz	

Auskünfte zur Stellung des Relativsatzes im Satzgefüge findest du → **134/2.1**.

David est un élève	**qui** n'aime pas l'école. **avec qui** je m'amuse bien.	Relativsätze eröffnest du – mit einem Relativpronomen oder – mit einer Präposition + Relativpronomen.
Hauptsatz	Relativsatz	

Informationen zu den Relativpronomen und ihrer Stellung im Relativsatz findest du in → **135/2.3**.

J'ai acheté un C.D. qui est très cher.

J'ai acheté une caméra qui est très chère.

Relativpronomen „erben" die grammatischen Eigenschaften der Nomen, die sie im Relativsatz vertreten, obwohl man das ihrer äußeren Form nicht immer ansehen kann. Auf (leider fehlerträchtige) Konsequenzen dieser „Vererbung" macht dich → **135**/2.3 aufmerksam.

Il rêve d'une voiture qui fasse 300 kilomètres à l'heure et d'une autoroute sans limitation de vitesse.

In einigen Fällen steht im Relativsatz der *subjonctif*. Das wird in → **136**/2.4 erklärt.

Tu peux demander à qui tu veux, ils ne le sauront pas.

Relativsätze können auch ohne Bezugsnomen im Hauptsatz verwendet werden. Über diese Verwendung informiert → **137**/2.5.

2.1 Die Stellung des Relativsatzes im Satzgefüge
La place de la proposition relative dans la phrase

Voilà un livre intéressant que tu ne connais pas encore.

Le livre que j'ai offert à Naomi lui a beaucoup plu.

J'ai parlé à Naomi qui est ma meilleure copine.

Den Relativsatz stellst du hinter das Nomen, auf das er sich bezieht.

2.2 Die Wortstellung im Relativsatz
L'ordre des mots dans la proposition relative

Voilà Paul	qui		est	un vrai champion.
	avec qui	je	joue	le mercredi soir.
	dont	la chance	est	proverbiale.
	que	les autres joueurs	craignent.	
Voilà le stade	où	nous	jouons	régulièrement.
	Relativpronomen (+ Präposition)	Subjekt	Verb	Ergänzungen

Das Relativpronomen steht immer am Anfang des Relativsatzes.
Es folgen: Subjekt+Verb+Ergänzungen.
Fängt der Relativsatz mit *qui* an, folgt gleich das Verb, denn *qui* ist ja bereits Subjekt des Relativsatzes.

Zusatzinformation

Neben der normalen Satzstellung findet man besonders im Schriftfranzösischen auch die Inversion im Relativsatz.

L'idée que cet auteur défend est la suivante: ...
(Normalstellung)
L'idée que défend cet auteur est la suivante: ...
(Inversion)

Die Nachstellung des Subjekts (Inversion) ist nur möglich, wenn das Subjekt ein Nomen ist.

2.3 Die Relativpronomen
Les pronoms relatifs

Alle Relativpronomen werden ausführlich auf S. **104** bis **108** dargestellt. Schlage dort nach, und zwar im Einzelnen:

où	C'est la librairie **où** j'achète mes livres.	→ **104**/2.1
qui	Voilà des livres **qui** vont te plaire.	→ **104**/2.2
que	Voilà le livre **que** j'ai lu pendant les vacances.	→ **104**/2.2
dont	Voilà le livre **dont** je t'ai parlé.	→ **106**/2.4
lequel	Voilà le livre pour **lequel** j'ai dépensé tant d'argent.	→ **107**/2.5
quoi	Voilà de **quoi** lire.	→ **105**/2.3
ce qui	**Ce qui** m'a beaucoup plu, dans ce livre, c'est l'intrigue.	→ **108**/2.6
ce que	Je me demande **ce que** tu lis en ce moment.	→ **108**/2.6

Relativpronomen und Angleichung

Le monsieur avec *lequel* j'ai discuté …
La dame avec *laquelle* j'ai discuté …

Hier sieht man dem Relativpronomen an, welches Nomen es vertritt: es hat die grammatischen Eigenschaften des Nomens (Geschlecht und Zahl) übernommen: *lequel* ist männlich Singular, *laquelle* ist weiblich Singular.

Le monsieur **qui** est venu …
La dame **qui** est venue …

Le monsieur **que** j'ai rencontré …
La dame **que** j'ai rencontrée …

Bei *qui* und *que* ist nicht zu erkennen, ob sie für Singular/Plural, männliche oder weibliche Nomen stehen. Nicht dem Relativpronomen, sondern nur dem Bezugswort sieht man an, was sich hinter *qui* und *que* verbirgt!

Bei der Verwendung von *qui* und *que* ist also Aufmerksamkeit geboten.
In den folgenden Sätzen sind die „kritischen" Stellen hervorgehoben:

Voilà une histoire qui est très intéressante.
Il raconte des histoires qui ne sont pas toujours vraies.

Où est la photo que j'ai mise sur la table?
Où sont les photos que j'avais mises sur ton bureau?

Besonders wenn du *que* in Verbindung mit zusammengesetzten Zeiten *(passé composé, plus-que-parfait, conditionnel passé …)* verwendest, musst du aufpassen. *Que* ist ein vorangehendes direktes Objekt und löst im Relativsatz eine Angleichung des Partizip Perfekt aus → **76**/4.11 (2).

2.4 Der *subjonctif* im Relativsatz
Le subjonctif dans la proposition relative

1. Der *subjonctif* nach bestimmten Verben

J'ai un petit appartement qui n'est pas trop cher. (1)	In Satz 1 informiert der Relativsatz über eine tatsächliche Eigenschaft der Wohnung: sie ist nicht zu teuer.
*Je cherche un petit appartement qui ne **soit** pas trop cher.* (2)	In Satz 2 informiert der Relativsatz über eine Eigenschaft, die die Wohnung haben soll: gewünscht wird, dass sie nicht zu teuer sei.
*Connaissez-vous un appartement qui ne **soit** pas trop cher?* (3)	In Satz 3 wird nach einer Eigenschaft gefragt, von der man nicht weiß, ob es sie gibt: existiert denn eine billige Wohnung? Kennen Sie vielleicht eine?

Dieser Unterschied macht sich im Modus des Verbs bemerkbar:

... *qui **est** pas trop cher*	(1)	Indikativ: tatsächliche Eigenschaft
... *qui ne **soit** pas trop cher*	(2)/(3)	*subjonctif*: gewünschte Eigenschaft

Nach folgenden Verben oder Ausdrücken im Hauptsatz ist im nachfolgenden Relativsatz der *subjonctif* zu erwarten:

chercher *il (me) faut* *avoir besoin de/d'* *rêver de/d'* *imaginer* *je voudrais* *j'aimerais*	*qc/qn* *un/une* (+ Nomen)	*qui* *que*
penser à (faire)	*qc*	*qui* *que*
as-tu / avez-vous *y-a-t-il* *connais-tu /* *connaissez-vous*	*qc/qn* *un/une* (+ Nomen)	*qui* *que*

2. Der *subjonctif* nach Superlativen

*C'est **le meilleur** livre qu'il **ait** écrit.* *C'est **le premier** match qu'elle **ait** gagné.*	Nach Superlativen im Hauptsatz wird im Relativsatz der *subjonctif* benutzt.

Superlativische Ausdrücke im Hauptsatz sind z. B.:

C'est le seul / la seule + Nomen
C'est le premier / la première + Nomen
C'est un/e des rares + Nomen
C'est le/la plus + Adjektiv + Nomen

Zusatzinformation

*C'était le meilleur livre qu'il **avait** écrit.*

Steht das Verb im Hauptsatz in der Vergangenheit, dann steht das Verb im Relativsatz nicht im *subjonctif*, sondern im Indikativ.

3. Der *subjonctif* nach verneinten Hauptsätzen

*Il **n'**y a <u>personne</u> qui me **comprenne**.*
*Je **ne** connais <u>rien</u> que tu **puisses** faire pour elle.*
*Il **n'**y a <u>que</u> Naomi qui **puisse** lui parler.*

Auch nach verneinten Hauptsätzen verwendest du im Relativsatz den *subjonctif*.

ne … personne	niemand
ne … rien	nichts
ne … que	nur
ne … aucun/e	kein einziger
ne … pas un/e seul/e	
ne … guère	kaum

Nach diesen Verneinungen steht im Relativsatz der *subjonctif*.

2.5 Relativsätze ohne Bezugsnomen
Propositions relatives sans antécédent

Relativsätze können auch Subjekt eines Hauptsatzes sein. Das ist im Deutschen genauso.
Betrachte z. B. die beiden folgenden Sprichwörter:

Qui vivra verra.
Abwarten und Tee trinken.
(wörtlich: <u>Wer leben wird</u>, wird sehen.)
*Rira bien **qui rira le dernier**.*
<u>Wer zuletzt lacht</u>, lacht am besten.

Ce qui est cher	n'est pas toujours bon.
<u>Was teuer ist,</u>	ist nicht immer gut.
Ce que je t'avais dit	était la vérité.
<u>Was ich dir gesagt hatte,</u>	war die Wahrheit.
Relativsatz = Subjekt	restlicher Hauptsatz

Auch Relativsätze mit *ce qui* oder *ce que* werden häufig als Subjekt gebraucht.

3 Indikativ oder *subjonctif* im Nebensatz mit *que* (= dass)
Indicatif ou subjonctif dans la complétive

*Fabien trouve **que** Pierre est sympa.*
*Il espère **que** Pierre viendra à son anniversaire.*

Dem Nebensatz mit *que* entspricht im Deutschen meist ein Nebensatz mit dass.
Die Stellung der Satzteile ist wie im Hauptsatz:
(*que* +) Subjekt + Prädikat.

Pierre: «Je viens.»
*Pierre dit **qu'il vient**.*

Auch die indirekte Rede wird durch einen Nebensatz mit *que* eingeleitet. Die indirekte Rede wird zusammen mit der indirekten Frage in Kapitel 13 behandelt.

Im Nebensatz mit *que* können stehen:

*Fabien est sûr que Pierre **viendra**.*
*Il regrette que Nicolas **soit** malade.*
*Je pense qu'à la place de Nicolas, il se **soignerait** plus.*

– der Indikativ (hier: das *futur*)
– der *subjonctif* (hier: der *subjonctif présent*)
– das *conditionnel* (hier: das *conditionnel présent*) bei Ratschlägen und Vermutungen

3.1 Der Gebrauch des *subjonctif* und des Indikativ
L'emploi du subjonctif et de l'indicatif

*Marie veut que nous **venions**.*
*Elle trouve bête que nous n'**ayons** pas le temps.*

In den meisten Fällen wird der *subjonctif* automatisch durch bestimmte Verben oder Ausdrücke im Hauptsatz ausgelöst. Hier sind dies: *vouloir* und *trouver bête*.

*Marie souhaite **que nous venions**.*
Marie möchte, dass wir kommen.
*Elle souhaite **que nous soyons à l'heure**.*
Sie möchte, dass wir pünktlich sind.

Einen *que*-Satz verwendest du nur, wenn das Subjekt im Hauptsatz (hier: *Marie/elle*) ein anderes als im Nebensatz ist (hier: *nous*).

*Marie souhaite **venir**.*
Marie möchte kommen.
*Elle souhaite **être à l'heure**.*
Sie möchte pünktlich sein.

Sonst verwendest du, wie im Deutschen, eine Infinitivergänzung.

3.2 Die automatische Verwendung des *subjonctif*
L'emploi automatique du subjonctif

Hier nun eine Zusammenstellung der wichtigsten Verben und Ausdrücke, nach denen der *subjonctif* steht.

1. Ausdrücke des Willens, des Wunsches und der Notwendigkeit

Il faut que tu fasses des efforts.
Je veux que tu réussisses.
J'aimerais que tu apprennes un métier intéressant.

Notwendigkeit
Wille
Wunsch

Der *subjonctif* steht z. B. nach:

il faut / il faudrait que	es ist nötig/
il est nécessaire que	notwendig, dass
il vaut / il vaudrait mieux que	es ist/wäre besser, wenn
j'aimerais que	ich hätte gern, dass
j'accepte que	ich akzeptiere, dass
*je défends que	ich verbiete, dass
*je demande que	ich verlange, dass
je désire que	ich wünsche, dass
j'exige que	ich fordere, dass

▶

*j'interdis que	ich verbiete, dass
*je permets que	ich erlaube, dass
je préfère que	ich ziehe vor, dass
*je propose que	ich schlage vor, dass
*j'ordonne que	ich befehle, dass
je refuse que	ich lehne es ab, dass
*je souhaite que	ich wünsche, dass
je veux que	ich will, dass
je tiens à ce que	ich lege Wert darauf, dass

*Marie espère que nous **viendrons**.*

ATTENTION
Nach *espérer* steht der Indikativ (meist das Futur).

Nous souhaitons que tu réussisses.

Nous te souhaitons de réussir.

Je propose que tu viennes vers 2 heures.

Je te propose de venir vers 2 heures.

TIPP Bei allen Verben, die mit einem Sternchen * versehen sind, kannst du die Sätze so umformen, dass aus dem *que*-Satz eine Infinitivergänzung wird. Du vermeidest so den *subjonctif*.

2. Ausdrücke der Bewertung und des Gefühls

Nous regrettons que Marie ne soit pas là.   Gefühl
*Nous trouvons bizarre qu'elle n'ait pas   Bewertung
téléphoné.*

Der *subjonctif* steht z. B. nach:

c'est normal / il est normal que	es ist normal, dass
c'est bizarre / il est bizarre que	es ist merkwürdig, dass
c'est dommage / il est dommage que	es ist schade, dass
c'est drôle / il est drôle que	es ist komisch, dass
il est bon/utile/inutile ... que	es ist gut/nützlich/unnötig ..., dass
je trouve bizarre/drôle/triste/amusant ... que	ich finde merkwürdig/komisch/traurig/lustig ...
je suis heureux/content/ravi/triste ... que	ich bin glücklich/froh/entzückt/traurig ...
j'ai honte que	ich schäme mich, dass
j'ai peur que	ich habe Angst, dass
je regrette que	ich bedauere, dass
je crains que	ich befürchte, dass
je déteste que	ich hasse es, dass
je m'étonne que	ich wundere mich, dass
je me réjouis que	ich freue mich, dass
cela m'amuse / m'étonne / m'inquiète / me surprend ... que	es amüsiert/überrascht/beunruhigt/erstaunt ... mich, dass

Je trouve bizarre qu'il ne soit pas venu.

aber: *Je trouve que c'est bizarre.*

ATTENTION
Nach *trouver que* (ohne Adjektiv) steht der Indikativ.

Cela m'arrange que tu sois venu/e.
→ *Tu es venu/e? Cela m'arrange bien.*

C'est dommage qu'il nous ait quittés si tôt.
→ *Il nous a quittés si tôt! Quel dommage! / C'est dommage.*

TIPP Gefühlsäußerungen und Stellungnahmen muss man nicht unbedingt in einem *que*-Satz „verpacken". Wenn du unsicher bist, kannst du den *subjonctif* vermeiden, indem du zwei getrennte Sätze bildest.

3.3 Verben, nach denen der Indikativ oder der *subjonctif* stehen kann
Verbes qui s'utilisent avec l'indicatif ou le subjonctif

Im vorherigen Abschnitt hast du die Fälle kennen gelernt, in denen der *subjonctif* in *que*-Sätzen automatisch ausgelöst wird. In diesem Abschnitt geht es um *que*-Sätze, in denen der *subjonctif* stehen kann – oder auch nicht. Meist kommt es dabei auf die Ausdrucksabsicht des Sprechers oder Schreibers an.

Vergleiche die folgenden Sätze:

*Je suis sûr/e que Marie **a** raison.* — Hier ist der Sprecher überzeugt, dass Marie Recht hat. Für ihn ist das eine Tatsache.

*C'est possible que Marie **ait** raison.* — Hier ist sich der Sprecher nicht so sicher ...

1. Verben und Ausdrücke der Sicherheit oder Vermutung

Nach Verben und Ausdrücken der Sicherheit oder Vermutung steht:

der Indikativ	der *subjonctif*
il est { *vrai que / certain que / sûr que / probable que* }	*il est faux que* / *il n'est pas* { *certain que / sûr que / probable que* }
je suis { *convaincu/e que / sûr/e que / certain/e que* }	*je ne suis pas* { *convaincu/e que / sûr/e que / certain/e que* }
	il est (im)possible que
il me semble que	*il semble que* / *je veux bien que*
je ne doute pas que	*je doute que*

aber auch:
je suppose que (ich vermute)
j'admets que (ich gebe zu)

2. Ausdrücke des Meinens, Sagens und Denkens

Nach Ausdrücken des Meinens, Sagens und Denkens steht:

*Je crois que Pierre **est** bête.* (Davon bist du überzeugt.)	– im bejahten Satz der Indikativ,
*Je ne crois pas que Pierre **soit** bête, mais …* (Du glaubst nicht, dass Pierre wirklich dumm ist, obwohl er sich manchmal so anstellt.)	– im verneinten Satz meist der *subjonctif*.

Indikativ nach		*subjonctif* nach
j'ai l'impression que	ich habe den Eindruck, dass	*je n'ai pas l'impression que*
je suis d'avis que	ich bin der Meinung, dass	*je ne suis pas d'avis que*
je t'assure que	ich versichere dir, dass	*je ne t'assure pas que*
je crois que	ich glaube, dass	*je ne crois pas que*
j'estime que	ich meine, dass	*je n'estime pas que*
je m'imagine que	ich stelle mir vor, dass	*je ne m'imagine pas que*
je pense que	ich denke, dass	*je ne pense pas que*
je prétends que	ich behaupte, dass	*je ne prétends pas que*
je trouve que	ich finde, dass	*je ne trouve pas que*

je ne sais pas que	ich weiß nicht, dass	**ATTENTION**
je ne réalise pas que	ich mache mir nicht klar, dass	Nach diesen Verben folgt im *que*-Satz immer der Indikativ.
je ne me rends pas compte que	ich begreife nicht, dass	

Zusatzinformation

*J'imagine qu'il **est** parti sans rien dire.*	Das ist das, was du wirklich glaubst: er ist gegangen, ohne Bescheid zu geben.
*Imagine qu'il **parte** sans rien dire.*	Hier stellst du dir vor, was wohl passieren würde, wenn er so einfach ginge.
*Crois-tu qu'elle **dira** la vérité?* *Crois-tu qu'elle **dise** la vérité?*	Im Fragesatz wird sowohl der Indikativ als auch der *subjonctif* verwendet. Der Indikativ ist in der gesprochenen Sprache häufiger.

3.4 Der *subjonctif* im vorangestellten *que*-Satz
Le subjonctif dans la complétive anteposée

*C'est certain que Marie ne **viendra** pas.* *Que Marie ne **vienne** pas, c'est certain.*	Im vorangestellten *que*-Satz steht <u>immer</u> der *subjonctif*.
*Je crois que Marie ne **viendra** pas.* *Que Marie ne **vienne** pas, je le crois bien.*	

*Marie ne **viendra** pas. C'est certain.* *Marie ne **viendra** pas. C'est ce que je crois.*	**TIPP** Auch hier kannst du den *subjonctif* vermeiden, indem du zwei Sätze bildest.

3.5 Das Tempus im *subjonctif*-Satz mit *que*
La concordance de temps dans la complétive

*Je **trouve** (J'ai trouvé) bizarre que Marie **soit** déjà **partie**.* (1)
Ich finde es merkwürdig, dass Marie schon gegangen ist.

Im 1. Satz findet die Handlung im Nebensatz (Marie geht weg) <u>vor</u> der Handlung im Hauptsatz statt (der Sprecher wundert sich). Hier steht im Nebensatz der *subjonctif passé*.

*Je **trouve** (J'ai trouvé) bizarre que Marie **parte** déjà.* (2)
Ich finde es merkwürdig, dass Marie schon geht.

In allen anderen Fällen verwendest du im Nebensatz den *subjonctif présent*.

Zusatzinformation

*J'ai trouvé drôle qu'elle n'**eût** rien **dit**.* (1)
Ich fand es komisch, dass sie nichts gesagt hat.

In der gehobenen Schriftsprache findest du manchmal noch:
– den *subjonctif plus-que-parfait* (Satz 1),

*Je voulais qu'elle **vînt** ce jour-là.* (2)
Ich wollte, dass sie an diesem Tage kommt.

– den *subjonctif imparfait* (Satz 2).
Der *subjonctif imparfait* wird aber nur noch in der 3. Person verwendet.
Beide *subjonctif*-Formen werden nur verwendet, wenn der Hauptsatz in der Vergangenheit steht: *j'ai trouvé / je voulais*.

Zur Konjugation dieser *subjonctif*-Formen → **80**/6.2 (Z)

4 Nebensätze: der Adverbialsatz
Les subordonnées: la proposition circonstancielle

Adverbialsätze kennst du aus dem Deutschen:

<u>Als ich mir diesen Film angesehen habe</u>, habe ich geweint.

Oder: Ich freue mich jedesmal, <u>wenn du kommst</u>.

Quand j'ai regardé ce film, j'ai pleuré.
Je me réjouis chaque fois que tu viens.

Im Französischen ist die Stellung der Satzglieder in Haupt- und Nebensatz wie die im einfachen Aussagesatz:
Subjekt + Verb (+ Ergänzungen).
Den Nebensatz leitest du mit einer Konjunktion ein (hier: *quand* und *chaque fois que*).

*Viens me voir **pour qu**'on **puisse** parler de tout.*
Komm vorbei, <u>damit</u> wir über alles reden können.

Nach einigen Konjunktionen steht im Nebensatz der *subjonctif*.

*Préviens-moi **avant que** tu **viennes**.*
Sag mir Bescheid, <u>bevor</u> du kommst.

Im Folgenden findest du die wichtigsten Konjunktionen nach ihrem Sinn geordnet.
Konjunktionen, die den *subjonctif* erfordern, sind als solche gekennzeichnet.

4.1 Zeitliche Beziehungen
Relations temporelles

Quand *il fait beau, nous faisons toujours une promenade.* ***Lorsque*** *nous arrivons dans la forêt, nous cherchons des champignons.*	wenn	*Quand/Lorsque* kann (immer) wenn oder als bedeuten.
Ce jour-là, ***quand*** *on est arrivés, on a vu un homme bizarre.*	als	
Lorsqu'*il s'est retourné, il nous a remarqués.*	als	
Pendant qu*'il nous regardait, nous nous sentions mal à l'aise.*	während	
Au moment où *il ouvrait la bouche, j'ai pensé qu'il était très méfiant.*	in dem Augenblick als	
Mais ***dès qu****'il eut dit bonjour, j'ai su qu'il avait peur.*	sobald	Steht der Hauptsatz in der Vergangenheit, dann folgt auf *dès que* das *passé antérieur*.
Depuis que *nous étions dans la forêt, nous n'avions pas parlé.*	seit	
Avant que *je <u>puisse</u> répondre, l'homme s'est éloigné.*	bevor	*Avant que* + *subjonctif*
Après qu*'il fut parti, nous nous sommes demandé ce qu'il cherchait là.*	nachdem	Steht der Hauptsatz in der Vergangenheit, dann folgt auf *après que* das *passé antérieur*.
«Je vais au village. Et vous, attendez ***jusqu'à ce que*** *la police <u>vienne</u>», a dit Paul.*	(solange) bis	*jusqu'à ce que* + *subjonctif*
En attendant que *l'agent <u>vienne</u>, nous avons fouillé les buissons, et nous avons découvert des choses intéressantes …*	(in der Zeit) bis	*en attendant que* + *subjonctif*

4.2 Begründung
Raison

Je suis venu/e ***parce que*** *je veux vous dire au revoir.*	weil
Comme *mon train part à six heures, je n'ai pas beaucoup de temps.*	da
Puisque *vous restez à Paris, vous pouvez peut-être garder mon courrier.*	da, weil
Étant donné qu*'on peut compter sur vous, je suis tranquille.*	angesichts der Tatsache, dass

4.3 Gewünschte Wirkung
But désiré

Passez-moi le dictionnaire **pour que** je <u>puisse</u> regarder un mot.	damit	*pour que* + subjonctif
Elle lui donne 100 francs **afin qu'**il <u>vienne</u> en taxi.	damit	*afin que* + subjonctif
Il explique le problème **de façon que** tout le monde le <u>comprenne</u>.	sodass	Bei *de façon que*
Chantez **de manière qu'**on <u>puisse</u> comprendre le texte.	sodass	*de manière que* und
Je voudrais que tu nous expliques cela **de sorte qu'**on <u>puisse</u> le comprendre.	sodass	*de sorte que* steht der *subjonctif*, wenn du eine gewünschte Wirkung ausdrücken willst. Ansonsten steht der Indikativ.

4.4 Tatsächliche Wirkung, Folge
Conséquence

Elle explique le problème	**de sorte qu'** **de manière qu'** **de façon qu'**	on le comprend tout de suite.	so, dass
Elle explique **si** bien **qu'**on comprend tout de suite.			so ..., dass
Il a **tant** travaillé **qu'**il est très fatigué maintenant.			so viel ..., dass

Drückt der Nebensatz eine tatsächlich eingetretene Wirkung oder Folge aus, steht nach *de sorte que, de manière que* und *de façon que* der Indikativ.
Verwechsle nicht: *tant* + Verb + *que* und *tant de* + Nomen. *Tant de* ist eine Mengenangabe: *J'ai tant de travail!*

4.5 Einräumung
Concession

Malgré que je me <u>mette</u> en quatre, le travail n'est pas encore terminé.	obwohl	*malgré que* + subjonctif
Bien qu'il <u>soit</u> en bonne santé, il ne sort pas.	obwohl	*bien que* + subjonctif
Quoique j'<u>aie</u> raison, tu continues à me contredire.	obwohl	*quoique* + subjonctif

4.6 Vergleich, Umstände
Comparaison, circonstances

Comme je vous l'ai déjà dit, ma voiture est en panne.	wie	
Tel que je le connais, il ne sera pas là.	so wie	*Tel* musst du angleichen: *tels que je les connais ...*
Au fur et à mesure que le travail avance, vous payez les factures.	in dem Maße, wie	
Je suis parti/e **sans qu'**il m'<u>ait</u> donné de réponse.	ohne, dass	*sans que* + subjonctif

4.7 Alternativkonstruktionen
Constructions alternatives

Adverbialsätze kannst du manchmal auch durch andere Mittel ausdrücken, und zwar durch:

Depuis que nous sommes arrivés, ... → ***Depuis** notre arrivée ...*	
Avant que je puisse répondre, ... → ***Avant** ma réponse, ...*	– Präposition + Nomen
Après qu'il fut parti, ... → ***Après** son départ, ...*	
... jusqu'à ce qu'il vienne. → *... **jusqu'à** sa venue.*	
Après qu'il fut parti, il ... → ***Après être parti**, il ...*	– eine Infinitivkonstruktion
Lorsqu'il s'est retourné, il ... → ***Se retournant**, il ...*	– das *participe présent* → **152**/1.2
Quand je suis passé/e devant son bureau, *j'ai vu ...* → ***En passant** devant son bureau, j'ai vu ...*	– das *gérondif* → **153**/2.2

5 Nebensätze: der Bedingungssatz
Subordonnées: la phrase conditionnelle

Du kannst zwei Arten von Bedingungen unterscheiden:

***S'il fait beau dimanche**, on fera un pique-nique.* Wenn es am Sonntag schön ist, machen wir ein Picknick.	Reale Bedingungen: Hier hältst du die Bedingung für erfüllbar.
***S'il faisait beau**, on ferait un pique-nique.* Wenn das Wetter schön wäre, würden wir ein Picknick machen.	Irreale Bedingungen: Hier hältst du die Bedingung für unerfüllbar. Du glaubst nicht, dass das Wetter sich noch ändern wird.

Den Unterschied zwischen realer und irrealer Bedingung drückst du durch die Verbformen aus: *S'il **fait** beau /*
*S'il **faisait** beau.* (Das kennst du auch aus dem Englischen: If the weather is fine ... / If the weather was fine ...)

5.1 Reale Bedingungen
Conditions réelles

1. Gegenwart

Bedingungssatz	Hauptsatz
Si tu **viens**,	je te **montrerai** mes photos.
	je **vais** te **montrer** mes photos.
	je te **montre** mes photos.
	apporte tes photos.
Präsens	*futur simple* oder
	futur composé oder
	Präsens oder
	Imperativ

Die Satzstellung im Bedingungssatz ist dieselbe wie im Hauptsatz: *si* + Subjekt + Verb + Ergänzungen.

s'il vient …   si elle vient …

ATTENTION Vor *il/s* wird *si* apostrophiert, nicht jedoch vor *elle/s*.

MERKE Im Bedingungssatz mit *si* (= wenn) steht <u>nie</u> das Futur und <u>nie</u> das *conditionnel*!

2. Vergangenheit

Bedingungssatz	Hauptsatz
Si vous **avez lu** le texte,	vous **pourrez** m'informer.
	vous **pouvez** m'informer.
	informez-moi.
passé composé	

Bezieht sich die reale Bedingung auf die Vergangenheit, verwendest du im *si*-Satz das *passé composé*.

5.2 Irreale Bedingungen
Conditions irréelles

1. Gegenwart

Bedingungssatz	Hauptsatz
Si j'**étais** riche,	je **ferais** beaucoup de voyages.
S'il **faisait** beau,	on **sortirait**.
imparfait	*conditionnel présent*

MERKE
Im Bedingungssatz mit *si* steht das *imparfait*, aber <u>nie</u> das *conditionnel* und <u>nie</u> das Futur.

2. Vergangenheit

Bedingungssatz	Hauptsatz
Si j'**avais eu** de l'argent,	j'**aurais fait** un voyage.
S'il **avait fait** beau,	on **serait sorti**.
plus-que-parfait	*conditionnel passé*

Irreale Bedingungen, die sich auf die Vergangenheit beziehen, drückst du durch die Kombination von *plus-que-parfait* im Bedingungssatz und *conditionnel passé* im Hauptsatz aus.

Der komplexe Aussagesatz / *La phrase déclarative complexe*

ATTENTION Verwechsle nicht die unterschiedlichen Gebrauchsweisen von *si*:

Tu ne viens pas? **Si.**	*Si* als Antwort auf eine verneinte Frage bedeutet doch.
Si *tu as besoin de quelqu'un, appelle-moi.*	Hier leitet *si* den Bedingungssatz ein und bedeutet wenn/falls.
Dis-moi **si** *tu pourras venir.*	Hier leitet *si* eine indirekte Frage ein und bedeutet ob. In der indirekten Frage mit *si* kann, anders als im Bedingungssatz, das Futur oder das *conditionnel* stehen.
S'il est là, nous nous amuserons bien. (1) Wenn/Falls er da ist, werden wir uns gut amüsieren. (Bedingung) **Quand** *il est là, il y a toujours une bonne* (2) *ambiance.* Wenn er da ist, ist die Stimmung immer gut. (zeitlich)	Das deutsche wenn kann eine Bedingung (Satz 1) oder ein zeitliches Verhältnis (Satz 2) ausdrücken. Im Französischen musst du unterscheiden: Bedingungssatz → *si* zeitlicher Nebensatz → *quand*

TIPP Wenn du statt wenn auch falls sagen kannst, verwendest du *si*.

5.3 Andere Möglichkeiten, eine Bedingung auszudrücken
Autres possibilités d'exprimer une condition

Si <u>tu</u> **prends** *le train* <u>tu</u> **arrives** *à sept heures.* → **En prenant** *le train, tu* **arrives** *à sept heures.*	Das *gérondif* (→ 153/2.1) kann Bedingungen ausdrücken. Erforderlich ist jedoch, dass beide Verben das gleiche Subjekt haben.
Si vous perdez la clé, il y a une clé de réserve chez le voisin. → **Au cas où** *vous* **perdriez** *la clé, il y a une clé de réserve chez le voisin.* → **À supposer que** *vous* **perdiez** *la clé, il y a une clé de réserve chez le voisin.* → **Si jamais** *vous perdez la clé, il y en a une autre chez le voisin.*	*Au cas où* (im Falle, dass) verlangt *conditionnel*. *À supposer que* (angenommen, dass) verlangt den *subjonctif*.
Vous pouvez prendre des boissons dans la cave si vous les payez. → *Vous pouvez prendre des boissons dans la cave* **à condition de** *les* **payer**.	*À condition de* (+ Infinitiv: unter der Bedingung)
S'il y a une panne d'électricité, adressez-vous à la concierge. → **En cas de** *panne d'électricité, adressez-vous à la concierge.*	*En cas de* (+ Nomen: im Falle eines/einer …)
Il est très gentil si on le laisse tranquille. → *Il est très gentil* **pourvu qu'***on le* **laisse** *tranquille.*	Nach *pourvu que* (wenn … nur) steht der *subjonctif*.

5.4 Nuancierte Bedingungen
Conditions nuancées

*Elle viendra **même** s'il fait mauvais.*	selbst, wenn
*Elle viendra **sauf** s'il pleut.*	außer, wenn
*Elle viendra **excepté** s'il pleut.*	außer, wenn
*Elle viendra **à moins qu**'il pleuve.*	außer, wenn
*Elle viendra **à condition qu**'il ne pleuve pas.*	unter der Bedingung, dass

À moins que und à condition que lösen den *subjonctif* aus.

6 Hinweise zur Vermeidung von Fehlern

6.1 Die Konjunktionen

Du willst sagen:

Das heißt auf Französisch:

Ich traf sie während ihres Frankreichaufenthaltes.
*Je l'ai rencontrée **pendant** son séjour en France.*

Ich traf sie, während sie sich in Frankreich aufhielt.
*Je l'ai rencontrée **pendant qu**'elle séjournait en France.*

Hier musst du aufpassen. Im ersten Satz ist während Präposition und steht vor einem Nomen (mit Begleiter). Im zweiten Satz ist während Konjunktion und leitet einen Nebensatz ein. Im Deutschen werden einige Präpositionen auch als Konjunktionen verwendet. Im Französischen musst du Präposition und Konjunktion der Form nach unterscheiden.

Hier kannst du auch im Deutschen Präposition und Konjunktion unterscheiden:

Ich traf sie vor ihrem Frankreichaufenthalt.
*Je l'ai rencontrée **avant** son séjour en France.*

Ich traf sie, bevor sie sich in Frankreich aufhielt.
*Je l'ai rencontrée **avant qu**'elle ait séjourné en France.*

Ich traf sie nach ihrem Frankreichaufenthalt.
*Je l'ai rencontrée **après** son séjour en France.*

Ich traf sie, nachdem sie sich in Frankreich aufgehalten hatte.
*Je l'ai rencontrée **après qu**'elle a séjourné en France.*

Ich habe sie ohne ihre Eltern getroffen.
*Je l'ai rencontrée **sans** ses parents.*

Sie hat mir geholfen, ohne dass ich sie darum gebeten habe.
*Elle m'a aidé **sans que** je lui aie demandé.*

6.2 Der Relativsatz

Du willst sagen:

Das heißt auf Französisch:

Nicole will wissen, was ihn interessiert.
*Nicole veut savoir **ce qui** l'intéresse.*

Pierre schreibt auf, was er einkaufen soll.
*Pierre note **ce qu**'il doit acheter.*

Das deutsche Relativpronomen was kann Subjekt oder Objekt des Relativsatzes sein. Im Französischen musst du unterscheiden. Wenn du wissen willst, wie du was ins Französische übersetzen musst, → **114/7**.

Dieses Foto zeigt lachende Kinder.
*Cette photo montre des enfants **qui rient**.*

Ein deutsches Partizip wird häufig mit einem Relativsatz übersetzt → **154/3**.

6.3 Der *subjonctif*

Da es im Deutschen keinen *subjonctif* gibt, passiert es häufig, dass Deutsche ihn auch in französischen Sätzen einfach vergessen. Im Folgenden findest du eine Zusammenfassung der Verwendung des *subjonctif*.

1. Bei welcher Art von Sätzen musst du an den *subjonctif* denken?

	*Il faut **qu'elle fasse** ses devoirs.*	Nur bei Nebensätzen. In Hauptsätzen verwendest du in der Regel keinen *subjonctif*.

2. In welcher Art von Nebensätzen kann der *subjonctif* stehen?

*Je veux **que tu réussisses**.*	– In *que*-Sätzen → **137**/3.
*Elle est parti **avant que je puisse répondre**.*	– In Adverbialsätzen → **142**/4.
*Il cherche un cadeau **qui ne soit pas trop cher**.*	– In Relativsätzen → **136**/2.4.

3. Wann musst du den *subjonctif* verwenden?

Dass Marie kommt, ist sicher.	***Que Marie vienne**, c'est certain.*	In vorangestellten *que*-Sätzen. (Das findest du → **141**/3.4.)
		Nach Verben und Ausdrücken:
Er möchte, dass sie mit ihm kommt.	*Il **aimerait qu**'elle <u>vienne</u> avec lui.*	– des Willens und des Wunsches;
Es ist notwendig, dass sie das Buch liest.	*Il **faut qu**'elle <u>lise</u> le livre.*	– der Notwendigkeit;
Ich finde es merkwürdig, dass sie nichts sagt.	*Je **trouve bizarre qu**'elle ne <u>dise</u> rien.*	– der Bewertung;
Ich befürchte, dass er eine Dummheit macht.	*Je **crains qu**'il <u>fasse</u> une bêtise.*	– des Gefühls.
		(Eine Liste dieser Verben und Ausdrücke findest du → **138** ff/3.1.)
		In Relativsätzen:
Ich suche ein Geschenk, das nicht zu teuer ist.	*Je **cherche** un cadeau **qui** ne <u>soit</u> pas trop cher.*	– wenn du eine gewünschte Eigenschaft ausdrückst;
Das ist das beste Buch, das ich kenne.	*C'est le **meilleur** livre **que** je <u>connaisse</u>.*	– nach einem Superlativ.
		(Das findest du → **136**/2.4 (1) und **136**/2.4 (2).)
Sie gibt ihm 100 Francs, damit er im Taxi kommen kann.	*Elle lui donne 100 francs **afin qu**'il <u>puisse</u> venir en taxi.*	In Adverbialsätzen nach den folgenden Konjunktionen: *afin que, avant que, bien que, en attendant que, jusqu'à ce que, malgré que, pour que, quoique, sans que.*
		(Diese Konjunktionen mit Beispielen findest du → **143** ff/4.1 – 4.6.)

Hier gibt es nichts zu überlegen. In den vorangehenden Fällen steht automatisch der *subjonctif*. Am besten lernst du die Verben, Ausdrücke und Konjunktionen auswendig.

▶

4. In welchen Fällen kannst du Indikativ oder *subjonctif* verwenden?

Nicht immer wird der *subjonctif* automatisch ausgelöst. In den folgenden Fällen musst du überlegen, ob du Indikativ oder *subjonctif* verwenden willst und was du damit ausdrücken kannst.

		Indikativ oder *subjonctif* kannst du verwenden
Ich glaube, dass er kommt. Ich glaube nicht, dass er kommt.	*Je crois qu'il vient.* *Je ne crois pas qu'il vienne.*	– nach den Verben des Sagens, Denkens und Meinens (Das findest du → **141**/3.3 (2));
Es hat nicht aufgehört zu regnen, sodass wir nicht ausgehen können.	*Il n'a pas cessé de pleuvoir **de façon que** nous ne pouvons pas sortir.*	– nach den Konjunktionen *de façon que, de manière que, de sorte que* (Das findest du → **144**/4.3–4.4);
aber: Forme den Satz so um, dass er keinen *subjonctif* mehr enthält.	*Transforme la phrase **de façon qu'**elle ne <u>contienne</u> plus le subjonctif.*	
Es ist wahrscheinlich, dass sie im Sommer kommt.	*Il est **probable** qu'elle viendra en été.*	– nach bestimmten Verben und Ausdrücken der Sicherheit oder der Vermutung (Eine Liste dieser Verben findest du → **136**/3.3 (1)).
aber: Es ist unwahrscheinlich, dass sie im Sommer kommt.	*Il **n'est pas probable** qu'elle <u>vienne</u> en été.*	

TIPP Wenn du dir unsicher bist, ob du den *subjonctif* verwenden musst oder nicht, formuliere den Satz so um, dass kein *subjonctif* mehr stehen muss:

	C'est dommage qu'il nous ait quittés si tôt. → *Il nous a quittés si tôt. C'est dommage.*	Du kannst aus einem Satz zwei machen, in denen kein *subjonctif* stehen muss.
	Que Marie ne vienne pas, c'est certain. → *Marie ne vient pas. C'est certain.*	
	Je défends que tu sortes ce soir. → *Je te défends de sortir ce soir.*	Wenn das Verb einen Infinitiv anschließen kann, kannst du eine Infinitivkonstruktion statt eines *que*-Satzes mit *subjonctif* verwenden.

Weitere Hinweise zu möglichen Umformulierungen findest du in → **139**/3.2 (1), **140**/3.2 (2), **141**/3.4.

Der komplexe Aussagesatz / *La phrase déclarative complexe*

12

Participe présent und gérondif
Participe présent et gérondif

Participe présent und *gérondif* sind zwei Verbformen.
Ein Partizip Präsens gibt es auch im Deutschen und im Englischen.

Verb: spielen/to play/*jouer* Partizip Präsens: spielend/playing/*jouant*
Im Deutschen verwendest du das Partizip Präsens meist als Adjektiv: spielende Kinder.

Im Französischen hingegen ersetzt das *participe présent* meist einen Nebensatz:
Jeune fille **apprenant** l'espagnol … (= Jeune fille qui apprend l'espagnol …)

Für das *gérondif* (**En travaillant**, tu feras des progrès.) gibt es keine entsprechende
Verbform im Deutschen.

In diesem Kapitel erfährst du etwas über:

– Bildung und Gebrauch des *participe présent*   1
– Bildung und Gebrauch des *gérondif*   2

Hinweise zu Vermeidung von Fehlern findest du in Abschnitt   3

1 Das *participe présent*
Le participe présent

1.1 Bildung / *Formation*

parler	→ *nous **parlons***	→ *parl**ant***
finir	→ *nous **finissons***	→ *finiss**ant***
pouvoir	→ *nous **pouvons***	→ *pouv**ant***

avoir → **ayant**   *être* → **étant**   *savoir* → **sachant**

Das *participe présent* bildest du aus dem Stamm der 1. Person Plural, an den du die Endung *-ant* anhängst. Das *participe présent* ist unveränderlich.

Nur diese drei Verben haben ein unregelmäßiges *participe présent*.

Ayant parlé à son frère, Édouard connaissait le problème.
Étant partie avant 8 heures, elle n'a pas fait la connaissance de M. Dupont.

Das *participe présent* hat auch eine Vergangenheitsform. Das Partizip der Verben, die die Vergangenheitsform mit *étant* bilden, musst du in Geschlecht und Zahl an das Subjekt angleichen.

Ne parlant pas le japonais, elle n'a rien compris.

Das *participe présent* wird wie andere Verbformen in die Verneinungsklammer eingeschlossen.

Ayant travaillé toute la journée, elle voulait se détendre.

Das *participe présent* kann nicht alleine stehen. Du musst es immer zusammen mit Ergänzungen oder Adverbien verwenden.

1.2 Gebrauch / *Emploi*

Voulant gagner la compétition, Joëlle s'entraîne deux fois par jour.
Da sie den Wettbewerb gewinnen will, trainiert Joëlle zweimal am Tag.

Comme elle veut gagner la compétition, …

Famille **parlant l'allemand** cherche jeune fille au pair.
Deutsch sprechende Familie sucht Aupairmädchen.

*Famille **qui parle** l'allemand …*

Pendant leur stage, les élèves se rencontrent régulièrement **préparant leur rapport**.
Während ihres Praktikums treffen sich die Schüler regelmäßig und bereiten ihren Bericht vor.

… et préparent leur rapport.

Eine Konstruktion mit dem Partizip Präsens ersetzt:

– Nebensätze, die einen Grund angeben und mit *comme, parce que, puisque* beginnen;

– einen Relativsatz mit *qui*;

– einen Hauptsatz, dessen Handlung gleichzeitig mit der Handlung eines anderen Hauptsatzes stattfindet. Diese Sätze sind im Deutschen oft durch *und* verbunden.

Das Partizip Präsens wird vorwiegend im geschriebenen Französisch verwendet, selten in der gesprochenen Sprache.

Zusatzinformation

*Elle était là, **étouffant** presque dans cette chaleur.* (*participe présent*)
Sie war da und erstickte fast in der Hitze.
*Il y avait une chaleur **étouffante**.* (*adjectif*)
Es herrschte eine stickige Hitze.

Vom *participe présent* einiger französischer Verben kannst du ein Adjektiv, das *adjectif verbal*, ableiten.

*Il a répété ses arguments, **provoquant** ainsi un tumulte.* (*participe présent*)
Er wiederholte seine Argumente und rief damit einen Tumult hervor.
*Ce sont des arguments **provocants**.* (*adjectif*)
Das sind provozierende Argumente.

Nicht immer werden *participe présent* und *adjectif verbal* gleich geschrieben oder haben sie die gleiche Bedeutung.

Merke dir vor allem die folgenden Beispiele:

Infinitiv	Partizip Präsens		Adjektiv	
convaincre	convainquant	überzeugend	convaincant/e	überzeugend
différer	différant	sich unterscheidend	différent/e	unterschiedlich, anders
négliger	négligeant	vernachlässigend	négligent/e	nachlässig
pouvoir	pouvant	könnend	puissant/e	mächtig
précéder	précédant	vorangehend	précédent/e	vorherig, vorig
provoquer	provoquant	hervorrufend	provocant/e	provozierend
savoir	sachant	wissend	savant/e	gelehrt

2 Das *gérondif*
Le gérondif

2.1 Bildung
Formation

parlant → en parlant
finissant → en finissant

Das *gérondif* bildest du durch *en* + *participe présent*.

En ne prenant pas le T.G.V., il faut compter 4 heures de plus.

Le prof distribue les cahiers **en souriant**.

Elle a trouvé la solution **en m'expliquant** le problème.

Die Verneinung umschließt nur die Verbform, nicht das *en*.
Anders als das *participe présent* kann das *gérondif* auch alleine, ohne weitere Ergänzungen stehen.
Wenn du das *gérondif* mit einem Pronomen verwendest, stellst du das Pronomen direkt vor die Verbform.

2.2 Gebrauch
Emploi

Das *gérondif* ist im gesprochenen und geschriebenen Französisch sehr geläufig.
Es kann für verschiedene Nebensätze stehen.

Elle faisait ses devoirs **en regardant la télé**.
Sie machte ihre Hausaufgaben, <u>während</u> sie fernsah.

En ouvrant la boîte aux lettres, j'ai trouvé sa carte.
<u>Als</u> ich den Briefkasten öffnete, fand ich seinen Brief.

En travaillant comme professeur, il gagnerait davantage.
<u>Wenn</u> er als Lehrer arbeiten würde, würde er mehr verdienen.

En lisant des journaux français, il a fait des progrès.
<u>Indem</u> er französische Zeitungen las, hat er Fortschritte gemacht.

Mit dem *gérondif* kannst du
– die Gleichzeitigkeit von Handlungen oder Ereignissen ausdrücken. Das *gérondif* ersetzt dann Nebensätze mit *pendant que*, oder *quand*, oder auch Hauptsätze, die durch *et* verbunden sind;
– Bedingungen oder Annahmen ausdrücken. Das *gérondif* ersetzt dann einen Nebensatz mit *si*;
– die Art und Weise, wie eine Handlung geschieht, oder das Mittel ausdrücken.

Das *gérondif* ist zeitlich neutral und unveränderlich. Du kannst es in Verbindung mit allen Zeiten im Hauptsatz verwenden.
Das *gérondif* kann am Satzanfang oder am Satzende stehen.

Si **nous** *partons lundi,* **nous** *éviterons les embouteillages.*
En partant *lundi, nous ...*

Ausnahmen:

L'appétit vient **en mangeant.** *(= quand on mange.)*
Der Appetit kommt beim Essen.

La fortune vient **en dormant.** *(= quand on dort.)*
Das Glück kommt im Schlaf.

C'est la première porte à gauche **en sortant.** *(= quand on sort.)*
Es ist die erste Tür links, wenn man hinausgeht.

Das *gérondif* bezieht sich immer auf das Subjekt des Hauptsatzes.

Nur in einigen Redewendungen und Sprichwörtern bezieht sich das *gérondif* nicht auf das Subjekt des Satzes.

en attendant	inzwischen
en attendant que	bis
en arrivant	bei der Ankunft
en passant	im Vorübergehen

Einige *gérondif*-Formen sind zu festen Wendungen eingefroren und werden im Deutschen nicht mit einem Nebensatz übersetzt.

Zusatzinformation

Tout en sachant *qu'il était malade il a continué à travailler.*
<u>Obwohl</u> er wusste, dass er krank war, hat er weitergearbeitet.

Du kannst das *gérondif* mit *tout* verstärken und drückst damit häufig einen Gegensatz aus.

3 Hinweise zur Vermeidung von Fehlern

Auch im Deutschen gibt es ein Partizip Präsens. Aber nur in wenigen Fällen kannst du ein deutsches Partizip Präsens mit einem französischen Partizip Präsens übersetzen.

Du willst sagen:

<u>auf der Straße spielende</u> Kinder

aber:
<u>spielende</u> Kinder
die <u>lachende</u> Kuh

eine <u>wütende</u> Frau
ein <u>brennendes</u> Haus

eine <u>brennende</u> Zigarette

Das übersetzt du folgendermaßen ins Französische:

des enfants **jouant** *dans la rue.*
participe présent.

des enfants **qui jouent**
la vache **qui rit**
Relativsatz

une femme **en colère**
une maison **en flammes**
präpositionaler Ausdruck

une cigarette **allumée**
Partizip Perfekt

Im Unterschied zum Deutschen kann das Partizip Präsens im Französischen nicht ohne Ergänzung stehen. Nur im ersten Beispiel kannst du also im Französischen ein Partizip Präsens verwenden. In allen anderen Fällen musst du andere Formulierungen wählen.

13

Die Wiedergabe von Äußerungen
Le discours rapporté

Wenn du darüber berichtest, was jemand gesagt hat, verwendest du nicht immer die wörtliche Rede. Du sagst also nicht nur: Er hat gesagt: „Ich komme morgen.", sondern auch: Er hat gesagt, dass er morgen komme.
Mit dem letzten Satz gibst du den Inhalt der Äußerung sinngemäß wieder und verwendest dabei die indirekte Rede.

Dieses Kapitel informiert über:

– die Wiedergabe von Aussagen (Indirekte Rede):	*Il dit qu'il viendra demain.*	1
– die Wiedergabe von Fragen (Indirekte Frage):	*Il demande ce qui se passe.* / *Elle voudrait savoir quand tu viendras ...*	2
– Die Wiedergabe von Aufforderungen (Indirekte Aufforderungen):	*Il dit qu'elle doit faire attention.*	4

Im Französischen gibt es feste Regeln für den Gebrauch der Zeiten in der indirekten Rede und der indirekten Frage, z. B.:
Elle m'a dit «Ce n'est pas vrai» wird zu *Elle m'a dit que ce n'était pas vrai.*

Die Zeitenfolge in der indirekten Rede/Frage kannst du nachschlagen in Abschnitt   3

Hinweise zur Vermeidung von Fehlern findest du in Abschnitt   5

1 Die indirekte Rede
Le discours indirect

Direkte Rede	Indirekte Rede	
	Hauptsatz	Nebensatz
Sophie raconte: «Je joue dans un groupe de rock.»	Sophie raconte	**qu**'elle joue dans un groupe de rock.
Elle ajoute: «Mon instrument préféré, c'est la guitare.»	Elle ajoute	**que** son instrument préféré, c'est la guitare.

Die indirekte Rede besteht aus einem Hauptsatz, und einem Nebensatz. Im Hauptsatz benützt du ein Verb der Redewiedergabe, z. B. *dire, raconter, affirmer* usw. Im Nebensatz gibst du den Inhalt der Rede wieder. Den Nebensatz leitest du mit der Konjunktion *que* ein.
Im Gegensatz zum Deutschen (Er sagt, (dass) er komme) und zum Englischen (He says (that) he'd come) kannst du im Französischen die Konjunktion *que* nicht weglassen.
Im *que*-Satz der indirekten Rede steht der Indikativ.

2 Die indirekte Frage
L'interrogation indirecte

2.1 Die indirekte Entscheidungsfrage
L'interrogation totale indirecte

Direkte Entscheidungsfrage	Indirekte Entscheidungsfrage	
(Valérie demande à Jérôme:)		Die indirekte Entscheidungsfrage leitest du mit *si* ein. Nur vor *il* und *ils* wird *si* zu *s'* verkürzt.
Tu as fait les courses?	Valérie demande à Jérôme **s'**il a fait les courses.	
Est-ce que Florence a passé l'aspirateur?	Elle veut savoir **si** Florence a passé l'aspirateur.	
Est-ce qu'elle a aussi rangé?	Elle demande **si** elle a aussi rangé.	

MERKE In einer indirekten Frage steht nie *est-ce que* und nie die Inversion.

ATTENTION Verwechsle nicht:

Je ne sais pas **si** je viens.	… ob ich komme	Indirekte Frage
Appelle-moi **si** tu as le temps.	… wenn du Zeit hast	Bedingungssatz

2.2 Die indirekte Teilfrage
L'interrogation partielle indirecte

Direkte Teilfrage	Indirekte Teilfrage
Comment êtes-vous venus?	Il demande **comment** nous sommes venus.
Quand êtes-vous arrivés?	Il aimerait savoir **quand** nous sommes arrivés.
Où est-ce que vous habitez?	Il veut savoir **où** nous habitons.
Par quoi voulez-vous commencer?	Elle veut savoir **par quoi** nous voulons commencer.
À qui avez-vous parlé?	Elle demande **à qui** nous avons parlé.
De qui avez-vous cette information?	Elle aimerait savoir **de qui** nous avons cette information.
Qui vous a dit cela?	Elle se demande **qui** nous a dit cela.

Direkte Teilfrage	Indirekte Teilfrage
Que voulez-vous visiter? *Qu'est-ce que* vous voulez visiter? *Qu'est-ce qui* vous intéresse le plus?	*Il nous demande ce que nous voulons visiter.* *Il veut savoir ce qui nous intéresse le plus.*

Indirekte Teilfragen leitest du mit demselben Fragewort ein wie die entsprechende direkte Frage. Ausnahmen:
Fragen mit *qu'est-ce que* und *que* leitest du mit *ce que* ein.
Fragen mit *qu'est-ce qui* leistest du mit *ce qui* ein.

3 Die Zeitenfolge in der indirekten Rede/Frage
La concordance des temps dans le discours / l'interrogation indirecte

Bei der indirekten Rede hängt das Tempus des Verbs im Nebensatz von Tempus des Verbs im Hauptsatz ab.

Direkte Rede

*C'est sûr, je **partirai** d'ici.*	Es ist sicher, dass ich weggehen werde.
*Je n'**aime** pas cette banlieue triste.*	Ich mag diese traurige Vorstadt nicht.
*Avant de venir ici, j'**ai habité** dans une petite ville de province.*	Bevor ich herkam, habe ich in einer kleinen Provinzstadt gelebt.
*C'**était** beaucoup moins anonyme.*	Dort war es viel weniger anonym.
*Là-bas, je n'**avais** pas encore **connu** cette indifférence.*	Dort habe ich diese Gleichgültigkeit noch nicht gekannt.
*Je **voudrais** y retourner.*	Ich möchte dorthin zurück.

Indirekte Rede

Hauptsatz Verb im Präsens	Nebensatz		
Elle dit	*qu'elle **partira** d'ici.*	(1)	Wenn der Hauptsatz im Präsens steht, verwendest du im Nebensatz das Tempus, das du auch in der direkten Rede verwenden würdest.
	*qu'elle n'**aime** pas cette banlieue.*	(2)	
	*qu'elle **a habité** dans une petite ville.*	(3)	
	*que c'**était** beaucoup moins anonyme.*	(4)	
	*qu'elle n'**avait** pas **connu** cette indifférence.*	(5)	
	*qu'elle **voudrait** y retourner.*	(6)	

Hauptsatz Verb in der Vergangenheit	Nebensatz		
Elle a dit	*qu'elle **partirait** d'ici.*	(1)	Wenn der Hauptsatz in einem Tempus der Vergangenheit steht, ändern sich einige Tempora im Nebensatz, und zwar so:
	*qu'elle n'**aimait** pas cette banlieue.*	(2)	
	*qu'elle **avait habité** dans une petite ville.*	(3)	
	*que c'**était** beaucoup moins anonyme.*	(4)	
	*qu'elle n'**avait** pas **connu** cette indifférence.*	(5)	
	*qu'elle **voudrait** y retourner.*	(6)	

Aus:	wird:
Futur	→ *conditionnel* (1)
Präsens	→ *imparfait* (2)
passé composé	→ *plus-que-parfait* (3)

Aber:	bleibt:
imparfait	*imparfait* (4)
plus-que-parf.	*plus-que-parfait* (5)
conditionnel	*conditionnel* (6)

MERKE
Je vais venir. → *Elle a dit qu'elle allait venir.*

Das *futur composé* bildest du aus dem Präsens des Verbs *aller* + Infinitiv.
In der indirekten Rede in der Vergangenheit musst du nur das Verb *aller* in die entsprechende Zeit setzen.

4 Indirekte Aufforderungen
Ordres indirects

Direkte Befehle kannst du in indirekte Befehle umformulieren. Hier einige Möglichkeiten:

<u>Direkter Befehl</u>

Viens ce soir!

<u>Indirekter Befehl</u>

*Elle me demande **de venir** ce soir.*
*Elle voudrait **que je vienne** ce soir.*
*Elle dit que je **dois** venir ce soir.*

Du kannst verwenden:
– eine Infinitivkonstruktion
– einen *Subjonctif*satz → **138**/3.2 (1)
– das Verb *devoir*

5 Hinweise zur Vermeidung von Fehlern

Du willst sagen:

Das übersetzt du folgendermaßen ins Französische:

<u>Der Grund, warum</u> er nicht gekommen ist, …
<u>Die Frage, ob</u> der Motor funktioniert, …
<u>Ich bin neugierig, ob</u> …

*La raison **pour laquelle** il n'est pas venu …*
*La question **de savoir si** le moteur fonctionne …*
*Je suis curieux/-se **de savoir si** …*

Er fragt sich, ob …
aber:
Er denkt nach, ob …

Il se demande si …

*Il réfléchit **pour savoir** si …*
Im Französischen kannst du einen indirekten Fragesatz nur an ein Verb anschließen, das ein direktes Objekt haben kann. Dazu zählen: *demander, se demander, vouloir savoir*

Woran du bei der Umwandlung von direkter in indirekte Rede denken musst:

Vanessa dit:
*«**Je** suis arrivée chez **mes** parents **hier**,*
*et **j**'ai rencontré **mon** frère qui était arrivé*
***hier matin** avec sa famille.*
***Aujourd'hui** nous n'avons fait que*
bavarder.»

Vanessa a dit qu'
elle** était arrivée chez **ses** parents **la veille
*et qu'**elle** avait rencontré **son** frère qui était*
*arrivé **la veille au matin** avec sa famille.*
***Le jour même** ils n'avaient fait que*
bavarder.

Wenn du direkte Rede in indirekte Rede umwandelst, musst du daran denken:
– wenn es nötig ist, die Zeiten umzuwandeln, z. B. dann, wenn der Hauptsatz in der Vergangenheit steht → **157**/3;
– die Zeitadverbien der veränderten Redesituation anzupassen, z. B. aus *hier* wird *la veille*. Näheres hierzu findest du in → **186**/3.
– Begleiter und Pronomen der veränderten Redesituation anzupassen, wenn es nötig ist, z. B. aus *mes* wird *ses*, aus *je* wird *elle*. Diese Anpassung ist nicht schwierig, da du sie in der deutschen indirekten Rede genauso vornimmst. Sie erfordert aber Aufmerksamkeit.

14

Der Fragesatz
La phrase interrogative

Es gibt zwei Arten von Fragen: die Entscheidungsfrage und die Teilfrage.

Wer eine Entscheidungsfrage stellt, erwartet als Antwort ein Ja oder Nein, z. B.:

Tu viens avec nous? Oui./Non.

Entscheidungsfragen haben kein Fragewort.

Auf Teilfragen kannst du nicht mit ja oder nein antworten. Wer eine Teilfrage stellt, erwartet ganz bestimmte Angaben, z. B. einen Ort, einen Zeitpunkt, eine Eigenschaft oder eine Person. Hier zwei Beispiele:

Qui est ton prof de français?   M. Martin.
Il est comment?   Assez sympa.

Teilfragen werden mit einem Fragewort gebildet *(Quand?, Comment?, Quel? …)*.

Hinweise zu den einzelnen Fragewörtern findest du in Abschnitt 1

Es gibt mehrere Möglichkeiten, Entscheidungsfragen und Teilfragen zu bilden.

	Entscheidungsfrage	Teilfrage	
– die Intonationsfrage und die Frage mit nachgestelltem Fragewort	*Tu viens?*	*Il arrive **à quelle heure**?*	2
– die Frage mit *est-ce que*	***Est-ce que** tu viens?*	***Quand est-ce que** tu viens?*	3
– die Inversionsfrage	*Vient-il?*	***Quand** vient-il?*	4
– die Frage nach dem Subjekt		***Qui** est cette fille?* ***Qui est-ce qui** a écrit cette lettre?*	5
– Infinitivfragen		*Où aller? / Que faire?*	6
– die absolute Frage	*Maurice **connaît-il** ce film?*	*Qui **Maurice invite-t-il**?*	Zusatzinformation 1
– die segmentierte Frage	*Maurice, il connaît ce film?*	*Il invite qui, Maurice?*	Zusatzinformation 2

Die Hinweise zur Vermeidung von Fehlern findest du in Abschnitt 7
Sie fassen die wichtigsten Punkte, auf die du achten musst, zusammen und geben dir Übersetzungshilfen für einige Fragen.

1 Überblick über die einzelnen Fragewörter
Aperçu sur les divers pronoms interrogatifs

Teilfragen fragen nach Personen, Sachen, Eigenschaften, Umständen, Zeitpunkten usw.
Je nachdem, wonach du fragst, musst du unterschiedliche Fragewörter verwenden. Das ist auch im Deutschen so.

Hier zunächst ein Überblick über die verschiedenen Fragewörter:

Qui est là? *Que fais-tu?*	Mit *qui* fragst du nach Personen. Mit *que* fragst du nach Sachen.
(Regarde ces deux dessins.) *Lequel préfères-tu?* *Quel dessin préfères-tu?* *(Et ces deux photos.)* *Laquelle préfères-tu?* *Quelle photo préfères-tu?*	Mit *lequel* und *quel* stellst du Auswahlfragen. *Lequel* ist ein Pronomen und kann alleine stehen. Es richtet sich in Geschlecht und Zahl nach dem Nomen, das es vertritt. Zu den Formen von *lequel* → **107**/2.5 (1). *Quel* ist ein Begleiter und kann nur zusammen mit einem Nomen stehen. Du gleichst es in Geschlecht und Zahl dem Nomen an, das es begleitet. Zu den Formen von *quel* → **19**/6.
Comment vas-tu? *Combien as-tu payé?* *Quand viens-tu?* *Pourquoi es-tu triste?* *Où est-elle?*	Mit *Comment?*, *Combien?*, *Quand?*, *Pourquoi?* und *Où?* stellst du Fragen nach den Umständen einer Handlung.
À qui penses-tu? *De quoi rêves-tu?* *(Ce livre est super!)* *Duquel parles-tu? (Duquel = de + lequel)* *De quel livre parles-tu?* *À combien de kilomètres de Rouen se trouve Paris?* *De quand date ce livre?* *D'où vient-elle?*	Die meisten Fragewörter kannst du in Verbindung mit Präpositionen verwenden. Mit *que* kann aber keine Präposition stehen. Anstelle von *que* musst du dann *quoi* verwenden.
Quelle note est-ce que tu as eue? *Combien de tomates as-tu achetées?*	**ATTENTION** Dies sind Fragen mit vorangestelltem direkten Objekt. Hier musst du das Partizip *(eu/acheté)* in Geschlecht und Zahl dem vorangestellten Objekt angleichen → **76**/4.11 (2).

2 Die Intonationsfrage und die Frage mit nachgestelltem Fragewort
L'interrogation par intonation et avec pronom interrogatif postposé

Die Intonationsfrage verwendest du bei Entscheidungsfragen. Die Frage mit nachgestelltem Fragewort verwendest du bei Teilfragen. Beide Fragen sind leicht zu bilden.

Entscheidungsfrage	Intonationsfrage
Tu viendras demain? *On va au cinéma?*	Die Intonationsfrage bildest du wie einen Aussagesatz. Statt eines Punktes setzt du ein Fragezeichen. Die Frage sprichst du mit steigender Intonation.
Teilfrage	Frage mit nachgestelltem Fragewort
*Il est **quelle heure**?* *Tu viens **quand**?*	Hier stellst du das Fragewort an das Ende des Satzes. Die übrigen Satzglieder stehen wie im Aussagesatz. Diese Frage sprichst du mit fallender Intonation.

Beide Fragen sind umgangssprachlich. Du kannst sie oft im gesprochenen Französisch hören.
In der geschriebenen Sprache werden sie, außer bei der Wiedergabe von Dialogen, nicht verwendet.

3 Die Frage mit *est-ce que*
L'interrogation avec est-ce que

Entscheidungsfrage	*Est-ce que* ist eine Art „hörbares Fragezeichen". Du stellst es dem Satz voran. Die Stellung der übrigen Satzglieder ist die gleiche wie im Aussagesatz.
Est-ce que tu viendras demain? *Est-ce qu'on va au cinéma?*	Vor Vokal und stummem *h* verkürzt du *est-ce que* zu *est-ce qu'*.
Teilfrage	Bei der Teilfrage stellst du das Fragewort dem *est-ce que* voran.
Qu'est-ce que tu fais? *Quand est-ce que tu viens?*	

ATTENTION mit *où est-ce que* und dem Verb *être*:

Où est-ce qu'il est? aber: *Où est Jérôme?* *Où est-ce qu'il est, Jérôme?*	*Où est-ce que* kannst du nur verwenden, wenn das Subjekt ein Pronomen ist. Bei einem Nomen verwendest du die Inversionsfrage oder die segmentierte Frage.

Die Frage mit *est-ce que* kannst du sowohl im gesprochenen als auch im geschriebenen Französisch verwenden.

3.1 *Qui est-ce qui / Qu'est-ce qui*
Qui est-ce que / Qu'est-ce que

Diese vier Fragen werden oft verwechselt. Deshalb hier ein Überblick über ihre Verwendung:

Qui est-ce qui vient? *Qui est-ce que tu as invité?*	<u>Wer</u> kommt? <u>Wen</u> hast du eingeladen?	Die Fragen nach Personen beginnen mit *Qui*.
Qu'est-ce qui te dérange? *Qu'est-ce que tu vas faire?*	<u>Was</u> stört dich? <u>Was</u> wirst du tun?	Die Fragen nach Sachen beginnen mit *Que*.
		Fragst du nach dem Subjekt, endet das Fragewort mit *qui*. Fragst du nach dem Objekt, endet das Fragewort mit *que*. ▶

La phrase interrogative / **Der Fragesatz**

MERKE

			Subjekt	Objekt
Person	Qui	est-ce	qui?	
	Qui	est-ce		que?
Sache	Qu'	est-ce	qui?	
	Qu'	est-ce		que?

4 Die Inversionsfrage
L'interrogation par inversion

Entscheidungsfrage

Vont-ils venir?
Parlez-vous allemand?

Va-t-il venir?
Est-ce bien toi?
Parle-t-il allemand?

Teilfrage

Que fait-il?
Où est Isabelle?

Avez-vous lu ce livre?
Lui a-t-elle raconté cette histoire?
Qu'a-t-il fait?
Qu'a fait Jérôme?

Bei der Inversionsfrage stellst du das Subjekt hinter das Verb. Verb und Subjektpronomen verbindest du mit einem Bindestrich.

Endet die Verbform in der 3. Person Singular mit einem Vokal, so schiebst du wegen der Aussprache ein -t- zwischen Verb und Subjektpronomen.

Bei der Teilfrage steht das Fragewort vor und das Subjekt hinter dem Verb.

In den zusammengesetzten Zeiten steht das Subjektpronomen zwischen Hilfsverb und Partizip.

Ein Nomen steht aber hinter dem Partizip.

ATTENTION Die Inversionsfrage kannst du immer bilden, wenn das Subjekt ein Pronomen ist. Ist das Subjekt aber ein Nomen, dann solltest du die Inversionsfrage nur bei einfachen Fragen mit *où* und *que* bilden; z. B.: *Où est Jérôme? Que fait Fabien?* In allen anderen Fällen solltest du die Frage mit *est-ce que* (→ 161/3) oder die absolute Frage verwenden (→ 163/Z 1).

Die Inversionsfrage findest du vor allem im geschriebenen Französisch. Sie gehört dem gehobenen Sprachstil an. Du findest sie z. B. in literarischen Texten, Reden oder Vorträgen.
Im gesprochenen Französisch ist die Inversionsfrage vor allem in einigen formelhaften Wendungen oder kurzen Fragen gebräuchlich. Merke z. B.: *Êtes-vous d'accord? Où est-elle?*
Die Frage mit nachgestelltem *je* ist nicht üblich. Man verwendet sie nur in einigen formelhaften Wendungen, z. B. *Puis-je?* (Darf ich?)

5 Die Frage nach dem Subjekt
L'interrogation portant sur le sujet

Diese Fragen verwendest du, wenn du nach dem Subjekt (Wer hat etwas getan? Was ist geschehen?) oder wenn du nach der Identität fragst (Wer ist …? Was ist …? Welcher ist …?).

Qui est cette fille?   Wer ist dieses Mädchen?   Hier fragst du nach einer Person.
Qui a lu ce livre?   Wer hat dieses Buch gelesen?   Du hast zwei Möglichkeiten: *Qui* und
Qui est-ce qui a écrit cette lettre?   Wer hat diesen Brief geschrieben?   *Qui est-ce qui.*

Der Fragesatz / *La phrase interrogative*

Qu'est-ce qui te dérange?	<u>Was</u> stört dich?	Hier fragst du nach einer Sache.

Quelle est ton <u>adresse</u>?	<u>Wie</u> lautet deine Adresse?	Auch mit *quel* und *lequel* fragst du meistens nach Sachen. Vergiss nicht, *quel* und *lequel* dem Bezugsnomen anzugleichen.
Laquelle (de ces deux <u>adresses</u>) est la tienne?	<u>Welche</u> ist deine?	

6 Infinitivfragen
L'interrogation à l'infinitif

Qui inviter?	Wen sollen wir einladen?	Mit Fragewort + Infinitiv + (Ergänzungen) kannst du verkürzte Fragen bilden.
À qui demander conseil?	Wen sollen wir um Rat fragen?	
Que faire?	Was tun?	
Où aller?	Wohin sollen wir gehen?	
Quel chemin prendre?	Welchen Weg sollen wir nehmen?	
Lequel choisir?	Welchen sollen wir auswählen?	

Zusatzinformation 1

Die absolute Frage
L'interrogation absolue

<u>Entscheidungsfrage</u>
Tes frères, viendront-ils aussi?
Martine, va-t-elle travailler avec nous?

<u>Teilfrage</u>
De qui Isabelle parle-t-elle?
Pourquoi Jérôme ne vient-il pas?

Bei der absoluten Frage wiederholst du das Subjekt durch ein Pronomen. Das Pronomen stellst du wie bei der Inversionsfrage hinter das Verb bzw. Hilfsverb.

Die absolute Frage gehört fast ausschließlich der Schriftsprache an. Du kannst sie häufig in den Schlagzeilen von Zeitungen finden.
Wenn sie in der gesprochenen Sprache verwendet wird, gehört sie einem gehobenen Sprachstil an.

Zusatzinformation 2

Die segmentierte Frage
L'interrogation segmentée

<u>Entscheidungsfrage</u>
Tes frères, ils viennent aussi?
Tes livres, tu les as achetés ici?

<u>Teilfrage</u>
Elle revient quand, Sophie?
C'est qui, Isabelle?

Die segmentierte Frage entspricht der Intonationsfrage bzw. der Frage mit nachgestelltem Fragewort mit einem Unterschied: Der Satzteil, nach dem gefragt wird, ist doppelt vertreten, als Nomen und als Pronomen. Dies ist wie beim segmentierten Aussagesatz → **128**/2.

Die segmentierte Frage gehört der gesprochenen Sprache an.

7 Hinweise zur Vermeidung von Fehlern

Du willst fragen:	Das heißt auf Französisch:
<u>Wer</u> ist das?	*Qui est-ce?* *C'est **qui**?* (Umgangssprache)
<u>Wer</u> ist dieses Mädchen?	*Qui est cette fille?* *C'est **qui**, cette fille?* (Umgangssprache)
<u>Wer</u> hat Liliane eingeladen?	***Qui** a invité Liliane?* ***Qui est-ce qui** a invité Liliane?*

Hier fragst du nach Personen, die Subjekt des Satzes sind → **162**/5.

<u>Wen</u> hat Liliane eingeladen?	***Qui est-ce que** Liliane a invité?* *Liliane a invité **qui**?* (Umgangssprache)

<u>Wen?</u> übersetzt du mit *qui* oder *qui est-ce que* → **161**/3.1.

<u>Wem</u> hast du das Buch gegeben?	*À **qui** est-ce que tu as donné le livre?*

<u>Wem?</u> übersetzt du mit *qui* + Präposition.

<u>Was</u> ist los?	*Qu'est-ce qui se passe?* (Subjekt)
<u>Was</u> ist das?	*Qu'est-ce que c'est?* (Objekt)
<u>Was</u> hat er dir gegeben?	*Qu'est-ce qu'il t'a donné?* (Objekt) / *Il t'a donné **quoi**?* (Objekt) (nur gesprochen)

Das deutsche Fragewort <u>was?</u> verwendest du bei Sachen, egal ob du nach dem Subjekt oder dem Objekt fragst. Im Französischen musst du Fragen nach dem Subjekt und Fragen nach dem Objekt unterscheiden → **161**/3.1 und **109**/3.2.

<u>Wo</u> ist sie?	*Où est-ce qu'elle est?* / *Où est-elle?*
aber:	
<u>Wo</u> ist Liliane?	*Où est **Liliane**?*

Auf *où est-ce que* + *être* kann kein Nomen folgen → **161**/3.

<u>Was für ein</u> Buch hast du gekauft?	***Quel** livre est-ce que tu as acheté?*

Was für ein/eine …? übersetzt du immer mit *quel?/quelle?*

<u>Welches</u> Buch hat er gekauft?	***Quel** livre est-ce qu'il a acheté?*
Er hat eins von diesen Büchern gekauft. <u>Welches</u>?	*Il a acheté un de ces livres. **Lequel**?*

Welcher? Welche? Welches? (+ Nomen)	→ *Quel? Quelle?*
Welcher? Welche? Welches? (ohne Nomen)	→ *Lequel? Laquelle?*

Denke daran, dass *quel?* und *lequel?* veränderlich sind → **19**/6 und **107**/2.5 (1).

TIPP In schriftlichen Arbeiten verwendest du am besten die *est-ce que*-Frage (→ **161**/3), sie ist am einfachsten zu bilden.

15 SÄTZE

Der Aufforderungssatz und der Ausrufesatz
La phrase impérative et la phrase exclamative

Neben dem Aussagesatz und dem Fragesatz gibt es noch zwei weitere Satzarten:

– den Aufforderungssatz *Prenez place.*
– den Ausrufesatz *Quel joli pull!*

Mit dem Aufforderungssatz kannst du z. B.:

– Befehle erteilen *Venez à 3 heures.*
– um etwas bitten *Donne-moi un coca, s'il te plaît.*
– etwas verbieten *Ne m'appelle plus.*
– Vorschläge machen *Allons au cinéma.*

Mit dem Ausrufesatz kannst du z. B. folgendes ausdrücken:

– Bewunderung *Comme c'est beau!*
– Überraschung *Quelle surprise!*
– Enttäuschung *Que c'est dommage!*

In den folgenden Abschnitten kannst du nachschlagen:

– wie der Aufforderungssatz gebildet wird 1.1
– welche anderen Möglichkeiten du hast Aufforderungen, Bitten,
  usw. zu formulieren 1.2
– wie der Ausrufesatz gebildet wird 2

1 Der Aufforderungssatz
La phrase impérative

1.1 Die Bildung des Aufforderungssatzes
La formation de la phrase impérative

Ouvrez *votre livre à la page 22.* *Ne* **parle** *pas si vite.*	Aufforderungssätze bildest du meist mit den Imperativformen des Verbs. Zu den Formen des Imperativs → **78**/5. Zur Stellung der Pronomen beim Imperativ → **100**/1.6 (3). Aufforderungssätze können bejaht oder verneint sein. Nach einem Aufforderungssatz mit dem Imperativ steht kein Ausrufezeichen.
Tu ne **sortiras** *pas!* *Tu* **vas** *t'excuser!*	Befehle kannst du auch mit dem *futur simple* oder *futur composé* ausdrücken.
Prendre *100 g de farine et deux œufs ...* *Ne pas* **marcher** *sur la pelouse.*	In Kochrezepten, Gebrauchsanweisungen oder auf Verbotsschildern werden Aufforderungen auch durch einen Infinitiv ausgedrückt.

1.2 Andere Möglichkeiten, Aufforderungen und Vorschläge auszudrücken
Autres possibilités d'exprimer des ordres et des propositions

Aufforderungssätze mit dem Imperativ oder dem *futur* werden nicht als besonders höflich empfunden. Deshalb gibt es mehrere Möglichkeiten den Befehls- oder Aufforderungscharakter eines Satzes abzuschwächen.

Tu **peux** *parler moins vite, s'il te plaît?* **Pouvez-vous** *me prêter votre stylo?*	Kannst du bitte langsamer sprechen? Können Sie mir Ihren Füller ausleihen?	Aufforderungen kannst du auch als Fragen mit dem Verb *pouvoir* formulieren.
Tu **pourrais** *m'aider?* **Pourriez-vous** *me donner votre adresse?*	Könntest du mir helfen? Könnten Sie mir Ihre Adresse geben?	Fragen mit dem *conditionnel* (z. B. *Tu pourrais?*) gelten als besonders höflich.
Et **si** *on allait au cinéma?*	Und wenn wir ins Kino gingen?	Vorschläge kannst du mit *si* + Verb im *imparfait* ausdrücken.

2 Der Ausrufesatz
La phrase exclamative

Clément est absolument adorable!	Ausrufesätze können ausgedrückt werden durch: – einen normalen Aussagesatz. Dann hörst du nur an der Intonation, dass es sich um einen Ausrufesatz handelt.
Comme *elle travaille!* **Comme** *c'est gentil!* **Que** *c'est difficile!*	– einen Aussagesatz, der mit *comme* oder *que* eingeleitet wird. Auf *que* folgt hier der Indikativ.
Quelle <u>chance</u> *elle a eue!* **Quelle** <u>surprise</u>*!*	– durch *quel* + Nomen. *Quel* musst du in Geschlecht und Zahl an das Bezugsnomen angleichen, → **19**/6.
Si *elle venait plus souvent!* **Si seulement** *on pouvait lui téléphoner!*	– durch *si (seulement)* + Verb im *imparfait*.

Zusatzinformation *Qu'est-ce qu'elle travaille!*	Im gesprochenen Französisch hörst du anstelle von *que* oder *comme* auch *qu'est-ce que*.

16

Die Verneinung
La négation

Sätze können bejaht (*Elle aime la musique pop.*) oder verneint sein (*Elle n'aime pas la musique classique.*).
Im Französischen gibt es mehrere Verneinungswörter.

In den folgenden Abschnitten erfährst du etwas über

– die Verneinungsadverbien	*ne ... pas, ne ... plus,*	
	ne ... jamais	1
– die Verneinungswörter	*ne ... personne, ne ... rien,*	
	ne ... aucun, ne ... pas un seul	2
– die Verneinung nur mit *pas*	*Elle est Suisse, **pas** Italienne.*	4
– die Verneinung nur mit *ne*	*Il **ne** cesse de parler.*	5
– die Antwort auf eine verneinte Frage	*Tu ne viens pas?* **Si**.	6
– die doppelte Verneinung	*ne ... ni ... ni*	7
– die Einschränkung	*ne ... que*	8

Manchmal verwendet das Französische Verneinungswörter dort, wo im Deutschen keine Verneinung steht, z. B.:
*Tu le sais mieux que **personne*** / Du weißt das besser als irgendjemand oder:
*Il part sans **rien** dire.* / Er geht, ohne etwas zu sagen.
Dies kannst du nachschlagen in Abschnitt   3

1 Die Verneinungsadverbien
Les adverbes de négation

1.1 Formen
Formes

*Sophie **ne** travaille **pas**.* ... nicht
*Alain **ne** dort **plus** la nuit.* ... nicht mehr
*Alexandre **ne** sort **jamais**.* ... nie

Die Verneinung besteht aus zwei Teilen:
ne ... pas
ne ... plus
ne ... jamais
Ne stellst du vor die konjugierte Form des Verbs, *pas/plus/jamais* dahinter, sodass das Verb wie von einer Klammer umschlossen ist. Man spricht deshalb von einer „Verneinungsklammer".

N'oublie pas ton livre.
N'hésite pas à me demander conseil.

Vor Vokal und stummen *h* verkürzt du *ne* zu *n'*.

*Les maths **ne** l'intéressent **pas du tout**.*
Mathe interessiert ihn <u>überhaupt nicht</u>.

*L'allemand **ne** l'intéresse **pas non plus**.*
Deutsch interessiert ihn <u>auch nicht</u>.

*Il **n'a pas encore** fait ses devoirs.*
Er hat seine Aufgaben <u>noch nicht</u> gemacht.

Ne ... pas kannst du mit *du tout, non plus* und *encore* verstärken.

*Il **ne** voudrait **plus jamais** les faire.*
Er möchte sie <u>nie mehr</u> machen.

*Il **n'a plus du tout** envie de travailler.*
Er hat <u>überhaupt keine</u> Lust <u>mehr</u> zu arbeiten.

Ne ... plus verstärkst du mit *jamais* und *du tout*.

*Il n'y a **pas** de voitures.*
Es gibt <u>keine</u> Autos.

*Il n'y a **plus** de bruit.*
Es gibt <u>keinen</u> Lärm <u>mehr</u>.

Denke an die Verwendung des *de partitif* nach einer Verneinung → 15 f/3.1.

Zusatzinformation

*C'est **pas** vrai.*
*Il danse **jamais**.*

Im gesprochenen Französisch kannst du häufig Sätze hören, in denen das *ne* weggelassen wird. Beim Schreiben darfst du das *ne* aber keinesfalls vergessen.

*George **ne** vient **guère** nous voir ces derniers temps.*
George besucht uns kaum in der letzten Zeit.
*Il **n'**aime **guère** sortir.*
Er mag kaum noch ausgehen.

Im gehobenen Französisch kannst du manchmal *ne ... guère* hören. In der Umgangssprache verwendet man stattdessen *ne ... pas souvent, ne ... pas beaucoup* oder *ne ... presque pas*.

*Des soucis? Il **n'**en a **point**.*
Sorgen? Er hat keine.

Ne ... point findest du manchmal in der Literatur. Es gilt als veraltet und wird genauso gebraucht wie *ne... pas*.

1.2 Stellung
Place

Jérôme **ne** viendra **pas**.
Ne viens **pas** demain.
Pourquoi est-ce qu'il **ne** vient **pas**?
Jérôme **n'**est **pas** venu.
Il **ne** va **pas** venir.
Ne comprenant **pas** le français, il s'est trompé de chemin.

En **n'**achetant **pas** ces produits, tu protesteras.

In den einfachen und zusammengesetzten Zeiten *(présent, imparfait, futur simple …)* umschließt die Verneinungsklammer die konjugierte Form des Verbs.

Auch das *participe présent* wird von der Verneinungsklammer eingeschlossen.
Beim *gérondif (en achetant)* steht das *en* außerhalb der Verneinungsklammer.

Il **ne** peut **pas** venir.

Bei Modalverb *(pouvoir, vouloir …)* + Infinitiv umschließt die Verneinungsklammer das Modalverb.

Pourquoi **ne** vient-il **pas**?
Pourquoi **n'**est-il **pas** venu?

ATTENTION Bei der Inversionsfrage umschließt die Verneinungsklammer auch das nachgestellte Subjektpronomen.

Ils	ne	s'	écrivent	plus	
Elle	ne	lui	téléphone	plus.	
Elle	n'	y	va	plus.	
Ils	ne	se	sont	plus	vus depuis longtemps.
Ils	ne		vont	plus se	rencontrer.
Ils	ne		veulent	plus se	parler.

Reflexivpronomen, Objektpronomen, *y* und *en* stehen innerhalb der Verneinungsklammer, außer im *futur composé* und bei Modalverben. Dort stehen die Pronomen vor dem Infinitiv und außerhalb der Verneinungsklammer.

Ne pas marcher sur la pelouse!
Il vaut mieux **ne pas** insister.
Il vaut mieux **ne pas** le dire.

Willst du einen Infinitiv verneinen, so stellst du die Verneinungsadverbien zusammen vor den Infinitiv.

2 Die Verneinung mit *personne, rien, aucun* und *pas un seul*
La négation avec personne, rien, aucun *et* pas un seul

Diese Verneinungswörter kannst du als Subjekt oder Ergänzung verwenden.

2.1 Verwendung als Subjekt
Emploi comme sujet

Personne ne vient le voir.
Niemand besucht ihn.

Rien ne l'intéresse.
Nichts interessiert ihn.

J'ai regardé ces photos. **Aucune** ne m'a plu.
… Keins hat mir gefallen.

Pas une seule ne m'a plu.
Kein Einziges hat mir gefallen.

Als Subjekt eines Satzes stellst du diese Verneinungswörter zusammen mit *ne* vor das Verb.

Aucun und *pas un seul* gleichst du im Geschlecht an das Nomen, das sie ersetzen, an (hier: *les photos*).

2.2 Verwendung als Ergänzung
Emploi comme complément

*Je **ne** vois **personne**.*
Ich sehe niemanden.

*Je **ne** parle **à personne**.*
Ich spreche mit niemandem.

*Je **ne** fais **rien**.*
Ich tue nichts.

*Je **ne** pense **à rien**.*
Ich denke an nichts.

Als Ergänzungen bilden diese Verneinungswörter eine „Verneinungsklammer" genauso wie die Verneinungsadverbien *ne… pas, ne … plus* und *ne … jamais*.
Die Verneinungswörter kannst du mit Präpositionen *(à, de, avec* usw.) kombinieren.

*Je **ne** lis **aucun** de ces livres.*
Ich lese keines dieser Bücher.

*Je **n'**en lis **pas un seul**.*
Ich lese kein Einziges.

*Je **ne** me souviens **d'aucune** de ces histoires.*
Ich erinnere mich an keine dieser Geschichten.

Aucun und *pas un seul* können als Ergänzungen nicht alleine stehen. Sie werden immer von einer *de-*Ergänzung oder einem partitiven *en* (→ **95**/1.3) begleitet.

Aucun und *pas un seul* gleichst du im Geschlecht dem Nomen an, das sie vertreten (hier: *livre* und *histoire*).

1. Die Stellung von *ne … rien*

Elle	*n'*	*a*	*rien entendu.*
Elle	*ne*	*veut*	*rien faire.*
Il	*ne s'est souvenu*		*de rien.*
Il	*ne veut penser*		*à rien.*

Ne … rien umschließt die konjugierte Form des Verbs, hier z. B. das Hilfsverb *(a)* und das Modalverb *(veut)*.

In Verbindung mit einer Präposition (hier *à* oder *de*) steht *rien* aber immer nach dem Partizip oder Infinitiv.

Zusatzinformation

Il	*ne comprend*	**rien**	*du tout.*	
		… gar nichts		
Il	*n'*	*a*	**rien** *fait*	*du tout.*
Il	*ne veut*	**rien** *comprendre*	*du tout.*	

Auch *rien* kannst du mit *du tout* verstärken.
In den einfachen Zeiten stellst du *rien* und *du tout* zusammen hinter das Verb.
In den zusammengesetzten Zeiten und in Sätzen mit Modalverben steht *rien* hinter dem Hilfsverb bzw. Modalverb. *Du tout* steht hinter dem Partizip bzw. Infinitiv.

2. Die Stellung von *ne … personne* und *ne … aucun*

*Je **n'**ai vu **personne**.*
*Il **n'**a dit **aucun** de ces mots.*

*Elle **ne** veut rencontrer **personne**.*
*Elle **ne** veut lire **aucun** de ces livres.*

In den zusammengesetzten Zeiten stellst du *personne* und *aucun* hinter das Partizip.

In Sätzen mit Modalverben stellst du *personne* und *aucun* hinter den Infinitiv.

Die Verneinung / *La négation*

Des fautes?					
Elle	*n'en*	*fait*	***pas***		*une seule.*
Elle	*n'en*	*a*	***pas***	*fait*	*une seule.*
Elle	***ne***	*va*	***pas*** *en*	*faire*	*une seule.*

Ne ... pas umschließt immer die konjugierte Form des Verbs. *Une seule* steht hinter dem Partizip oder Infinitiv.

*Ne va-t-il **rien** faire?*
*Pourquoi **ne** parle-t-elle **à personne**?*
*Ne lit-elle **aucun** de ces livres?*
*Ne lit-elle **pas un seul** de ces journaux?*

ATTENTION In der Inversionsfrage kannst du Verb und nachfolgendes Subjektpronomen nicht voneinander trennen. Das Subjektpronomen steht deshalb immer innerhalb der Verneinungsklammer.

3 Gebrauch der Verneinungswörter in positiver Bedeutung
L'emploi des mots de négation avec une connotation positive

*C'est la plus belle chose que j'ai **jamais** vue.*
Das ist das Schönste, was ich jemals gesehen habe.

*Si **jamais** je l'attrape ...*
Wenn ich ihn jemals erwischen sollte ...

*C'est fini **à jamais**.*
Es ist für immer zu Ende.

*Vous le savez mieux que **personne**.*
Sie wissen dies besser als irgendein anderer.

*Est-ce que vous avez **aucun** doute?*
Haben Sie irgendeinen Zweifel?

Einige Verneinungswörter kannst du, anders als im Deutschen, mit positiver Bedeutung verwenden. Du verwendest sie dann ohne *ne*.

*Elle **n'a jamais** entendu **rien** d'aussi bête.*
Sie hat nie etwas so Dummes gehört.

*Il la regarde **sans rien** dire.*
Er schaut sie an, ohne etwas zu sagen.

*Elle **ne** parlera **jamais** de cette rencontre à **personne**.*
Sie wird über diese Begegnung nie mit jemandem sprechen.

***Personne ne** comprendra **jamais** sa peur.*
Niemand wird je ihre Angst verstehen.

In einem verneinten französischen Satz verwendest du, anders als im Deutschen, die verneinten unbestimmten Pronomen.

4 Die Verneinung nur mit *pas*
*La négation avec **pas** seulement*

*Elle est Suisse, **pas** Italienne.*
*Elle habite dans une maison **pas** loin du centre.*
*Nous partons aujourd'hui, **pas** demain.*

Willst du nur einen Satzteil – nicht den ganzen Satz – verneinen, lässt du *ne* weg und stellst *pas* vor den Satzteil, den du verneinen willst.

5 Die Verneinung nur mit *ne*
La négation avec ne *seulement*

Vor einigen Verben steht häufig nur die Verneinung mit *ne* – ohne *pas*. Dies ist vor allem der Fall bei:

cesser de	*Il **ne** cesse de parler.*
oser	*Elle **n'**ose prendre la parole.*
pouvoir	*Il **ne** peut leur pardonner.*
savoir	*Je **ne** sais que faire.*

MERKE In den folgenden festen Wendungen steht *ne* immer allein:

N'importe qui	irgendwer
*Si je **ne** me trompe.*	Wenn ich mich nicht irre.
*Je **ne** saurais …*	Ich kann nicht …
*Si ce **n'**est …*	Wenn nicht …

Zusatzinformation

Im geschriebenen Französisch und in einer sehr gewählten gesprochenen Sprache kannst du nach bestimmten Verben und Ausdrücken ein *ne* finden. Dieses *ne* drückt keine Verneinung aus; es ist also funktionslos. Man nennt dieses *ne* „expletives *ne*".

Das expletive *ne* kannst du finden:

*Je **crains** qu'elle **ne** vienne.* — nach Verben: z. B: *craindre, éviter, douter, empêcher*
Ich fürchte, dass sie kommt.

*Il faut lui parler pour **éviter** qu'il **ne** fasse une faute.*
Man muss mit ihm reden um zu vermeiden, dass er einen Fehler macht.

*Je vais l'appeler **avant** qu'il **ne** soit trop tard.* — nach Konjunktionen: z. B.: *avant que, à moins que*
Ich werde ihn anrufen, bevor es zu spät ist.

*La maison coûte **moins** cher **que** je **ne** le pensais.* — nach Vergleichen.
Das Haus kostet weniger, als ich dachte.

6 Die Antwort auf verneinte Äußerungen
La réponse à des énoncés négatifs

Tu ne viens pas?	*Non.*	*Si* verwendest du, wenn du einer verneinten Frage widersprichst.
Tu ne viens pas?	***Si.*** Doch	
Moi, je viens. Et toi?	*Moi aussi.*	*Non plus* verwendest du, wenn du einer verneinten Aussage zustimmst.
Moi, je ne viens pas. Et toi?	***Moi non plus.***	
	Ich auch nicht.	
Et lui?	***Lui non plus.***	

Die Verneinung / *La négation*

7 Die Verneinung *ne ... ni ... ni*
La négation ne ... ni ... ni

*Elle **n'**est **ni** blonde **ni** brune.*
*Elle **n'**aime **ni** le dessin **ni** la musique.*
***Ni** Lisa **ni** Sophie **ne** connaissent le Portugal.*

Die Verneinung *ne ... ni ... ni* (weder ... noch) besteht aus drei Teilen. *Ne* stellst du vor die konjugierte Form des Verbs, *ni* vor die Satzteile, die du verneinen willst.

*Il **ne** veut **ni ne** peut participer à ce cours.*

Willst du zwei Verben verneinen, so stellst du vor das erste Verb *ne* und vor das zweite *ni ne*.

*Lisa **ne** connaît **pas** le Portugal.*
*Sophie **non plus**.*

*Elle **n'**aime **pas** le dessin **ni** la musique.*

Ne ... ni ... ni findest du vor allem im geschriebenen Französisch. In der gesprochenen Sprache hörst du eher die Verneinung mit *ne ... pas ... non plus* oder *ne ... pas ... ni*. Sehr geläufig ist *ne ... ni ... ni* aber in festen Redewendungen wie: ***Ne** dire **ni** oui **ni** non. **Ni** l'un **ni** l'autre.*

*J'ai **du** café et **du** chocolat.*   bejaht
*Je n'ai **ni** ■ café **ni** ■ chocolat.*   verneint

ATTENTION Steht im bejahten Satz der Teilungsartikel, steht im verneinten Satz mit *ni* kein Artikel.

8 Die Einschränkung mit *ne ... que*
La restriction avec ne ... que

*Elle **ne** téléphone **qu'**une fois par mois.*
Sie ruft <u>nur</u> einmal im Monat an.

*Il **n'**y a **qu'**un métier qui l'intéresse: journaliste.*
Es gibt <u>nur</u> einen Beruf, der ihn interessiert: Journalist.

*Je **ne** voudrais manger **qu'**une pomme.*
Ich möchte <u>nur</u> einen Apfel essen.

*Il **n'**arrive **qu'**à 8 heures.*
Er kommt <u>erst</u> um 8 Uhr.

*Il **n'**a **que** 17 ans.*
Er ist <u>erst</u> 17 Jahre alt.

Mit *ne ... que* kannst du eine Einschränkung ausdrücken. Im Deutschen entspricht *ne ... que* nur oder erst.
Ne steht vor der konjugierten Form des Verbs, *que* vor dem Satzteil, den du einschränken willst.

Ein Subjekt und ein Verb kannst du allerdings nicht mit *ne ... que* einschränken.
Dafür hast du die folgenden Möglichkeiten:

<u>Nur</u> Jean kann kommen.
***Seul** Jean peut venir.*
*Il **n'**y a **que** Jean qui puisse venir.*

Das Subjekt kannst du einschränken durch:
– *seul/e* oder
– *il n'y a que* + Nomen + *qui* + Verb im *subjonctif*.

Er arbeitet <u>nur</u>.
*Il travaille **seulement**.*
*Il **ne** fait **que** travailler.*

Das Verb kannst du einschränken durch:
– *seulement* oder
– Subjekt + *ne faire que* + Verb im Infinitiv.

Am einfachsten ist es, wenn du in diesen Fällen *seul/e* bzw. *seulement* verwendest. ▶

Merke dir die folgenden festen Wendungen:

Tu n'as qu'à écrire.
Du brauchst nur zu schreiben.

Il ne me reste qu'à partir.
Es bleibt mir nichts anderes übrig, als zu gehen.

Il ne pense qu'à faire des bêtises.
Er hat nichts anderes als Dummheiten im Kopf.

ATTENTION Verwechsle nicht:

Jean travaille seul.   Jean arbeitet alleine.   Hier bezieht sich *seul* auf *travaille*. (Wie arbeitet Jean? Alleine.)

Seul Jean travaille.   Nur Jean arbeitet.   Hier bezieht sich *seul* auf *Jean*. (Wer arbeitet? Nur Jean.)

17

Der Passivsatz
La phrase passive

Passivsätze kennst du aus dem Deutschen:

Diese Kathedrale wurde im 16. Jh. gebaut. /
Cette cathédrale a été construite au 16ᵉ siècle.

– Einzelheiten zur Bildung des Passivsatzes findest du in   1
– Zur Verwendung des Passivs siehe   2 und 3

Wenn du wissen möchtest, wie die einzelnen Zeiten im Passiv gebildet werden, schlage → 82/8 nach.

Hinweise zur Vermeidung von Fehlern findest du in Abschnitt   3

1 Die Bildung des Passivsatzes
La formation de la phrase passive

	1642 <u>haben</u> die Franzosen die Stadt Québec <u>gegründet</u>.		
Aktiv:	En 1642, les Français	**ont fondé**	la ville de Québec.
Passiv:	En 1642, <u>la ville de Québec</u>	**a été fondée**	par les Français.
	1642 <u>wurde</u> die Stadt Québec von den Franzosen <u>gegründet</u>.		

Den Passivsatz bildest du, indem du
– das <u>direkte Objekt</u> eines Satzes im Aktiv zum Subjekt machst;
– eine Passivform des Verbs verwendest.

ATTENTION

<u>Diese Novelle</u> <u>wurde</u> von Maupassant <u>geschrieben</u>.
→ *Cette nouvelle **a été écrite** par Maupassant.*
(écrire qc)

In ihr <u>wird</u> von einer Frau <u>erzählt</u>, die …
→ ***On y parle** d'une femme qui … (parler **de** qc/qn)*

Nur Verben, die ein direktes Objekt anschließen, können im Französischen ein Passiv bilden. Bei allen anderen Verben musst du einen Satz im Aktiv (z. B. mit *on*) verwenden. Auf S. **86** ff findest du eine Liste der wichtigsten Verben mit ihren Ergänzungen. Dort kannst du nachschlagen, welche Verben ein direktes Objekt anschließen.

1.1 Die Zeiten des Passivs
Les temps du passif

<u>Le virus du sida</u> **a été découvert** par Montaigner.
Das Aidsvirus wurde von Montaigner entdeckt.

<u>Cette maladie</u> **sera vaincue** un jour.
Eines Tages wird diese Krankheit besiegt werden.

Das Passiv kannst du in allen Zeiten und Modi konjugieren. Du erkennst die Zeit einer Passivform am Hilfsverb *être*.

Zur Bildung der einzelnen Zeiten des Passivs,
→ **82/8**.

ATTENTION Das Passiv wird mit dem Hilfsverb *être* gebildet! Vergiss also nicht, das Partizip in Geschlecht und Zahl an das Subjekt anzugleichen.

Zusatzinformation

Cette chapelle a été construite en 1953.

*Cette chapelle a été construite **par** un architecte célèbre.*

*Sa chambre est décorée **de** fleurs.*

Es gibt Passivsätze mit Nennung des Urhebers und Passivsätze ohne Nennung des Urhebers.
Die Nennung des Urhebers erfolgt in der Regel mit *par*.

Nach einigen Partizipien, die einen Zustand ausdrücken, schließt du die Ergänzung mit *de* (nicht *par*) an.

MERKE

accompagné/e de	begleitet von	*estimé/e de*	geschätzt von
aimé/e de	geliebt von	*ignoré/e de*	nicht gekannt von
connu/e de	gekannt von	*oublié/e de*	vergessen von
détesté/e de	gehasst von	*redouté/e de*	gefürchtet von
entouré/e de	umgeben von	*respecté/e de*	geachtet von

2 Der Gebrauch des Passivsatzes
L'emploi de la phrase passive

*Cette école **a été fermée** en 1993.*
Diese Schule wurde 1993 geschlossen.

*Tous les ouvriers **ont été renvoyés**.*
Alle Arbeiter wurden entlassen.

*Le livre **a été** très bien **vendu**.*
Das Buch wurde sehr gut verkauft.

Der Passivsatz wird im Französischen viel seltener gebraucht als im Deutschen. Am häufigsten werden Passivsätze ohne Nennung des Urhebers verwendet.

***On** a fermé cette école en 1993.*
*Tous les ouvriers **se sont fait renvoyer**.*

*Ce livre **s'est** très bien **vendu**.*

Meist jedoch verwendet man im Französischen die folgenden Alternativen:
– einen Aktivsatz mit *on*;
– *se faire* + Verb im Infinitiv. (Das geht nur, wenn das Subjekt ein menschliches Lebewesen ist.)
– einen Aktivsatz mit einem reflexiven Verb.

3 Hinweise zur Vermeidung von Fehlern

Im Deutschen sind Passivsätze viel häufiger als im Französischen.
Hier kannst du sehen, wie du deutsche Passivsätze ins Französische übersetzt.

Du willst sagen:

Das übersetzt du folgendermaßen ins Französische:

Es wird französisch gesprochen.
Es wurde getanzt.

***On parle** français.*
***On a dansé**.*

Deutsche Passivsätze, die mit dem unpersönlichen *es* beginnen, übersetzt du mit *on* + Verb im Aktiv.

Erst wird gegessen.
Hier wird nicht geraucht.
Ihm ist gesagt worden, dass …

***On mange** d'abord.*
*Ici **on ne fume** pas.*
***On lui a dit** que …*

Deutsche Passivsätze ohne Angabe des Subjekts übersetzt du ebenfalls mit *on* + Verb im Aktiv, da im französischen Passivsatz immer ein Subjekt benötigt wird.

Das Tor wird geschlossen.
Das Zimmer wird geputzt.

***On ferme** le portail.*
***On nettoie** la chambre.*

Auch deutsche Passivsätze ohne Angabe des Urhebers oder ohne Zeitangabe übersetzt du am besten mit *on* + Verb im Aktiv. Das Passiv kannst du hier nicht verwenden, weil sonst der Satz zweideutig wäre:
La chambre est nettoyée könnte heißen Das Zimmer ist sauber oder Das Zimmer wird geputzt.

Das Tor wird vom Hausmeister geschlossen.
Das Zimmer wird zwei Mal wöchentlich geputzt.

*Le portail **est fermé** par le concierge.*

*La chambre **est nettoyée** deux fois par semaine.*

Enthält der deutsche Passivsatz dagegen einen Urheber oder eine Zeitangabe, kannst du ihn auch mit einem französischen Passivsatz übersetzen.

Sie wurde gefragt, ob …
Ihr wurde erzählt, dass …

*On lui a demandé si … (demander **à** qn)*
*On lui a raconté que … (raconter **à** qn)*

Nur ein direktes Objekt kann Subjekt eines Passivsatzes werden. Schließt das französische Verb eine Ergänzung mit *à* oder *de* an, musst du einen Satz im Aktiv (am besten mit *on*) verwenden.

18

Der Text
Le texte

Texte können aus einem Wort bestehen wie zum Beispiel: Feuer!
Meist aber bestehen sie aus mehreren, zusammenhängenden Sätzen mit einem gemeinsamen Thema.

Einige grammatische Erscheinungen, wie etwa den Gebrauch der Tempora, kann man besser erklären, wenn man Texte statt einzelner Sätze betrachtet.
In diesem Kapitel erfährst du etwas über:

– den Gebrauch der wichtigsten Tempora:	1
présent	1
passé composé und *imparfait*	1.1
passé simple	1.1
	Zusatz-information
plus-que-parfait	1.2
passé antérieur	Zusatz-information
futur	1.3
futur antérieur	1.4
– Zeitangaben	2
– den Gebrauch des *conditionnel*	3
– unterschiedliche Sprachniveaus des Französischen: gesprochenes und geschriebenes Französisch	4

1 Der Gebrauch der Tempora im Text
L'emploi des temps dans le texte

An einem Textbeispiel kannst du die Verwendung der wichtigsten Zeiten am besten nachvollziehen:

*D'habitude, je n'**ai** jamais de chance. Je **suis** une personne qu'on ne **remarque** pas. Dans la foule, on ne me **voit** pas, même si je **mets** mon pullover rouge. Je ne **suis** qu'une petite employée de la SNCF.*	présent	Normalerweise habe ich nie Glück. Ich bin jemand, den man nicht bemerkt. In der Menge sieht man mich nicht, selbst wenn ich meinen roten Pullover anziehe. Ich bin nur eine kleine Bahnangestellte.
*Mais hier, j'**ai gagné** un million. Je **suis passée** à la télévision, dans le jeu «Millionaire» et j'**ai tourné** la roue de la fortune.*	passé composé	Aber gestern habe ich eine Million gewonnen. Ich bin im Fernsehen aufgetreten, im Spiel «Millionaire» und ich habe das Glücksrad gedreht.
*Bingo! La roue **s'arrête** sur le bon numéro!*	présent historique	Bingo! Das Rad bleibt auf der richtigen Zahl stehen.
*C'**était** dans un studio près de Paris. Il y **avait** une atmosphère fantastique. Les gens de la télé **étaient** gentils, surtout l'animateur.*	imparfait	Das war in einem Studio bei Paris. Es war eine tolle Atmosphäre. Die Leute vom Fernsehen waren nett, vor allem der Moderator.
*Pour l'émission, j'**avais acheté** une belle robe, et on m'**avait maquillée** à la perfection. Heureusement, Gérard, mon copain, **était venu** aussi, parce que je n'**avais** jamais **vu** un studio de l'intérieur.*	plus-que-parfait	Für die Sendung hatte ich mir ein schönes Kleid gekauft und man hatte mich perfekt geschminkt. Zum Glück war Gérard, mein Freund, mitgekommen, denn ich hatte noch nie ein Studio von innen gesehen.
*Après, on **a fait** des projets.*	passé composé	Danach haben wir Pläne geschmiedet.
*On se **mariera** bientôt et on **fera** un beau voyage de noces.*	futur	Wir werden bald heiraten und eine schöne Hochzeitsreise machen.
*Quand j'**aurai quitté** mon poste à la SNCF et quand je **serai devenue** sa femme,*	futur antérieur	Und wenn ich meine Stelle bei der Bahn mal aufgegeben habe und seine Frau geworden bin,
*je **pourrai** enfin continuer mes études et avoir un travail plus intéressant.*	futur	werde ich endlich mein Studium fortsetzen und eine interessantere Stelle bekommen können.
*Au moins, je l'**espère** …*	présent	Jedenfalls hoffe ich das …

In diesem erzählenden Text spielen sechs Zeiten eine Rolle:
- das Präsens *(présent)* markiert den Zeitpunkt, zu dem die Erzählerin spricht *(je l'espère)* und gibt allgemeine Informationen über sie *(je suis une personne qu'on ne remarque pas)*. In einem Fall *(la roue s'arrête sur le bon numéro)* wird es jedoch dazu verwendet, ein vergangenes Geschehen besonders auffällig zu machen. Das nennt man *présent historique* (historisches Präsens).
- *passé composé* und *imparfait* liefern Informationen über ein vergangenes Geschehen *(j'ai gagné un million / c'était dans un studio)*.
- das *plus-que-parfait* spricht von Ereignissen, die sich noch vor diesem vergangenen Geschehen abgespielt haben *(j'avais acheté une belle robe)*, also noch weiter in der Vergangenheit liegen.
- das Futur *(futur)* schildert Vorgänge, die sich in der Zukunft abspielen werden.
- das *futur antérieur* spricht von Geschehnissen, die vor diesen zukünftigen liegen, also näher an der Gegenwart sind.

Auf einem Zeitenstrahl sieht das so aus:

Die Erzählerin blickt zurück.

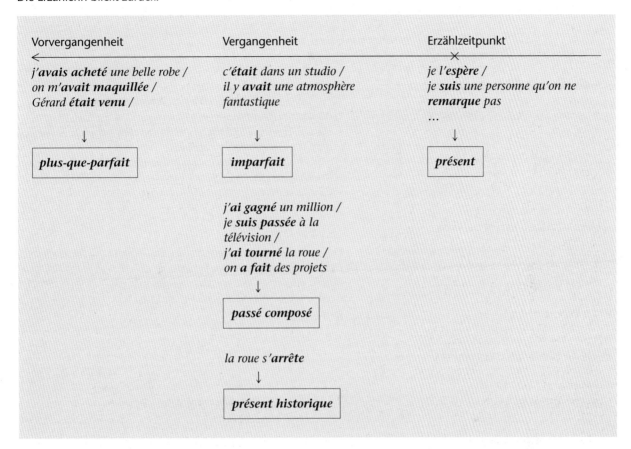

Die Erzählerin blickt nach vorn:

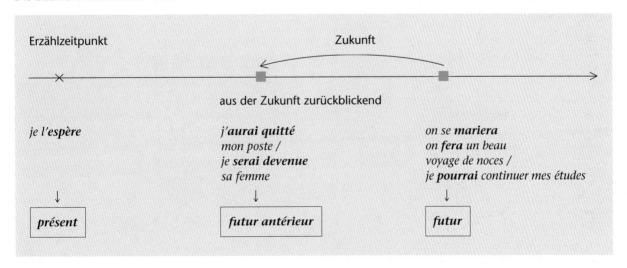

Für deutsche Sprecher ist vor allem die Unterscheidung von *passé composé* und *imparfait* schwierig.
Im Folgenden erfährst du etwas über:

– die Unterscheidung von *passé composé* und *imparfait* → **182**/1.1;
– den Gebrauch des *plus-que-parfait* → **184**/1.2;
– den Gebrauch des *futur* und des *futur antérieur* → **184**/1.3; **185**/1.4.

1.1 Passé composé und imparfait
Passé composé et imparfait

Beide Tempora sind Zeiten der Vergangenheit.

Imparfait und *passé composé* können innerhalb eines Textes aufeinander folgen:

Il **faisait** chaud, il y **avait** beaucoup de monde, il n'y **avait** rien à voir, mais mon voisin de gauche **filmait** ce rien avec son camescope. Moi, j'**avais** envie de voir ce spectacle.	Es war warm, es waren viele Leute da, es gab nichts zu sehen, aber mein Nachbar zur Linken filmte dieses Nichts mit seiner Videokamera. Ich jedoch hatte Lust dieses Spektakel zu sehen.	Der erste Absatz ist offensichtlich eine Art Einleitung zu der dann folgenden Erzählung des Geschehens. Einleitungen geben oft Auskunft über den Hintergrund eines Geschehens. – Sie schildern die Situation und geben den Rahmen an, in dem die Handlung sich abspielt. – Sie liefern Erklärungen und Kommentare zu dem Geschehen. – Sie schildern einen Zustand, der vor dem eigentlichen Geschehen bestand und auch danach weiter besteht.
Tout à coup, le taureau **est arrivé**, il **a fait** le tour de l'arène …	Plötzlich kam der Stier, er drehte eine Runde in der Arena …	Der zweite Absatz hingegen stellt das eigentliche Geschehen dar, den Vordergrund der Erzählung, eine Folge von einzelnen abgeschlossenen Ereignissen, auf die sich die Aufmerksamkeit des Hörers oder Lesers richten soll. Dazu wird das *passé composé* verwendet.

Setzen wir einmal die Geschichte fort:

Hintergrund: *imparfait*	Vordergrund: *passé composé*
Erklärende und erläuternde Informationen zur Handlung: Was war schon?	Handlungsablauf: Was geschah dann?
	→ … il **a fait** le tour de l'arène … er drehte eine Runde in der Arena ↓ und dann: ↓ et il **a voulu** sortir. und er wollte raus.
Mais la porte **était** fermée. ← Aber die Tür war zu. (Erklärung)	
	→ Puis, le toréro **est arrivé**. Dann kam der Torero. ↓ und dann: ↓ Il **a salué** tout le monde. Er hat alle begrüßt.
Mon voisin **filmait** toujours. ← Mein Nachbar filmte immer noch. (Rahmenhandlung, die während des Geschehens fortdauert)	

Passé composé und *imparfait* im Satz

Auch in einem einzelnen Satz können beide Vergangenheitstempora gebraucht werden.

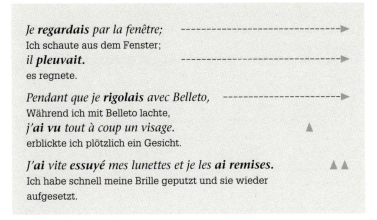

Je regardais par la fenêtre; Ich schaute aus dem Fenster; *il pleuvait.* es regnete.	Beide Geschehnisse (der Blick aus dem Fenster und das Regnen) verlaufen parallel.
Pendant que je rigolais avec Belleto, Während ich mit Belleto lachte, *j'ai vu tout à coup un visage.* erblickte ich plötzlich ein Gesicht.	Hier bildet das erste Geschehen (das Lachen) den zeitlichen Hintergrund für ein plötzlich neu eintretendes Geschehen (das Erblicken des Gesichts).
J'ai vite essuyé mes lunettes et je les ai remises. Ich habe schnell meine Brille geputzt und sie wieder aufgesetzt.	Hier liegt eine Handlungsfolge vor: Zuerst putzt der Erzähler seine Brillengläser, dann setzt er die Brille wieder auf.

MERKE
Parallel verlaufende Geschehnisse (im Hintergrund): *imparfait – imparfait*
Hintergrundhandlung und neu einsetzendes Geschehen: *imparfait – passé composé*
Folge von Handlungen (im Vordergrund): *passé composé – passé composé*

Im Grunde funktioniert der Tempuswechsel in Einzelsätzen genauso wie im Text. Jetzt kannst du gut erklären, warum im Nebensatz mit *pendant que* fast immer das *imparfait* verwendet wird: In Sätzen mit *pendant que* stellt man in der Regel ein Hintergrundgeschehen dar.

Quand j'ai regardé par la fenêtre, j'ai vu un visage.	**ATTENTION** Im ersten Satz mit *quand* wird offensichtlich ein neues Ereignis erzählt; daher würdest du hier so übersetzen: Als ich aus dem Fenster schaute, …
Quand je demandais un café, la patronne m'apportait toujours un chocolat.	Im zweiten Satz mit *quand* wird hingegen ein gewohnheitsmäßiges Geschehen beschrieben: (Jedesmal,) wenn ich einen Café verlangte, …

MERKE
Quand mit *passé composé* entspricht meist dem deutschen als.
Quand mit *imparfait* entspricht meist dem deutschen (immer) wenn.

Aber: *Quand j'avais 10 ans, …*   Als ich zehn Jahre alt war, …

Zusatzinformation

Das *passé simple*

In Schrifttexten, besonders in literarischen Texten, steht statt des *passé composé* häufig das *passé simple*. Zur Bildung des *passé simple* → 71/4.4.

Il faisait chaud, il y avait beaucoup de monde, il n'y avait rien à voir, mais mon voisin de gauche filmait ce rien avec son camescope. Mais j'avais envie de voir ce spectacle.
*Tout à coup, le taureau **arriva**, il **fit** le tour de l'arène et **voulut** sortir.*
Mais la porte était fermée.
*Puis, le toréro **arriva** et il **salua** tout le monde.*
Mon voisin filmait toujours.

Das *passé simple* brauchst du nicht zu verwenden, solltest es aber verstehen können.

1.2 Das *plus-que-parfait*
Le *plus-que-parfait*

J'avais toujours cru que les patates faisaient grossir. Mais mon médecin m'a dit que c'était les sauces.
Ich hatte/habe immer geglaubt, dass Kartoffeln dick machen. Aber mein Arzt hat mir gesagt, das seien die Saucen.

Im Deutschen wird das Plusquamperfekt recht selten gebraucht. Im Französischen musst du es aber verwenden, wenn du ein Geschehen darstellen willst, das noch vor einem anderen, ebenfalls vergangenen Geschehen liegt:
j'avais cru – mon médecin m'a dit

Zusatzinformation

Das *passé antérieur*

Quand elle eut appris la nouvelle, elle pâlit.
Als sie die Nachricht erfahren hatte, wurde sie blass.

Auch das *passé antérieur* ist ein Tempus der Vorvergangenheit. Es wird nur in schriftlichen (literarischen) Texten verwendet und besonders nach Konjunktionen wie *après que, dès que, lorsque* und *quand*.

Dès que son amie fut partie, elle quitta la maison.
Sobald ihre Freundin weggegangen war, verließ sie das Haus.

1.3 Das Futur
Le futur

Wer zuletzt lacht, lacht am besten. Dieses Sprichwort heißt auf Französisch: *Rira bien qui rira le dernier.*
Im Französischen wird das Futur häufiger gebraucht als im Deutschen.

Dimanche, je ferai une balade avec Denise. Je vais l'emmener à Chartres.
Am Sonntag mache ich einen Ausflug mit Denise. Ich nehme sie mit nach Chartres.

Zukünftige Geschehnisse werden im Französischen meistens durch das *futur simple* oder das *futur composé* dargestellt.

Im Deutschen verwendet man statt des Futurs häufig das Präsens.

Du kannst das *futur composé* oder das *futur simple* gebrauchen. *Futur composé* und *futur simple* sind in vielen Fällen austauschbar. In folgenden Fällen steht aber nur das *futur simple*:

S'il fait beau, on fera un pique-nique.	– in Hauptsätzen nach Bedingungen mit *si* → **146**/5.1;
En fin de semaine, une surprise vous attendra.	– in Voraussagen;
Je resterai toujours avec toi.	– in feierlichen Versprechen;
Tu feras bien attention et tu n'oublieras pas de téléphoner.	– in Aufforderungen und Geboten.

1.4 Das *futur antérieur*
Le *futur antérieur*

*Quand j'**aurai terminé** mes études, j'irai aux États-Unis.*

Wenn ich mein Studium beendet habe, gehe ich in die USA.
(wörtl.: Wenn ich mein Studium beendet haben werde …)
Futur 2

Das *futur antérieur* entspricht dem deutschen Futur 2. Letzteres ist aber sehr umständlich. Daher wird es meist gemieden und durch das Perfekt ersetzt: Wenn ich mein Studium beendet habe …
Das *futur antérieur* ist einfacher zu bilden und wird auch häufiger gebraucht. Wenn von zwei zukünftigen Handlungen eine vor der anderen stattfinden wird, gebrauchst du für die vorangehende Handlung das *futur antérieur*. Da müssen deutsche Sprecher ein bisschen aufpassen.

2 Der Gebrauch des *conditionnel*
L'emploi du conditionnel

– *Tu **pourrais** me passer le sel, s'il te plaît?*
– Könntest du mir bitte das Salz rüberreichen?

Das *conditionnel* benützt du für:
– höfliche Bitten;

– *À ta place, je **ferais** attention. Le sel est dangereux.*
– An deiner Stelle würde ich aufpassen. Salz ist gefährlich.
– *Ah bon?*
– Ach?

– Ratschläge;

– *Oui. Regarde cet article de journal: «Nouvelles expériences: le sel **tuerait** 50.000 personnes par an.»*
– Ja. Schau dir diesen Zeitungsartikel an: „Neue Experimente: Salz soll 50.000 Menschen pro Jahr umbringen."
(oder: „Angeblich bringt Salz …")

– ungesicherte („angebliche") Nachrichten und bloße Annahmen;

– *Ils **auraient** découvert cela?*
– Das wollen sie rausgefunden haben?

– zweifelnde Fragen;

*Mon médecin m'a dit que c'est le chocolat qui me **tuerait** un jour.*
Mein Arzt sagte mir, dass Schokolade mich eines Tages umbringen werde.

– die indirekte Rede, wenn das Verb im Hauptsatz in der Vergangenheit steht *(mon médicin m'a dit …)* → **157**/3.

Das Konditional steht auch in Bedingungssätzen, aber nur im Hauptsatz, nie in Sätzen mit *si* = wenn → **146**/5.2

*Si seulement je **pouvais** guérir!*
Wenn ich doch gesund werden könnte!

Im Französischen verwendest du hier das *imparfait*.

*Si j'**étais** riche …*
Wenn ich reich wäre …

Le texte / Der Text 185

3 Zeitangaben
Les indications de temps

Einige Zeitangaben wie heute oder jetzt sind an den Zeitpunkt des Sprechens gebunden. Willst du zu einem späteren Zeitpunkt darauf verweisen, musst du andere Zeitangaben wie an jenem Tag oder zu jener Zeit verwenden. Im Französischen ist dies genauso.

> (Le 1er juin)
> ***Aujourd'hui**, Isabelle est malade.* (1)
> Heute ist Isabelle krank.
>
> ***Il y a trois jours**, elle s'est promenée dans la pluie.* (2)
> Vor drei Tagen ist sie im Regen spazieren gegangen.

Aujourd'hui und *il y a trois jours* sind Zeitangaben, die du verändern musst, wenn du die Sätze zu einem späteren Zeitpunkt äußerst. Betrachte dazu die beiden folgenden Beispielkästen. Hier werden die gleichen Aussagen einen Tag später (am 2. Juni) und einige Wochen später (am 30. September) formuliert.

> (Le 2 juin)
> ***Hier**, Isabelle était malade.*
> Gestern war Isabelle krank.
>
> ***Il y a quatre jours**, elle s'était promenée dans la pluie.*
> Vor vier Tagen war sie im Regen spazieren gegangen.
>
> ***Trois jours plus tôt**, elle s'était promenée dans la pluie.*
> Drei Tage zuvor ging sie im Regen spazieren.

Aus *aujourd'hui* wird *hier*.
Für den 2. Satz hast du allerdings zwei Möglichkeiten, je nachdem, welchen Bezugspunkt du wählst.

– Du kannst den 2. Juni als Bezugspunkt wählen, also den Tag, an dem du den Satz äußerst (= Sprechzeitpunkt). Dann musst du sagen: *il y a quatre jours* (vor vier Tagen, von heute aus gesehen).
– Du kannst den 1. Juni als Bezugspunkt beibehalten. Dann musst du sagen: *Trois jours plus tôt* (Drei Tage davor, nämlich vor dem 1. Juni). Diese Zeitangabe ist vom Sprechzeitpunkt unabhängig. Sie bezieht sich vielmehr auf eine andere, zuvor erwähnte Zeitangabe (in unserem Beispiel: *hier*).

Wenn du noch später von demselben Ereignis sprichst, würdest du wahrscheinlich rückblickend auf den 1. Juni sagen:

> (Le 30 septembre)
> ***Ce jour-là**, Isabelle était malade.*
> An jenem Tag ... .
>
> ***Trois jours plus tôt**, elle s'était promenée sous la pluie.*
> Drei Tage zuvor ... .

Hier sind beide Zeitangaben vom Sprechzeitpunkt unabhängig.

Unterscheide deshalb die folgenden Zeitangaben:

Hier wird das Ereignis vom Sprechzeitpunkt aus geschildert:			Hier wird das Ereignis unabhängig vom Sprechzeitpunkt aus geschildert:		
hier		gestern	*la veille*		am Vortag
il y a 10 jours		vor 10 Tagen	*10 jours plus tôt*		10 Tage zuvor
dimanche	*dernier*	letzten Sonntag/	*le dimanche*	*précédent*	am vorangegangenen
le mois		Monat	*le mois*		Sonntag / im vorangegangenen Monat
la semaine	*dernière*	letzte Woche	*la semaine*	*précédente*	die Woche davor
l'année		letztes Jahr	*l'année*		das Jahr davor

Hier wird das Ereignis vom Sprechzeitpunkt aus geschildert:			Hier wird das Ereignis unabhängig vom Sprechzeitpunkt aus geschildert:		
aujourd'hui		heute	*ce jour-là*		an jenem Tag
en ce moment		in diesem Moment	*à ce moment-là*		zu jenem Zeitpunkt
ce mois-ci		diesen Monat	*ce mois-là*		in jenem Monat
cette semaine		diese Woche	*cette semaine-là*		in jener Woche
cette année		dieses Jahr	*cette année-là*		in jenem Jahr
demain		morgen	*le lendemain*		am folgenden Tag
dimanche	*prochain*	nächsten Sonntag/ Monat	*le dimanche*	*suivant*	am/im darauf folgenden Sonntag/Monat
le mois			*le mois*		
la semaine	*prochaine*	nächste Woche	*la semaine*	*suivante*	in der darauf folgenden Woche
l'année		nächstes Jahr	*l'année*		in dem darauf folgenden Jahr

4 Gesprochenes und geschriebenes Französisch
Français parlé et français écrit

Er hat heute null Bock aufs Kino.
Er hat heute wenig Lust ins Kino zu gehen.
Ihm ist heute nicht danach zumute ins Kino zu gehen.

Diese drei Sätze sagen inhaltlich dasselbe aus. Und doch würdest du sie nicht in jeder Situation verwenden oder sie zu jedem Menschen sagen.

Bevor du etwas sagst oder schreibst, überlegst du dir, an wen du dich wendest; denn es ist keinesfalls gleichgültig, ob du mit Gleichaltrigen sprichst oder mit Personen, die du siezt, oder ob du einen Text (eine Klausur, einen Brief, ein Referat, einen Bericht) verfasst.
Es gibt im Französischen – wie im Deutschen auch – verschiedene Sprachniveaus und -stile, die zu unterschiedlichen Situationen passen.
Man kann grob drei Sprachniveaus unterscheiden:

le français familier nur gesprochen	Das *français familier* ist ein Sprachniveau, das vor allem in der Familie und unter Freunden verwendet wird. Du kannst mit Gleichaltrigen in dieser Sprache sprechen, solltest es aber nicht in Klausuren oder anderen schriftlichen Texten verwenden, es sei denn, du gibst die wörtliche Rede einer Person wieder, die so spricht.
le français standard gesprochen und geschrieben	Das *français standard* ist immer richtig; du kannst es immer verwenden – schriftlich oder mündlich.
le français soutenu vor allem geschrieben, seltener gesprochen	Das *français soutenu* ist eine gepflegte Ausdrucksweise, der du vor allem in schriftlichen Texten, aber auch in Vorträgen oder Sendungen begegnest. Du kannst die Elemente dieses Sprachniveaus verwenden, wenn du dich besonders gewählt ausdrücken willst.

Wählst du ein Sprachniveau, das nicht zu einer bestimmten Situation passt, kann das als sehr unhöflich oder auch lächerlich oder übertrieben empfunden werden.
Wie du in den folgenden Abschnitten nachlesen kannst, ist jedes dieser Sprachniveaus durch die vorwiegende oder häufige Verwendung bestimmter sprachlicher Elemente gekennzeichnet.

4.1 Le français standard

Cécile hat einige Zeit als Austauschschülerin in Deutschland verbracht. Nach ihrer Rückkehr stellen ihr die Deutschlehrer ihrer Schule Fragen über ihre Zeit in Deutschland:

> – Comment est-ce que vous avez passé vos journées?
>
> – Le matin, nous sommes allés à l'école. L'après-midi nous étions libres, sauf le lundi. Nous avions gymnastique jusqu'à 14h45.
> Quelquefois, je suis allée dans un club de tennis avec ma correspondante. Mais pas trop souvent. Nous sommes allées dans le centre pour faire des courses ou pour aller au cinéma. La plupart du temps, nous n'avons fait rien de spécial.
>
> – Avez-vous parlé français ou allemand avec vos correspondants?
>
> – Ma correspondante parlait souvent allemand avec moi. Au début, j'ai répondu en français, mais plus tard, je ne parlais presque plus français.
>
> – Est-ce qu'il y a de grandes différences entre l'école en Allemagne et en France?
>
> – Oui. Ici, nous passons toute la journée à l'école et nous travaillons plus. Leurs professeurs sont moins sévères et ils tutoient les élèves de notre âge. C'est étonnant.

4.2 Le français familier

Cécile trifft ihre Freundinnen auf dem Schulhof, die ihr dieselben Fragen über ihren Aufenthalt in Deutschland stellen. Cécile spricht mit ihren Freundinnen ganz anders, obwohl sie dasselbe erzählen will.

	Elemente des *français familier*:
– Vous avez passé vos journées **comment?**	– Frage mit nachgestelltem Fragewort;
– Le matin **on** est allé à l'école et **l'aprèm** on était libre – sauf le lundi.	– *on* statt *nous*; – Verkürzung von Wörtern;
Le lundi on a eu **gym** jusqu'à trois heures moins **l'quart.**	– Verkürzung von Wörtern; – *l'* statt *le*;
Des fois, moi, j'allais dans un club de tennis avec Jana.	– besonderes Vokabular / Wörter, die einer niederen Stilebene angehören;
Mais moi, le tennis, j'aime pas trop.	– segmentierte Sätze;
On allait aussi dans le centre – faire des courses ou on allait au **ciné**. Souvent on faisait **pas** grand chose.	– Verkürzung von Wörtern; – Verneinung ohne *ne*;
– **T'as** parlé français ou allemand là-bas?	– Intonationsfrage; – *T'* statt *tu*;
– **Jana, elle** parlait souvent allemand et **moi**, au début, **j'**ai répondu en français.	– segmentierte Sätze;
Plus tard, je parlais presque **plus** français.	– Verneinung ohne *ne*;

> – *Y a des grandes différences* entre l'école en Allemagne et en France?
>
> – *Ouais.* Nous, on passe plus de temps à l'école et on **bosse** plus. Leurs **profs**, ils sont moins sévères et ils tutoient les élèves de notre âge. *Ça m'a étonnée.*

– *Y a* statt *il y a*;
– *des grandes différences* anstatt *de grandes différences*;

– *ouais* statt *oui*;
– besonderes Vokabular;
– Verkürzung von Wörtern;
– *ça* anstelle von *cela*.

MERKE
Elemente des *français familier*:
– *on* statt *nous*;
– Verkürzung von Wörtern (z. B.: *le ciné, le prof, la corres, la gym, sympa*);
– besonderes Vokabular, das einer niederen Stilebene angehört (z. B.: *le fric, le boulot, bosser, la bouffe, la bagnole*);
– *y a* statt *il y a*;
– *ça* statt *cela*;
– verkürzter bestimmter Artikel (*l'* statt *le*);
– verkürztes Subjektpronomen 2. Person Singular (*t'* statt *tu*);
– Verneinungen nur mit *pas, plus, que, jamais, rien, personne* statt *ne … pas, ne … que* etc.;
– Intonationsfrage;
– Frage mit nachgestelltem Fragewort;
– segmentierte Sätze/Fragen.

4.3 Le français soutenu

Die Schülerzeitung von Céciles Schule stellt einige Fragen an die Austauschschülerin und bittet darum die schriftlichen Antworten in der Zeitung drucken zu dürfen. Natürlich drückt Cécile sich schriftlich anders aus als mündlich.

> – *Comment avez-vous passé* vos journées?
>
> – *Le matin, nous sommes allés à l'école et l'après-midi nous étions libres – sauf les lundis, quand nous avions gymnastique jusqu'à 14h45. Quelquefois, j'ai accompagné Jana – ma correspondante – dans un club de tennis. Mais, **n'aimant pas trop le tennis**, je **n'y suis pas** allée très souvent. Quelquefois, nous sommes allées dans le centre pour faire les courses ou bien encore pour aller au cinéma. Souvent nous ne faisions rien d'extraordinaire.*
>
> – *Votre correspondante, a-t-elle parlé* français ou allemand avec vous?
>
> – *Ma correspondante me parlait souvent en allemand. Au début, je n'ai répondu qu'en français. Mais plus tard, je parlais seulement allemand.*
>
> – *Y-a-t-il* de grandes différences entre l'école en France et en Allemagne?

Elemente des *français soutenu*:

– Inversionsfrage;

– vollständige Verneinung und Partizip Präsens;

– komplexe Sätze mit Haupt- und Nebensätzen anstelle von einfachen Hauptsätzen;

– Absolute Fragestellung;

– Inversionsfrage;

▶

> – Oui, **il y en a**. Comme nous passons toute la journée à l'école, nous y travaillons plus. **En outre**, les professeurs allemands sont moins sévères que les nôtres. Ils tutoient les élèves de notre âge, ce qui m'a étonnée.
>
> (Les participants de l'échange scolaire **écriront** encore un reportage plus détaillé. Ce reportage **sera publié** dans le numéro suivant.)

– vollständige Antworten;
– Wortwahl;

– Verwendung des *futur simple*;
– Verwendung des Passiv.

MERKE
Elemente der geschriebenen Sprache, die selten in der gesprochenen Sprache verwendet werden:
– Inversionsfrage;
– absolute Fragestellung;
– vollständige Verneinung;
– Partizip Präsens;
– Passiv;
– *Futur simple;*
– *Passé simple.*

19

Hinweise zum Schreiben von französischen Texten
Indications pour la rédaction d'un texte français

Wenn du Formen in einer Grammatik nachschlägst, dann tust du dies vielleicht, weil du dich auf eine Klassenarbeit vorbereitest oder weil du einen französischen Text schreiben möchtest und dir in einigen Punkten nicht ganz sicher bist. Du möchtest z. B. wissen, ob du *imparfait* oder *passé composé* verwenden sollst, wie der *conditionnel présent* gebildet wird, ob nach *avant que* der *subjonctif* steht, oder wie das deutsche so übersetzt werden kann. All diese Informationen findest du in den vorhergehenden Kapiteln dieser Grammatik.

Vielleicht möchtest du aber auch ganz allgemein wissen, wie man ein Resümee schreibt, worauf man bei einer Erzählung achten muss und wie eine Charakteristik aussehen kann.

All dies kannst du in diesem letzten Kapitel nachschlagen.

Du erfährst hier:

– womit du einen Text gliedern kannst
– worauf du beim Schreiben einzelner Textsorten achten musst. 1

Die folgenden Textsorten werden besprochen:

– Erzählung 2
– Resümee 3
– Kommentar 4
– Charakteristik 5
– Brief 6

Tipps zum Korrekturlesen eines Textes, den du selber geschrieben hast, findest du in den Hinweisen zur Vermeidung von Fehlern, in Abschnitt 7

1 Ausdrücke, die einen Text gliedern
Expressions pour structurer un texte

Ein Text besteht aus zusammenhängenden Sätzen und diesen Zusammenhang macht man gerne sichtbar. Verknüpfungen von Hauptsätzen wurden schon in → **132** ff/1, Verknüpfungen von Haupt- und Nebensätzen in → **137** ff/3–4 behandelt. Neben den dort besprochenen Konjunktionen kannst du aber noch weitere Ausdrücke verwenden, mit denen du einen Text gliedern kannst und den „roten Faden" deutlich machst. Hier eine Liste der wichtigsten Ausdrücke. Beispiele für die Verwendung solcher Ausdrücke findest du in Kapitel 11.

1.1 Seine Gedanken gliedern
Structurer ses pensées

commençons par	beginnen wir mit …
pour commencer	zu Beginn
(tout) d'abord	zuerst
premièrement	erstens
en premier lieu	zunächst
deuxièmement	zweitens
quant à (+ Nomen) …	was … betrifft
en ce qui concerne …	was … betrifft
eh bien	nun
or	nun, also
d'ailleurs	übrigens
finalement	schließlich
en dernier lieu	ganz zuletzt
pour terminer	zum Schluss
en résumé	zusammenfassend
en somme	im Großen und Ganzen
bref	kurz (und gut)
en un mot	mit einem Wort

1.2 Seine Meinung formulieren
Exprimer son opinion

à mon avis	meiner Meinung nach	
mon opinion, c'est que …	ich denke, dass …	
moi, personnellement	ich persönlich	
pour ma part	meinerseits	
à mon point de vue	für mich	
pour moi	für mich	
je suis sûr/e que	ich bin sicher, dass …	→ **140**/3.3 (1)
je suis certain/e que	ich bin überzeugt, dass …	→ **140**/3.3 (1)
sans aucun doute	zweifellos	

1.3 Präzisieren
Préciser

c'est-à-dire	das heißt
autrement dit }	mit anderen Worten
en d'autres termes	
plus précisément	genauer gesagt
de plus }	außerdem
en outre	

1.4 Beispiele geben, belegen
Donner des exemples

prenons l'exemple de …	zum Beispiel …
prenons le cas suivant:	nehmen wir den folgenden Fall:
si l'on prend le cas de …	wenn man den Fall … nimmt
par exemple	zum Beispiel
je prends en exemple (+ Nomen) …	ich nenne als Beispiel …
cela se voit à …	das sieht man an …
selon l'auteur	dem Autor zufolge

1.5 Argumente anführen
Donner des arguments

en effet }	tatsächlich	→ **132**/1.3
effectivement		
étant donné que (+ Indikativ)	angesichts der Tatsache, dass	
indiscutablement	zweifellos	
probablement	wahrscheinlich	→ **122**/1 (2)
tout au plus	höchstens	
en principe	im Grunde	
normalement	normalerweise	
au moins	wenigstens	
pratiquement	praktisch	
en tout cas	jedenfalls	
en général	im Allgemeinen	
peut-être que	vielleicht	→ **122**/1
en fait	in der Tat	
c'est pourquoi	deshalb	→ **132**/1.3
donc	also, daher, folglich	→ **132**/1.3
ce qui compte, c'est …	worauf es ankommt, ist	
on s'aperçoit donc que …	man sieht also, dass	

1.6 Widersprechen
Contredire

bien loin de (+ inf.)	weit entfernt davon (etw. zu tun) …
contrairement à	im Gegensatz zu …
bien au contraire	im Gegenteil
il ne peut être question de (+ inf.)	es kommt nicht in Frage zu …
en fait	in der Tat
en réalité	in Wirklichkeit

1.7 Einräumen
Concéder

il est vrai que … mais	es stimmt, dass … aber	→ **140**/3.3 (1)
certes, mais …	sicherlich, aber …	
… c'est exact.	… das stimmt.	
… c'est incontestable.	… das ist unbestreitbar.	
… d'accord sur ce point.	… einverstanden (in diesem Punkt).	

2 Die Erzählung
La narration

Diesen Text hat eine Schülerin geschrieben. An ihm kannst du gut sehen, wie man eine spannende Geschichte erzählt. Wichtige Strukturen sind **fett** gedruckt.

C'était minuit, et j'avais travaillé beaucoup. Je voulais seulement dormir. **Tout à coup** (5), *mon téléphone a sonné. Zut!* **Qui veut parler avec moi maintenant** (1)? *J'ai décroché: c'était un homme que je ne connaissais pas. Il avait une voix excitée et je n'ai pas bien compris ce qu'il voulait. Il m'a demandé de venir chez lui, il m'a donné son adresse et a raccroché. Je n'ai plus eu le temps de lui demander des informations supplémentaires.*

J'irai ou je n'irai pas, c'était ma question. **Après avoir réfléchi** (6) *un moment, j'étais sûre: mon métier est celui d'un détective et comme ça je dois partir.* **Je n'aurai pas peur, jamais!** (2)

Je prends mon manteau, je descends, je démarre (4/8). *C'est un quartier étrange où j'arrive:* **froid, désert, brumeux et morbide** (8). **Arrivée à l'adresse indiquée** (7), *j'observe la villa style dix-neuvième siècle. Une seule fenêtre est éclairée. Je m'approche de la porte qui n'est pas fermée à clé. J'entre dans le foyer, il est sombre. Il n'y a personne.*

C'était seulement une blague (1)?

Die Schreiberin gebraucht unterschiedliche Satztypen: Im Text gibt es Aussage-, Frage- (1) und Ausrufesätze (2). Kurze und längere Sätze wechseln miteinander ab. Die direkte Rede (3) macht den Text lebendiger.

Die Verfasserin hat als Vergangenheitszeiten das *imparfait*, das *passé composé* und das *plus-que-parfait* verwendet; sie benützt aber auch das Präsens *(présent historique, 4)* als Vergangenheitstempus. Das geht im Deutschen genauso. Sie setzt es in dem Augenblick ein, wo die eigentliche Handlung beginnt: *Je prends mon manteau, je descends, je démarre.* Hinweise zum Gebrauch der Tempora findest du → **180** ff/1.

Im Text findest du Verknüpfungswörter wie *tout à coup, soudain* (5). Übrigens: auch der Doppelpunkt ist ein praktisches Verbindungsmittel. Diese Verknüpfungswörter findest du → **192** ff/1 und → **142** ff/4.

Mais comme je suis curieuse, je reste là. **Pour être sûre** (6), *j'entre dans le petit salon à côté: rien. Qu'est-ce que c'est? Un bruit bizarre vient d'en haut. Lentement je monte l'escalier. L'homme qui m'a appelée doit être derrière cette grande porte.*

«Il y a quelqu'un?» (3)

Ma voix résonne drôlement dans la maison vide. Une personne derrière moi dit **soudain** *(5): «Je suis content que vous soyez venue ...»* (3)

Infinitivkonstruktionen (6) oder Partizipialkonstruktionen (7) machen den Text griffig: *Pour être sûre ..., Arrivée à l'adresse indiquée ...* Aber auch das *gérondif* lässt sich gut zur Satzverkürzung einsetzen. Diese Konstruktionen werden → **153**/2 erläutert.

Richtig „Stil" macht die Verfasserin da, wo sie reihende Aussagen macht: *Je prends mon manteau, je descends, je démarre* (8), *froid, désert, brumeux et morbide* (8).

Wenn du jetzt meinst, dass du das nicht kannst: Probier mal! Es geht am besten, wenn du nicht versuchst, aus dem Deutschen zu übersetzen, sondern mit dem zurechtzukommen, was du im Französischen schon kannst.

3 Das Resümee
Le résumé

3.1 Resümee zu einem erzählenden Text
Résumé d'un texte narratif

Das folgende Resümee fasst ein Kapitel aus einem Roman von Jules Verne zusammen. Vorinformation: Phileas Fogg und sein Diener Passepartout machen eine «Reise um die Welt in achtzig Tagen». In Indien werden sie zusammen mit einem englischen General und einem Parsen, der sie führt, Zeugen der Vorbereitungen zu einer Witwenverbrennung.

Dans ce chapitre, l'auteur raconte comment une jeune Indienne est sauvée par Passepartout (1).

Les voyageurs prennent la décision de sauver la jeune veuve. **Puisque** *la victime appartient aussi à sa religion, le Parsi se déclare prêt à les aider. On attend* **alors** *le soir pour pouvoir s'approcher de la pagode où la jeune femme est emprisonnée.* **Mais** *on ne peut pas y entrer* **parce qu'***il y a des gardes devant les portes et des Indiens autour du bûcher où se trouve le corps du mari.* **C'est pourquoi** *les voyageurs attendent que les fanatiques s'endorment.* **Mais à minuit,** *la situation n'a pas changé. On décide* **donc** *d'entrer dans la pagode par derrière. Cette tentative échoue et les voyageurs risquent de se faire découvrir.* **Finalement,** *ils sont sur le point d'abandonner l'entreprise. Fogg seul s'y oppose. Il veut attendre le matin pour tenter sa chance.*

Avant la levée du jour, la victime est amenée sur le bûcher. **Au moment où** *Fogg veut s'élancer pour la sauver, le mort semble reprendre vie et descend du bûcher, la jeune femme dans ses bras.* **En réalité,** *c'est Passepartout qui s'y était glissé.* **Comme** *les Indiens sont encore sous l'influence de la surprise, les voyageurs peuvent s'enfuir avec la veuve.*

Ein Resümee schreibst du im Präsens (als Leit-Tempus). Am besten eröffnest du es mit einem Satz, der darstellt, worum es in dem Text geht (1). Erst dann schilderst du die Einzelheiten. Weil ein Resümee kürzer ist als der beschriebene Text, sind verknüpfende Ausdrücke, hier fett gedruckt, besonders wichtig: sie helfen dem Leser beim Verstehen. Wo es sinnvoll ist, solltest du auch Abschnitte machen. Eine Zusammenstellung verknüpfender Ausdrücke findest du in → **142** ff/4 und **192** ff/1.

Wörtliche Zitate aus dem Text sind in einem Resümee nicht üblich, wohl aber in einer Charakteristik → **196**/5.

TIPP Wenn in einer Erzählung, die du resümieren sollst, Rückblenden verwendet werden, ist es oft praktisch, im Resümee die Ereignisse in ihrer eigentlichen zeitlichen Abfolge wiederzugeben.

3.2 Resümee zu einem Sachtext
Résumé d'un texte non-fictional

Hier die Zusammenfassung eines Zeitungsartikels, in dem es um die Arbeitswelt von morgen geht.

Dans cet article de journal, publié en 1984, le journaliste imagine le monde du travail à la fin du vingtième siècle. Il parle aussi des conséquences sociales du développement attendu (1).

__Pour commencer__, il distingue les trois secteurs de l'activité humaine: le secteur primaire, __c'est-à-dire__ l'agriculture, le secteur secondaire qui est l'industrie, et le secteur tertiaire: les services.

__En ce qui concerne__ l'agriculture, il ne prévoit pas de grands changements techniques ou scientifiques. __Par contre__, le problème de la surproduction va s'aggraver (2) et __en conséquence__, beaucoup d'agriculteurs perdront (2) leur emploi.

__Quant à__ l'industrie, la robotisation de la production rendra (2) superflus beaucoup d'emplois moins qualifiés. Cela aggravera (2) le chômage.

__Finalement__, c'est seulement le secteur tertiaire qui créera (2), peut-être, des emplois.

__En conclusion__, l'auteur prévoit une forte augmentation du chômage à la fin du siècle. Et ce pronostic, fait en 1984, commence à devenir la réalité de nos jours.

Auch dieses Resümee wird mit zwei Sätzen eröffnet, die das Thema des Zeitungsartikels angeben (1). Da es sich um eine Zukunftsprognose handelt, erscheint häufig das Futur (2). Leit-Tempus bleibt gleichwohl das Präsens (Einleitungs- und Schlussabsatz).

Die Gliederung des Resümees, erkenntlich an den Absätzen, folgt der Gliederung des Artikels. Es kann aber, bei weniger deutlich gegliederten Texten, ein neues Arrangement angemessen sein. Das hängt von der Vorlage ab.

Die verstehensleitenden Ausdrücke sind hier **fett** gedruckt.

TIPP
Eine Frage, die sich häufig stellt, ist die nach der Länge (Ausführlichkeit) des Resümees. Diese Frage kann man nicht pauschal beantworten. Meist ist das Resümee ja nur Teil einer umfassenderen Aufgabe – zum Beispiel einer Textanalyse. Man wird vermeiden, Einzelheiten, auf die man später eingehen will, schon jetzt, in der Wiedergabe des Inhalts, darzustellen, weil das zu Wiederholungen führen könnte. Andererseits muss der Leser diese Einzelheiten später richtig einordnen können. Es lohnt sich daher manchmal, das Resümee erst zu schreiben, wenn die übrigen Teile deines Textes schon feststehen.
Eine Hilfe kann es sein, wenn du versuchst in deinem Resümee die folgenden Fragen zu beantworten:
Qui? (z. B. *Qui sont les personnages?*) *Quoi?* (z. B. *Que font-ils?*) *Pourquoi? Comment? Où?*

4 Der Kommentar
Le commentaire

Der folgende Kommentar bezieht sich auf den in 3.2 zusammengefassten Text.

Prédire l'avenir, cela semble l'affaire des voyantes, des astrologues, des charlatans, bref, une chose pas très sérieuse. Même les météorologues se trompent assez souvent. Il est __donc__ étonnant que (2) la plupart des prévisions de l'auteur soient déjà réelles.

Auch den Kommentar verfasst du im Präsens.

Kennzeichnend für den Kommentar sind bewertende Ausdrücke (2), denn hier bist du aufgefordert einen Standpunkt zu beziehen. Viele dieser bewertenden Ausdrücke ziehen den *subjonctif* nach sich. Eine Liste der wichtigsten Ausdrücke findest du in
→ **139**/3.2 (2).

En effet, dans les pays de l'Union Européenne, on constate une augmentation sensible du chômage. En Allemagne, ***par exemple***, le nombre des chômeurs s'élève à quatre millions en 1996, et la situation n'a pas l'air de changer bientôt. Beaucoup de jeunes, après leur apprentissage ou après leurs études ne trouvent pas d'emploi.

Indiscutablement, la révolution électronique est une des causes de ce développement. L'ordinateur remplace une partie de plus en plus importante du travail humain. ***Certes***, l'ordinateur crée des emplois, mais il en détruit aussi. ***Ainsi***, la «division de la société» dont parle l'auteur, ***c'est-à-dire*** la confrontation des gens qui ont un emploi et de ceux qui n'en ont pas, est déjà devenue un grand problème.

Ce n'est pas seulement l'évolution technique qui est responsable de cette situation. Un autre problème est celui de la globalisation des marchés. ***Prenons l'exemple*** de la production de logiciels par des ingénieurs asiatiques: ils travaillent pour moins d'argent.

L'auteur, quand il parle des «victimes de l'électronique» semble très sceptique. La situation surtout des jeunes qui cherchent leur premier emploi est devenue assez difficile, ***c'est vrai*** (2). Mais, ***à mon avis*** elle n'est pas désespérée. ***Je suis sûr/e que***, (2) avec une bonne formation et avec beaucoup de courage, ils arriveront à la maîtriser. ***En général***, on ne doit pas résigner; ***ce qui compte, c'est*** d'être actif.

Die hier wieder **fett** gedruckten Redemittel zur Textgliederung verfassen nicht deinen Text. Was du sagen willst und welche Gliederung du deinem Text geben willst, musst du schon selber entscheiden. Aber sie können dazu beitragen deinen Text zusammenhängend und für den Leser verständlich zu machen.

Du kannst dir zunächst eine kleine Liste anlegen, mit der du deinen Kommentar vorbereitest. Für den oben abgedruckten Text könnte sie etwa so aussehen:

Introduction: prévoir l'avenir?

L'auteur a raison: L'auteur a tort:

prévisions exactes: raisons du chômage:
– chômage   – globalisation
– développement technique   – résignation
– division de la société

Conclusion: être actif

TIPP
Meist reicht eine solche kurze Textskizze schon aus, wenn du dir noch vornimmst, wichtige Stellen der Vorlage zu zitieren und deine Behauptungen mit Beispielen zu belegen. Eine solche Liste ist besonders nützlich, wenn man nicht auf einen anderen Text reagiert, sondern ganz allgemein zu einem Problem Stellung nehmen soll.

5 Die Charakteristik
Le portrait physique et moral

Eine beliebte Aufgabenstellung ist die Charakteristik einer Person aus einem literarischen Text. Das macht drei Arbeitsschritte erforderlich:

– Sammeln aller Daten, die dir für diesen Zweck nützlich erscheinen
– Ordnen dieser Daten
– Schreiben der Charakteristik

Nun kann man eine Person ziemlich oberflächlich darstellen, indem man ihr Äußeres beschreibt und dann noch ein paar Persönlichkeitsmerkmale (*courageuse, elle a des idées*) hinzufügt. Interessant wird eine Charakteristik, wenn man zu erklären versucht, warum ein Mensch so und nicht anders handelt. Probieren wir das einmal am Beispiel von Mme Loisel aus Maupassants Erzählung *La Parure*. Hier der Beginn der Charakteristik:

Dans le premier chapitre de sa nouvelle, Maupassant nous présente Madame Loisel, l'héroïne du récit. **Au début du texte,** *elle est «une de ces jolies et charmantes filles» (1) qui veut séduire et plaire. Et pendant la fête du ministère, elle y réussit: «elle était plus jolie que toutes, élégante, gracieuse, souriante et folle de joie. Tous les hommes la regardaient» (1).*

Pour l'auteur, *il est normal qu'une telle femme doive se sentir «née pour toutes les délicatesses et tous les luxes» (1).* **Selon lui,** *il y a un rapport étroit entre la beauté et le style de vie auquel les femmes peuvent prétendre, «leur grâce et leur charme leur servant de naissance et de famille» (1). Cette théorie,* **sans doute** *intéressante, s'explique par le fait que les femmes du 19ᵉ siècle étaient dépendantes de leurs maris et c'était, paraît-il, leur beauté et leur charme qui leur permettait de franchir les frontières sociales. Maupassant en tire la conclusion que Mathilde Loisel,* **étant donné** *son charme naturel, est pratiquement obligée de vouloir vivre une vie de luxe – un déterminisme qui ne plaira pas à toute lectrice.*

Seulement, Mme Loisel n'a pas de chance. Elle est née «dans une famille d'employés» (1), ***c'est-à-dire*** *dans une couche sociale peu favorisée. Même si ses parents font des efforts – elle est éduquée dans un couvent – ils ne peuvent pas lui offrir une dot et l'emmener dans la «bonne société». Et cela produit l'erreur fatale: «elle se laissa marier avec un petit commis du ministère de l'Instruction publique» (1).* **Autrement dit,** *elle n'arrive pas à monter dans la hiérarchie sociale, elle reste enfermée dans la petite bourgeoisie.*

Bien loin *de s'arranger avec sa destinée, elle ne cesse de s'imaginer une autre vie, et chaque fois qu'elle regarde son entourage médiocre, elle sent un manque, un malheur profond.* ***C'est pourquoi*** *elle se met à rêver. (…)*

Diese Charakteristik arbeitet mit vielen Zitaten (1). Das ist normal, denn Behauptungen muss man belegen. Zitate kannst du in einen Satz einbauen, in Klammern als Beleg setzen oder nach einem Doppelpunkt anführen. Vergiss nicht die Anführungszeichen, die etwas als Zitat kenntlich machen. Längere Textstellen als Zitat solltest du als eigenen Absatz schreiben. Meist folgt dann eine Analyse. Nicht wörtliche Zitate, Zusammenfassungen etwa, kannst du mit Formulierungen wie: *Cela se voit à …* einleiten.

Den Gedankengang des Textes kannst du durch Absätze und die hier wieder **fett** gedruckten Verknüpfungen deutlich machen.

Leit-Tempus der Charakteristik ist das Präsens.

In einer Charakteristik verwendest du in der Regel auch viele Adjektive, du beschreibst ja das Äußere oder den Charakter einer Person. Vergiss nicht die Adjektive in Geschlecht und Zahl anzugleichen → **38** ff/5. Denk auch an die unterschiedliche Stellung, die ein Adjektiv beim Nomen einnehmen kann → **36** ff/4.

6 Briefe / *Lettres*

Man hat häufig Gelegenheit nach Frankreich zu schreiben, sei es aus privaten Gründen, sei es, um ein Buch oder ein Hotelzimmer zu bestellen. Die folgenden Hinweise sollen dir das erleichtern.

So schreibst du den Briefumschlag:

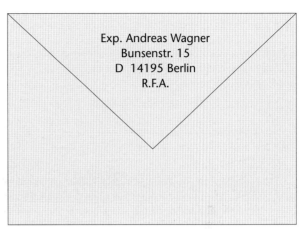

Bei den Einleitungs- und Schlussformeln der Briefe musst du überlegen, wem du deinen Brief schickst.

Chère amie, / Cher ami, / Chère Janine, / Cher Jean-Paul,	Dies schreibst du gleichaltrigen guten Freunden.
Amitiés / Amicalement / Cordialement / À bientôt / Salut + Namen	So beendest du deinen Brief.
Chère Madame ..., / Cher Monsieur ...,	Erwachsene, die du recht gut kennst, jedoch siezt, schreibst du so an
Cordialement / Sincèrement + Namen	und so schließt du deinen Brief.
Monsieur, / Madame, / Mademoiselle,	So begrüßt du Ältere, die du nicht so gut kennst
Veuillez agréer l'expression de ... *Je vous prie d'accepter ...* ... *mes sentiments les meilleurs.* ... *mes sentiments distingués.* + Namen	und so beendest du den Brief.

Deine Lehrerin hat dir die Adresse eines französischen Kollegen gegeben, den du um die Vermittlung eines Ferienaustausches bitten willst. So könnte dein Brief an den französischen Lehrer aussehen:

Meike Barenfeld
Georgsplatz 5
D 50931 Köln
R.F.A.

Cologne, le 13 février 1996

Monsieur
Jean-Jacques Schreiber
78, rue de Vaugirard
F 84100 Avignon
France

Monsieur,

Mon professeur de français, Madame Müller, m'a conseillé de vous écrire pour vous demander de m'aider. Je cherche l'adresse d'une élève française qui ait à peu près mon âge (1) et qui s'intéresse (1) à un échange pendant les vacances scolaires. J'ai seize ans et j'apprends le français depuis quatre ans. Mes passe-temps favoris sont le sport et la musique.

Je vous serais très reconnaissante de me mettre en contact avec une jeune fille de mon âge qui aime les langues et qui désire passer trois ou quatre semaines en Allemagne. Pour ma part, je voudrais bien venir en France pendant les vacances d'hiver.

Veuillez agréer, Monsieur, l'expression de mes sentiments distingués.

Meike Barenfeld

TIPP In diesem Brief wird ein Wunsch geäußert: *Je cherche l'adresse d'une élève qui s'intéresse …* (1). In solchen Sätzen z. B. mit *je cherche* oder *je voudrais* steht im darauf folgenden Relativsatz der *subjonctif* → **136**/2.4.

7   Hinweise zur Vermeidung von Fehlern

Wenn du deinen Text fertig gestellt hast, wirst du ihn sicher nochmal durchlesen in der Hoffnung einige Fehler zu finden und korrigieren zu können. Deine Chance Fehler zu finden, ist größer, wenn du dir deinen Text mehrmals durchliest und bei jedem Durchlesen nur auf eine bestimmte Sache achtest.

Im Folgenden machen wir dir Vorschläge, wie eine solche Fehlersuche aussehen könnte und geben dir die Kapitel an, in denen du Erklärungen zu den aufgeführten grammatischen Problemen finden kannst.

1. Stimmen die Begleiter und dir Adjektive mit dem Nomen überein, zu dem sie gehören?
   Z. B.: *les livres, cette cassette (f), leurs cahiers, une robe bleue, des fêtes françaises* → **45**/9.
   Hast du an die Apostrophierung oder Veränderung von Begleitern vor Nomen mit stummem *h* oder Vokal gedacht? Z. B.: *l'hôtel, cet élève, mon amie* → **9**/2.1.
   Hast du an die Stellung der Adjektive gedacht und daran, dass *vieux, beau* und *nouveau* im Singular drei Formen haben → **45**/9?

2. Stimmen die Verbformen mit ihren Subjekten überein? Hast du z. B. bei *ils/elles* an das *-ent (ils parlent)* gedacht → **67** ff/4?
   Hast du daran gedacht das Partizip Perfekt anzugleichen, wenn es nötig ist, z. B. *elles sont venues* → **84**/10?

3. Sieh dir den Aufbau deiner Sätze nochmal an. Hast du die Tempora der Verben korrekt verwendet → **180**/1?
   Hast du Ausdrücke verwendet, nach denen der *subjonctif* stehen muss?
   Wenn du *si*-Sätze verwendet hast, sieh nochmal nach, ob im *si*-Satz auch ganz bestimmt kein *conditionnel* oder Futur steht. Stimmen die Zeiten von *si*-Satz und Hauptsatz überein → **145** ff/5?
   Wenn du indirekte Rede verwendet hast, sieh nochmal nach, ob die Zeitenfolge in deinen Sätzen stimmt → **157**/3.

4. Stehen deine Sätze untereinander im richtigen Zusammenhang? Hast du Wörter und Ausdrücke verwendet, die diesen Zusammenhang deutlich machen und somit deine Sätze zu einem Text zusammenfügen → **182** ff/1; **137** ff/3–4; **192**/1.
   Stimmen deine Pronomen mit den Wörtern, die sie ersetzen, überein → **91** ff?
   Hast du unterschiedliche Satzstrukturen verwendet um deinen Text lebendiger zu machen → **194**/2?

Aus den vorhergehenden Punkten kannst du dir eine Checkliste (oder Fehlersuchliste) für's Korrekturlesen erstellen:

- ✔ Übereinstimmung | der Nomen und Begleiter
                    der Nomen und Adjektive
- ✔ Formen der Begleiter
- ✔ Formen und Stellung der Adjektive
- ✔ Übereinstimmung des Subjekts und des Verbs (Angleichung der Partizipien!)
- ✔ Angemessene Verwendung der Zeiten
- ✔ *Subjonctif!*
- ✔ Verbformen in *si*-Sätzen
- ✔ Zeitenfolge in der indirekten Rede
- ✔ Zusammenfügung der Sätze

TIPP Es ist nicht einfach einen Text, den man selber geschrieben hat, nach Fehlern durchzusehen. Immer wieder bleibt man gedanklich beim Inhalt und schaut nicht auf die Formen der Wörter und Sätze, die da stehen. Anders ist es, wenn du deinen Text Satz für Satz rückwärts liest. Dadurch, dass der Zusammenhang wegfällt, löst du dich beim Lesen eher vom Inhalt und kannst besser auf einzelne Wörter und Sätze achten. Versuche es mal, vielleicht ist es auch für dich eine Hilfe.

TIPP Machst du in deinen Texten vielleicht immer wieder dieselben oder ähnliche Fehler?
Mit Hilfe der Checkliste kannst du deine „Schwachstellen" herausfinden. Nimm dir deine alten (korrigierten) Klausuren vor und mach für jeden Fehler einen Strich bei der Kategorie, zu der er gehört. Anhand dieser Liste kannst du dann feststellen, welche Art von Fehler du am häufigsten machst. Darauf solltest du dann beim Korrekturlesen besonders achten – und das betreffende grammatische Kapitel noch einmal gründlich wiederholen. Dieses Verfahren ist übrigens auch bei Hausaufgaben anwendbar.

Anhang

Die Konjugation unregelmäßiger Verben
La conjugaison des verbes irréguliers

- **Die Hilfsverben** *avoir* **und** *être*
  Les verbes auxiliaires avoir *et* être   1.1

- **Die Bildung der einzelnen Zeiten und Modi**
  La formation des différents temps et modes   1.2

- **Liste der wichtigsten unregelmäßigen Verben**
  Liste des verbes irréguliers les plus importants   1.3

- **Liste der unpersönlichen Verben**
  Liste des verbes impersonnels   1.4

Index
- **Index der grammatischen Begriffe**   2.1
- **Index der Wörter**   2.2

1 Die Konjugation unregelmäßiger Verben
La conjugaison des verbes irréguliers

1.1 Die Hilfsverben *avoir* und *être*
Les verbes auxiliaires avoir *et* être

avoir

Présent	Imparfait	Futur simple
j'ai	*j'avais*	*j'aurai*
tu as	*tu avais*	*tu auras*
il a	*il avait*	*il aura*
nous avons	*nous avions*	*nous aurons*
vous avez	*vous aviez*	*vous aurez*
ils ont	*ils avaient*	*ils auront*

Passé simple	Conditionnel présent	Subjonctif présent
j'eus	*j'aurais*	*que j'aie*
tu eus	*tu aurais*	*que tu aies*
il eut	*il aurait*	*qu'il aie*
nous eûmes	*nous aurions*	*que nous ayons*
vous eûtes	*vous auriez*	*que vous ayez*
ils eurent	*ils auraient*	*qu'ils aient*

Impératif	Participe présent	Participe passé
aie!	*ayant*	*eu*
ayons!		
ayez!		

être

Présent	Imparfait	Futur simple
je suis	*j'étais*	*je serai*
tu es	*tu étais*	*tu seras*
il est	*il était*	*il sera*
nous sommes	*nous étions*	*nous serons*
vous êtes	*vous étiez*	*vous serez*
ils sont	*ils étaient*	*ils seront*

Passé simple	Conditionnel présent	Subjonctif présent
je fus	*je serais*	*que je sois*
tu fus	*tu serais*	*que tu sois*
il fut	*il serait*	*qu'il soit*
nous fûmes	*nous serions*	*que nous soyons*
vous fûtes	*vous seriez*	*que vous soyez*
ils furent	*ils seraient*	*qu'ils soient*

Impératif	Participe présent	Participe passé
sois!	*étant*	*été*
soyons!		
soyez!		

1.2 Die Bildung der einzelnen Zeiten und Modi
La formation des différents temps et modes

Die folgende Tabelle zeigt dir, wie du die einzelnen Zeiten bilden kannst.
Unregelmäßige Verbformen, die von diesem Schema abweichen, sind auf den folgenden Seiten aufgeführt.

Infinitiv

finir	je vais	finir	futur composé (→ **71**/4.5)	
	je	finirai	futur simple (→ **70**/4.3)	**ATTENTION** bei Verben auf -*er* mit
	je	finirais	conditionnel présent (→ **81**/7.1)	zwei Stämmen (→ **70**/4.3)
finir	je	finis	passé simple (→ **71**/4.4)	

Präsensformen

je finis		Finis!	impératif (→ **78**/5)	
tu finis				
il finit				
nous finissons	je	finissais	imparfait (→ **69**/4.2)	
		Finissons!	impératif (→ **78**/5)	
		finissant	participe présent (→ **65**/2.1 (2))	
	en	finissant	gérondif (→ **65**/2.1 (2))	
vous finissez		Finissez!	impératif (→ **78**/5)	
ils finissent	que je	finisse	subjonctif présent (→ **79**/6.1)	**ATTENTION** bei Verben mit einem unterschiedlichen Stamm in der 1. Pers. Plur. (→ **79**/6.1)

Partizip Perfekt

j'ai fini	j'avais	fini	alle zusammengesetzten Zeiten
	j'eu	fini	

1.3 Liste der wichtigsten unregelmäßigen Verben
Liste des verbes irréguliers les plus importants

(ê) bedeutet, dass das Verb in den zusammengesetzten Zeiten mit *être* konjugiert wird.
(ê!) bedeutet, dass das Verb in den zusammengesetzten Zeiten je nach Bedeutung mit *être* oder *avoir* konjugiert wird.

Infinitiv Partizip Perf.	Indikativ Präsens	Futur simple Passé simple	Subjonctif présent	Anmerkungen
accueillir				wie: **cueillir**
acquérir acquis	j'acquiers tu acquiers il acquiert nous acquérons vous acquérez ils acquièrent	j'acquerrai j'acquis nous acquîmes	que j'acquière que nous acquérions	ebenso: **conquérir**
admettre				wie: **mettre**
(ê) **aller** allé	je vais tu vas il va nous allons vous allez ils vont	j'irai j'allai nous allâmes	que j'aille que nous allions	

Infinitiv *Partizip Perf.*	Indikativ Präsens	Futur simple *Passé simple*	Subjonctif présent	Anmerkungen
(ê) **s'apercevoir**				wie: **recevoir**
(ê!) **apparaître**				wie: **connaître**
appartenir				wie: **venir**
apprendre				wie: **prendre**
(ê) **s'asseoir** *assis*	je m'assieds tu t'assieds il s'assied nous nous asseyons vous vous asseyez ils s'asseyent	je m'assiérai *je m'assis* *nous nous assîmes*	que je m'asseye que nous nous asseyions	
atteindre				wie: **peindre**
battre *battu*	je bats tu bats il bat nous battons vous battez ils battent	je battrai *je battis* *nous battîmes*	que je batte que nous battions	ebenso: **combattre**
boire *bu*	je bois tu bois il boit nous buvons vous buvez ils boivent	je boirai *je bus* *nous bûmes*	que je boive que nous buvions	
bouillir *bouilli*	je bous tu bous il bout nous bouillons vous bouillez ils bouillent	je bouillirai *je bouillis* *nous bouillîmes*	que je bouille que nous bouillions	
combattre				wie: **battre**
comparaître				wie: **connaître**
comprendre				wie: **prendre**
conclure *conclu*	je conclus tu conclus il conclut nous concluons vous concluez ils concluent	je conclurai *je conclus* *nous conclûmes*	que je conclue que nous concluions	ebenso: **exclure, inclure**

Infinitiv / Partizip Perf.	Indikativ Präsens	Futur simple / Passé simple	Subjonctif présent	Anmerkungen
conduire *conduit*	je conduis tu conduis il conduit nous conduisons vous conduisez	je conduirai *je conduisis* *nous conduisîmes*	que je conduise que nous conduisions ils conduisent	ebenso: **construire, cuire, détruire, instruire, introduire, réduire, séduire, traduire**
connaître *connu*	je connais tu connais il connaît nous connaissons vous connaissez ils connaissent	je connaîtrai *je connus* *nous connûmes*	que je connaisse que nous connaissions	ebenso: (ê!) **apparaître**, (ê!) **disparaître**, (ê!) **paraître**, **méconnaître, reconnaître**
conquérir				wie: **acquérir**
construire				wie: **conduire**
contenir				wie: **venir**
contredire				wie: **dire** **ATTENTION** Präsens: *vous contredisez*
convaincre				wie: **vaincre**
(ê!) **convenir**				wie: **venir**
coudre *cousu*	je couds tu couds il coud nous cousons vous cousez ils cousent	je coudrai *je cousis* *nous cousîmes*	que je couse que nous cousions	
courir *couru*	je cours tu cours il court nous courons vous courez ils courent	je courrai *je courus* *nous courûmes*	que je coure que nous courions	ebenso: **parcourir**
couvrir				wie: **ouvrir**
craindre				wie: **peindre**
croire *cru*	je crois tu crois il croit nous croyons vous croyez ils croient	je croirai *je crus* *nous crûmes*	que je croie que nous croyions	

Infinitiv *Partizip Perf.*	Indikativ Präsens	Futur simple *Passé simple*	Subjonctif présent	Anmerkungen
cueillir *cueilli*	je cueille tu cueilles il cueille nous cueillons vous cueillez ils cueillent	je cueillerai *je cueillis* *nous cueillîmes*	que je cueille que nous cueillions	ebenso: **accueillir, recueillir**
cuire				wie: **conduire**
décevoir				wie: **recevoir**
découvrir				wie: **ouvrir**
décrire				wie: **écrire**
détruire				wie: **conduire**
(ê) **devenir**				wie: **venir**
devoir *dû*	je dois tu dois il doit nous devons vous devez ils doivent	je devrai *je dus* *nous dûmes*	que je doive que nous devions	
dire *dit*	je dis tu dis il dit nous disons vous dites ils disent	je dirai *je dis* *nous dîmes*	que je dise que nous disions	ebenso: **contredire, interdire**
(ê!) **disparaître**				wie: **connaître**
écrire *écrit*	j'écris tu écris il écrit nous écrivons vous écrivez ils écrivent	j'écrirai *j'écrivis* *nous écrivîmes*	que j'écrive que nous écrivions	ebenso: **décrire, inscrire**
élire				wie: **lire**
entreprendre				wie: **prendre**
entretenir				wie: **venir**
envoyer *envoyé*	j'envoie tu envoies il envoie nous envoyons vous envoyez ils envoient	j'enverrai *j'envoyai* *nous envoyâmes*	que j'envoie que nous envoyions	ebenso: **renvoyer**

Infinitiv / Partizip Perf.	Indikativ Präsens	Futur simple / Passé simple	Subjonctif présent	Anmerkungen
éteindre				wie: **peindre**
exclure				wie: **conclure**
faire *fait*	je fais tu fais il fait nous faisons vous faites ils font	je ferai *je fis* *nous fîmes*	que je fasse que nous fassions	
fuir *fui*	je fuis tu fuis il fuit nous fuyons vous fuyez ils fuient	je fuirai *je fuis* *nous fûmes*	que je fuie que nous fuyions	
haïr *haï*	je hais tu hais il hait nous haïssons vous haïssez ils haïssent	je haïrai *je haïs* *nous haïmes*	que je haïsse que nous haïssions	
inclure				wie: **conclure** **ATTENTION** Partizip Perfekt: *inclus*
inscrire				wie: **écrire**
instruire				wie: **conduire**
interdire				wie: **dire** **ATTENTION** Präsens: *vous inter**disez***
interrompre *interrompu*	j'interromps tu interromps il interrompt nous interrompons vous interrompez ils interrompent	j'interromprai *j'interrompis* *nous interrompîmes*	que j'interrompe que nous interrompions	
(ê) **intervenir**				wie: **venir**
introduire				wie: **conduire**
joindre				wie: **peindre**

Infinitiv *Partizip Perf.*	Indikativ Präsens	Futur simple *Passé simple*	Subjonctif présent	Anmerkungen
lire *lu*	je lis tu lis il lit nous lisons vous lisez ils lisent	je lirai *je lus* *nous lûmes*	que je lise que nous lisions	ebenso: **élire**
méconnaître				wie: **connaître**
mettre *mis*	je mets tu mets il met nous mettons vous mettez ils mettent	je mettrai *je mis* *nous mîmes*	que je mette que nous mettions	ebenso: **permettre, promettre**
^(ê) **mourir** *mort*	je meurs tu meurs il meurt nous mourons vous mourez ils meurent	je mourrai *je mourus* *nous mourûmes*	que je meure que nous mourions	
^(ê) **naître** *né*	je nais tu nais il naît nous naissons vous naissez ils naissent	je naîtrai *je naquis* *nous naquîmes*	que je naisse que nous naissions	
obtenir				wie: **venir**
offrir				wie: **ouvrir**
ouvrir *ouvert*	j'ouvre tu ouvres il ouvre nous ouvrons vous ouvrez ils ouvrent	j'ouvrirai *j'ouvris* *nous ouvrîmes*	que j'ouvre que nous ouvrions	ebenso: **offrir, couvrir, découvrir, souffrir**
^(ê!) **paraître**				wie: **connaître**
parcourir				wie: **courir**
peindre *peint*	je peins tu peins il peint nous peignons vous peignez ils peignent	je peindrai *je peignis* *nous peignîmes*	que je peigne que nous peignions	ebenso: **atteindre, craindre, éteindre, joindre, plaindre, rejoindre**
permettre				wie: **mettre**

Infinitiv *Partizip Perf.*	Indikativ Präsens	Futur simple *Passé simple*	Subjonctif présent	Anmerkungen
plaindre				wie: **peindre**
plaire *plu*	je plais tu plais il plaît nous plaisons vous plaisez ils plaisent	je plairai *je plus* *nous plûmes*	que je plaise que nous plaisions	
poursuivre				wie: **suivre**
pouvoir *pu*	je peux tu peux il peut nous pouvons vous pouvez ils peuvent	je pourrai *je pus* *nous pûmes*	que je puisse que nous puissions	
prendre *pris*	je prends tu prends il prend nous prenons vous prenez ils prennent	je prendrai *je pris* *nous prîmes*	que je prenne que nous prenions	ebenso: **apprendre, comprendre, entreprendre, reprendre, surprendre**
prévenir				wie: **venir**
prévoir				wie: **voir** **ATTENTION** Futur: *je prévoirai*
promettre				wie: **mettre**
recevoir *reçu*	je reçois tu reçois il reçoit nous recevons vous recevez ils reçoivent	je recevrai *je reçus* *nous reçûmes*	que je reçoive que nous recevions	ebenso: **apercevoir, décevoir**
reconnaître				wie: **connaître**
recueillir				wie: **cueillir**
réduire				wie: **conduire**
rejoindre				wie: **peindre**
renvoyer				wie: **envoyer**
reprendre				wie: **prendre**

Infinitiv Partizip Perf.	Indikativ Präsens	Futur simple Passé simple	Subjonctif présent	Anmerkungen
résoudre *résolu*	je résous tu résous il résout nous résolvons vous résolvez ils résolvent	je résoudrai *je résolus* *nous résolûmes*	que je résolve que nous résolvions	
revoir				wie: **voir**
rire *ri*	je ris tu ris il rit nous rions vous riez ils rient	je rirai *je ris* *nous rîmes*	que je rie que nous riions	ebenso: **sourire**
savoir *su*	je sais tu sais il sait nous savons vous savez ils savent	je saurai *je sus* *nous sûmes*	que je sache que nous sachions	
séduire				wie: **conduire**
souffrir				wie: **ouvrir**
sourire				wie: **rire**
⁽ê⁾ **se souvenir**				wie: **venir**
suivre *suivi*	je suis tu suis il suit nous suivons vous suivez ils suivent	je suivrai *je suivis* *nous suivîmes*	que je suive que nous suivions	ebenso: **poursuivre**
surprendre				wie: **prendre**
survivre				wie: **vivre**
⁽ê⁾ **se taire** *tu*	je me tais tu te tais il se tait nous nous taisons vous vous taisez ils se taisent	je me tairai *je me tus* *nous nous tûmes*	que je me taise que nous nous taisions	
tenir				wie: **venir**
traduire				wie: **conduire**
transmettre				wie: **mettre**

Infinitiv *Partizip Perf.*	Indikativ Präsens	Futur simple *Passé simple*	Subjonctif présent	Anmerkungen
vaincre *vaincu*	je vaincs tu vaincs il vainc nous vainquons vous vainquez ils vainquent	je vaincrai *je vainquis* *nous vainquîmes*	que je vainque que nous vainquions	ebenso: **convaincre**
^(ê) **venir** *venu*	je viens tu viens il vient nous venons vous venez ils viennent	je viendrai *je vins* *nous vînmes*	que je vienne que nous venions	ebenso: **appartenir, contenir, convenir,** ^(ê) **devenir, entretenir, intervenir, obtenir, prévenir,** ^(ê) **se souvenir, tenir**
vivre *vécu*	je vis tu vis il vit nous vivons vous vivez ils vivent	je vivrai *je vécus* *nous vécûmes*	que je vive que nous vivions	ebenso: **survivre**
voir *vu*	je vois tu vois il voit nous voyons vous voyez ils voient	je verrai *je vis* *nous vîmes*	que je voie que nous voyions	ebenso: **revoir**
vouloir *voulu*	je veux tu veux il veut nous voulons vous voulez ils veulent	je voudrai *je voulus* *nous voulûmes*	que je veuille que nous voulions	

1.4 Liste der unpersönlichen Verben
Liste des verbes impersonnels

Infinitiv *Partizip Perf.*	Indikativ Präsens	Futur simple *Passé simple*	Subjonctif présent	Anmerkungen
falloir *fallu*	il faut	il faudra *il fallut*	qu'il faille	
pleuvoir *plu*	il pleut	il pleuvra *il plut*	qu'il pleuve	

2 Index

2.1 Index der grammatischen Begriffe

In dieser Liste kannst du alle grammatischen Begriffe nachschlagen. Suchst du einen Begriff, der aus einem Nomen und einem anderen Wort besteht, schlag zuerst unter dem Nomen nach. Wenn du z. B. den Begriff „bestimmter Artikel" suchst, musst du unter „Artikel" nachsehen.
Dort findest du: **Artikel**, bestimmter **9**/2. Das bedeutet: Seite 9, Abschnitt 2.
Manchmal findest du auch die folgenden Angaben: **180**ff/2 = Seite 180 und die folgenden Seiten, Abschnitt 2
136/2.4 (1) = Seite 136, Abschnitt 2.4, Unterpunkt 1; **8**/1 (Z) = Seite 8, Abschnitt 1, Zusatzinformation

A

absolute Frage **163** (Z1)

adjectif attribut → Adjektiv, prädikativ gebrauchtes

adjectif épithète → Adjektiv, attributiv gebrauchtes

adjectif verbal **152**/1.2 (Z)

Adjektiv **33**ff
attributiv gebrauchtes ~ **35**/3
prädikativ gebrauchtes ~ **34**/1, **34**/2
unveränderliches ~ **38**/5.1
unregelmäßiges ~ **40**/5.4
Angleichung **38**/5
Stellung **35**/3, **36**/4
Steigerung **41**ff/6
Komparativ **41**/6.1
Superlativ **42**/6.2
das Adjektiv und seine Ergänzungen **43**/8
Adjektive, die ihre Bedeutung ändern **37**/4.2
Adjektiv oder Adverb? **56**/5, **57**/6

Adverb **47**ff
ursprüngliches ~ **48**/1.1
abgeleitetes ~ **48**/1.2, **50**/1.3
Stellung **52**/3
Steigerung **51**f/2
Komparativ **51**/2.1
Superlativ **51**/2.2
Adverb oder Adjektiv? **56**/5, **57**/6
Adverbien, die eine Inversion nach sich ziehen **122**/1

adverbiale Bestimmung, Arten **125**/3
Stellung **125**/3
~ als notwendige Ergänzung zum Verb **125**/3
~ als freie Ergänzung zum Verb **125**/3

Adverbialpronomen → Pronomen für Ortsangaben mit *à* und *de*

Adverbialsatz **142**ff/4
Alternativen zum ~ **145**/4.7

Aktiv und Passiv **176**/1

article partitif → Teilungsartikel

Artikel, bestimmter **9**/2
bestimmter ~ vor *h* und Vokal **9**/2.1
unbestimmter ~ **8**/1
unbestimmter ~ vor Adjektiven **8**/1
zusammengezogener ~ **9**/2.2
~ vor zusammengesetzten Nomen **25**/8.3
~ bei Mengenangaben **15**/3.1
~ bei *aimer, préférer, détester* **13**/2.9
~ bei Titeln/Anreden **13**/2.8
~ bei Wissenschaften/Schulfächern **13**/2.7
~ bei Zeitangaben **12**/2.5
~ nach *être* **8**/1 (Z), **16**/3.1
~ vor Körperteilen **13**/2.6
~ bei Ländernamen **10**/2.4
~ im verneinten Satz **16**/3.1
Auslassung des ~ **14**/2.10

Aufforderungssatz **166**/1

Ausdrücke, die einen Text gliedern **192**ff/1

Ausrufebegleiter **19**/6

Ausrufesatz **166**/2

Aussagesatz, Bestandteile **121**
Stellung der Satzteile **121**ff
~ mit *il y a* **128**/1
~ mit *voilà* **128**/1
komplexer ~ **131**

avoir oder *être* im *passé composé*? **75**/4.10, **77**/4.12

B

Bedingung, reale/irreale **145**/5

Bedingungssatz **145**ff/5
realer ~ **146**/5.1
irrealer ~ **146**/5.2
Welches Tempus im realen ~? **146**/5.1
Welches Tempus im irrealen ~? **146**/5.2
Alternativen zum ~ **147**/5.3

Befehlsform → Imperativ

Begleiter **7**ff

Brief, Hinweise zum Schreiben **199**f/6

Bruchzahlen **61**/3, **62**/5

C

Charakteristik, Hinweise zum Schreiben **198**/5

complément → Ergänzung

complément circonstanciel → adverbiale Bestimmung

conditionnel **80**/7
Gebrauch **145**/5, **185**/2
~ *présent*, Formen **81**/7.1
~ *passé*, Formen **81**/7.2

conjonction → Konjunktionen

D

dass-Satz **137**ff/3

Datumsangaben **12**/2.5, **62**/5

de partitif → *de*, partitives

de, partitives **15**/3

Demonstrativbegleiter **19**/5

Demonstrativpronomen **110**/4

214 Anhang

direktes Objekt **124**/2.1 (1)

direktes/indirektes Objekt, Stellung im Satz **124**/2.1 (3)

discours indirect → indirekte Rede

E

Eigennamen, Plural **27**/9.2

Eigenschaftswort → Adjektiv

en, partitives **95**/1.3 (2)

Einschränkung mit *ne ... que* **173**/8

Endungen des Verbs **66**/2.2

Entscheidungsfrage **159**

Ergänzungen, Arten **123**/2.1
Stellung im Satz **124**/2.1 (3)
Stellung bei Infinitivkonstruktionen **126**/4
~ des Verbs (mit/ohne Präposition) **85**ff

Ergänzungsfrage → Teilfrage

Erzählung, Hinweise zum Schreiben **194**/2

est-ce que, Frage mit ~ **161**f/3

expletives *ne* **172**/5 (Z)

F

Femininum = weiblich

fractions → Bruchzahlen

Frage, Überblick über die verschiedenen Frageformen **159**
~ mit nachgestelltem Fragewort **160**f/2
~ nach dem Objekt **161**f/3.1
~ nach dem Subjekt **161**f/3.1, **162**f/5
~ nach Personen **161**f/3.1, **162**/5
~ nach Sachen **161**f/3.1, **163**/5
siehe auch
→ absolute Frage
→ *est-ce que*-Frage
→ indirekte Frage
→ Intonationsfrage
→ Inversionsfrage
→ verkürzte Fragen
→ segmentierte Frage
→ verneinte Frage

Frageadverb → Fragewörter

Fragebegleiter → Interrogativbegleiter

Fragepronomen → Interrogativpronomen

Fragewörter, Überblick **160**/1

français familier, Merkmale **188**/4.2

français soutenu, Merkmale **189**f/4.3

français standard, Merkmale **188**/4.1

Fürwörter → Pronomen

futur antérieur, Formen **73**/4.8
Gebrauch **181**/1, **185**/4.1

Futur, einfaches → *futur simple*

Futur, zusammengesetztes → *futur composé*

futur, Gebrauch im Text **180**/1, **181**/1, **184**/1.3
Gebrauch im Aufforderungssatz **166**/1.1
~ *composé*, Formen **71**/4.5
~ *simple*, Formen **70**/4.3

G

Gegenwart → Präsens

Genus = Geschlecht

gérondif, Bildung **153**/2.1
Gebrauch **153**f/2.2
~ zum Ausdruck von Bedingungen **147**/5.3

Gesamtfrage → Entscheidungsfrage

gesprochenes und geschriebenes Französisch **187**ff/4

Grundzahlen 60/1
Geschlecht **60**/1.1
Plural **60**/1.2
Unterschiede zum Deutschen **62**/5

H

Hauptsatz **131**, **132**/1

Hervorhebung mit *c'est ... que* **129**/3.2
~ mit *c'est ... qui* **129**/3.1
~ mit *ce que* am Satzanfang **130**/3.3
~ mit *ce qui* am Satzanfang **130**/3.3

Hilfsverben **64**/1, **75**/4.10, **77**/4.12

I

imparfait, Formen **69**/4.2
Gebrauch **180**ff/1
imparfait oder *passé composé*? **182**f/1.1

Imperativ, Formen **78**/5
Gebrauch im Aufforderungssatz **166**/1.1
Stellung der Objektpronomen **100**/1.6 (3), **102**/1.7 (2)
reflexive Verben **82**/9.1
Stellung der Reflexivpronomen **82**/9.1, **83**/9.2

indefinite Begleiter **20**/7

Indefinitpronomen **111**ff/6

Indikativ, Tempora **67**ff/4
Indikativ oder *subjonctif* im que-Satz? **137**ff/3
Indikativ oder *subjonctif* im Relativsatz? **136**/2.4

indirekte Aufforderungen **158**/4

indirekte Frage, Bildung **156**/2
Fragewörter **156**/2.2

indirekte Rede 156/1
Unterschied zum Deutschen **156**/1
Zeitenfolge **157**/3

indirektes Objekt (mit *à* oder *de*) **124**/2.1 (2)

Infinitiv 65/2.1 (1)
Gebrauch im Aufforderungssatz **166**/1.1

Infinitivergänzung 126/4
~ mit *à* oder *de* **85**ff

Infinitivfragen → verkürzte Fragen

Interrogativbegleiter **19**/6

Interrogativpronomen, bei Frage nach Personen **108**/3.1
~ bei Fragen nach Sachen **109**/3.2
~ bei Auswahlfragen **109**/3.3

Intonationsfrage **160**f/2

Inversion des Subjekts **93**/1.1 (2)

Inversionsfrage 162/4
Stellung der Subjektpronomen **162**/4

K

Kardinalzahlen → Grundzahlen

Kommentar, Hinweise zum Schreiben 196/4

Komparativ 41/6, 51/2.1

Konditionalsatz → Bedingungssatz

Konjunktion 131
~ nach der der *subjonctif* steht 149/6.3
Konjunktion oder Präposition? 119/3

M

Maskulinum = männlich

Mengenangaben 15/3.1

mise en relief → Hervorhebung

Modalverben 64/1

Modus und Tempus 67/3

N

Nachstellung → Inversion

Nebensatz 131

Negation = Verneinung

nombres cardinaux → Grundzahlen

nombres collectifs → Sammelzahlen

nombres ordinaux → Ordnungszahlen

Nomen, Singular/Plural 25/9
~ ohne Singular 29/9.4
~ mit besonderen Pluralformen 26/9.1
~ mit unterschiedlicher Bedeutung Sing./Plur. 29/9.4
Geschlecht 23/8
Stolpersteine beim Geschlecht der ~ 31/10.2
gleichklingende ~ mit unterschiedlichem Geschlecht und unterschiedlicher Bedeutung 32/10.2
Geschlecht der zusammengesetzten ~ 25/8.3
Plural der zusammengesetzten ~ 27/9.3

Numerus = Einzahl oder Mehrzahl

O

Objekt, direktes oder indirektes ~ 124/2.1

Objektpronomen 94ff/1.3
direkte ~ 94/1.3
indirekte ~ 96ff/1.4
~ bei *laisser* und *faire* 103/1.7
Stellung der ~ bei Infinitivergänzung 100/1.6 (4)
Stellung der ~ im Aussagesatz 99/1.6 (2)
Stellung der ~ im Imperativsatz 100/1.6 (3)
Stellung von zwei ~ im Satz 101ff/1.7

Ordinalzahlen → Ordnungszahlen

Ordnungszahlen 61/2, 62/5

P

participe passé → Partizip Perfekt

participe présent → Partizip Präsens

partitives *de* 15/3

partitives *en* 95/1.3 (2)

Partizip Perfekt, Form 66/2.1 (3)
Angleichung mit *être* 76/4.11, 84/10
Angleichung mit *avoir* 76/4.11, 84/10
Angleichung bei reflexiven Verben 77/4.11
Angleichung beim Passiv 81/8

Partizip Präsens, Form 65/2.1 (2)
Gebrauch 152/1.2
Vergangenheitsform 65/2.1 (2)
Deutsches ~, Wiedergabe im Französischen 154/3

passé antérieur, Formen 74/4.9
Gebrauch 184/1.2 (Z)

passé composé, Formen 72/4.6
Gebrauch 180/1, 181/1, 182/1.1
Hilfsverben 72/4.6, 75/4.10
passé composé oder *imparfait?* 182f/1.1

passé immédiat 78/4.14

passé simple, Formen 71/4.4
Gebrauch 183/1.1 (Z)

Passiv, Formen 81/8
Hilfsverb 81/8
Alternativen 177/2

Passivsatz, Bildung 176/1
Gebrauch 177/2
~ im Deutschen, Übersetzungsmöglichkeiten 177f/3
~ mit und ohne Urheber 176/1.1 (Z)

Personalpronomen, unverbundene 93/1.2
Gebrauch 93/1.2 (2)

Personalpronomen, verbundene 92/1.1
Stellung 93/1.1 (2)

Plural = Mehrzahl

plus-que-parfait, Formen 73/4.7
Gebrauch 180/1, 181/1, 184/1.2

Possessivbegleiter 17/4

Possessivpronomen 110/5

Prädikat, Bestandteile 123/2

prädikative Ergänzung 123/2

Präpositionen, Form und Gebrauch 116/1+2
~ bei Ländernamen 11/2.4
~ für Ortsangaben 117/2.1 (1)
~ für Richtungsangaben 117/2.1 (2)
~ für Zeitangaben 118/2.1 (3+4)
~ zur Angabe eines Mittels 118/2.1 (5)
~ zur Angabe eines Grundes 119/2.1 (7)
Präpositionen oder Konjunktionen? 119/3

Präsens, Formen 67ff/4.1
Gebrauch 180/1, 181/1

prédicat → Prädikat

présent duratif 77/4.13

présent historique, Gebrauch 180/1, 181/1

présent → Präsens

Pronomen für *à*- und *de*-Ergänzungen 96ff/1.4
~ für Ortsangaben mit *à* und *de* 98/1.4 (3)
neutrale ~ 103f/1.8
unbestimmte ~ → Indefinitpronomen

pronoms objets → Objektpronomen

Q

que-Satz **137**ff/3

R

reflexive Verben 82/9
Welches Hilfsverb? **83**/9.3
~ statt Passiv **177**/2

Reflexivpronomen 98/1.5
Stellung **82**/9.2
~ als direkte/indirekte Objekte **98**/1.5
Angleichung des Partizip Perfekts **99**/1.5
Stellung bei mehreren Objektpronomen **101**/1.7

Relativpronomen **104**ff/2

Relativsatz 133ff/2
Wortstellung **134**/2.2
Angleichungen im Relativsatz **135**/2.3
Stellung im Satzgefüge **134**/2.1
~ ohne Bezugsnomen **137**/2.5
subjonctif oder Indikativ im ~? **136**/2.4

Resümee, Hinweise zum Schreiben **195**f/3

S

Satz → Aussagesatz

Sammelzahlen **62**/4

segmentierte Frage **163** (Z2)

segmentierter Satz **128**/2

Singular = Einzahl

Stamm des Verbs **66**/2.2

Steigerung **41**ff/6, **51**f/2

Subjekt, Stellung **122**/1
Inversion **122**/1

Subjektpronomen **92**/1

subjonctif **79**/6
zusammenfassende Übersicht **149**f/6.3
~ im *que*-Satz **138**/3.1, **138**ff/3.2, **140**/3.3, **141**/3.4
~ im vorangestellten *que*-Satz **141**/3.4
~ im Relativsatz **136**/2.4
~ nach Superlativen **136**f/2.4 (2)
~ nach verneinten Hauptsätzen **137**/2.4 (3)

Verben und Ausdrücke, nach denen der ~ stehen muss **136**/2.4 (2), **137**/2.4 (3), **138**ff/3.2, **149**ff/6.3
Verben und Ausdrücke, nach denen der ~ stehen kann **136**/2.4 (1), **140**/3.3, **149**f/6.3
Zeitenfolge **137**/2.4 (Z), **142**/3.4
Tipps zur Vermeidung des ~ **139**/3.2 (1), **141**/3.4, **145**/4.7, **150**/6.3
~ *imparfait*, Formen **80**/6.2
Gebrauch **142**/3.4 (Z)
~ *passé*, Formen **80**/6.2
Gebrauch **142**/3.4 (Z)
~ *présent*, Formen **79**/6.1
~ *plus-que-parfait*, Formen und Gebrauch **142**/3.4

Substantive → Nomen

sujet → Subjekt

Superlativ **42**/6.2, **51**/2.2

T

Tageszeiten **12**/2.5, **19**/5

Teilfrage **159**

Teilungsartikel **16**/3.2

Tempora, Gebrauch der einzelnen ~ im Text **180**ff/1

Tempus und Modus **67**/3

Tipps zum Korrekturlesen **200**/7

U

Uhrzeitangaben **62**/5

unpersönliche Verben **64**/1

V

Verben, konjugierte Form **66**/2.2
nicht-konjugierte Form **64**ff/2.1
einfache Verbformen **66**/2.2
Endungen des Verbs **66**/2.2
zusammengesetzte Verbformen **66**/2.2
regelmäßige Verben **65**/2.1 (1)
~ auf *-er* **67**f/4.1 (1)
~ auf *-ir* (Typ *dormir*) **69**/4.1 (2)
~ auf *-ir* (Typ *finir*) **69**/4.1 (2)
~ auf *-(d)re* **69**/4.1 (3)
unregelmäßige ~ **202**ff
~ mit direktem Objekt **86**ff
~ mit indirektem Objekt *(à/de)* **86**ff
~ mit Infinitivergänzung *(à/de)* **86**ff

~ mit zwei Objekten **86**ff
~ mit notwendiger Ergänzung **125**/3
~ mit prädikativer Ergänzung **123**/2
~ der Bewegungsart **75**/4.10
~ der Bewegungsrichtung **75**/4.10
~ mit wechselndem Hilfsverb *(avoir* und *être)* **77**/4.12
~, die ein Passiv bilden können **176**/1
Verben/Ausdrücke, nach denen der *subjonctif* oder Indikativ stehen kann **136**/2.4 (1), **140**/3.3, **150**/6.3 (4)
Verben/Ausdrücke, nach denen der *subjonctif* stehen muss **136**/2.4, **137**/2.4 (3), **138**ff/3.2, **149**f/6.3

verbes pronominaux → reflexive Verben

verbes réfléchis → reflexive Verben

Verhältniswörter → Präpositionen

Verknüpfung von Sätzen **131**
Verknüpfungen, nebenordnende **132**f/1
Verknüpfungen, unterordnende → Konjunktionen

verkürzte Fragen **163**/6

verneinte Frage, Antwort auf eine ~ **172**/6

Verneinung 167ff
~ mit *ne ... ni ... ni* **173**/7
~ mit *ne ... que* **173**/8
~ nur mit *ne* **172**/5
~ nur mit *pas* **168**/1.1 (Z), **171**/4
Verneinungsklammer **168**/1.1
Verneinungswörter, Stellung im Satz **169**ff

Vollverben **64**/1

Z

Zahlwörter **60**ff

Zeitangaben **186**/3

Zeitenfolge **157**/3, **146**f/5, **180**f/1

2.2 Index der Wörter

Die folgende Liste enthält französische und deutsche Stichwörter. Hier kannst du einzelne Wörter nachsehen, wenn du ihre grammatische Bezeichnung nicht kennst.
Du hast z. B. einen Satz geschrieben, in dem du *sans* verwendet hast und du weißt nicht mehr, ob du nach *sans* einen Artikel verwenden musst oder nicht. Du schlägst unter *sans* nach und findest: *sans* (Präposition) mit und ohne Artikel **14**/2.10 (Z). Dies bedeutet, schlage nach auf Seite 14, Abschnitt 2.10 in der Zusatzinformation.
Du bist dir nicht sicher, ob du in einem Nebensatz *quand* oder *si* verwenden musst. Du schlägst nach unter: *quand* oder *si*? oder *si* oder *quand*? Beide Male findest du den Verweis: **147**/5.2. Dies bedeutet, schlage nach auf Seite 147, Abschnitt 5.2
Du hast dir den Satz Er hat so viel gearbeitet vorformuliert und du weißt nicht, wie du das so übersetzen sollst. Du schlägst unter dem deutschen Stichwort so nach und findest den folgenden Eintrag:
so, Möglichkeiten der Übersetzung **58**/6. Dies bedeutet, schlage nach auf Seite 58, Abschnitt 6.

A

à (Präposition für Orts-, Richtungs-, Zeitangaben) **117**/2.1 (1+2), **118**/2.1 (3–5), **120**/4

à (Präposition), Gebrauch des zusammengezogenen Artikels bei *à* **10**/2.2

à vor Ländernamen **11**/2.4

à moi, à toi usw. **94**/1.2

à-Ergänzung nach dem Verb **96**/1.4 (1)

à cause de **119**/2.1 (7)

à condition de + Infinitiv **147**/5.3

à condition que + *subjonctif* **148**/5.4

à moins que + *subjonctif* **148**/5.4

à partir de + Infinitiv **118**/2.1 (3)

à peine am Satzanfang **122**/1

à supposer que + *subjonctif* **147**/5.3

aber **133**/1.4

acheter (Verben des Typs) **68**/4.1 (1)

Adjektiv + *à* **43**/8

Adjektiv + *de* **43**/8

afin de oder *afin que*? **119**/3

afin que + *subjonctif* **144**/4.3, **149**/6.3

ainsi **132**/1.3, **122**/1 (Z)

alle (Begleiter) **22**/7.8

alle (Pronomen) **111**/6.1, **112**/6.2

aller (Hilfsverb) **71**/4.5

alles + Adjektiv (z. B. alles Gute) **45**/9

als = *quand/lorsque* **143**/4.1, **183**/1.1

als (Konjunktion), Wiedergabe durch ein *gérondif* **153**/2.2

also **132**/1.3

an **120**/4

andere **20**/7.2

angenommen, dass **147**/5.3

angesichts der Tatsache, dass **143**/4.2

appeler (Verben des Typs) **68**/4.1 (1)

après **118**/2.1 (3), **119**/3, **120**/4

après oder *après que*? **119**/3

après cela **132**/1.2

après que + Indikativ **143**/4.1, **148**/6.1

après que + *passé antérieur* **143**/4.1

assez de **15**/3.1

au (Präposition für Richtungs-, Zeit-, Mittelangaben) **117**/2.1 (2), **118**/2.1 (3+5), **120**/4

au vor Ländernamen **11**/2.4

au/aux, zusammengezogener Artikel **10**/2.2

au cas où + *conditionnel* **147**/5.3

au fur et à mesure que **144**/4.6

au moins / du moins am Satzanfang **122**/1 (Z)

au moment où **143**/4.1

aucun/e … ne (Begleiter) **20**/7.1

aucun/e (ohne *ne*), Begleiter (= irgendeinen) **171**/3

aucun/e (Pronomen) **169**/2

auf **120**/4

aujourd'hui oder *ce jour-là*? **187**/3

auquel **107**/2.5, **109**/3.3

aus **120**/4

außer, wenn **148**/5.4

aussi + Adjektiv + *que* **41**/6.1

aussi + Adverb + *que* **51**/2.1

aussi oder *autant*? **55**/4.2

aussi oder *aussi … que*? **42**/6.1

aussi, nebenordnende Verknüpfung (= daher, folglich) **122**/1, **132**/1.3

autant **55**/4.2

autour de **117**/2.1 (1)

autre, Gebrauch des Begleiters vor *autre* **20**/7.2

autrement **133**/1.4

avant (Präposition für Zeitangaben) **118**/2.1 (3), **120**/4

avant de oder *avant que*? **119**/3

avant que + *subjonctif* **143**/4.1, **148**/6.1

avec **118**/2.1 (5), **120**/4

avoir, Hilfsverb **72**/4.6, **202**

avoir oder *être* als Hilfsverben? **75**/4.10, **77**/4.12

ayant + Partizip Perfekt **65**/2.1 (2)

218   Anhang

B

beau/bel/belle **36**/4.1, **41**/5.5, **45**/9

beaucoup, Steigerung **52**/2.3

beaucoup de **15**/3.1

beaucoup oder *très?* **55**/4.1

besser **42**/6.1

bevor **143**/4.1, **148**/6.1

bien oder *bon?* **56**/5.1, **57**/5.2

bien, Steigerung **52**/2.3

bien des **16**/3.1

bien que + *subjonctif* **144**/4.5

bis **143**/4.1

bon oder *bien?* **56**/5.1

bon/ne **39**/5.3

bon/ne, Steigerung **42**/6.1, **42**/6.2

brauchen (Du brauchst nur …) **174**/8

C

c'est pourquoi **132**/1.3

c'est … que (mise en relief) **129**/3.2

c'est … qui (mise en relief) **129**/3.1

ça (neutrales Pronomen) **103**/1.8 (1)

ça statt *cela* **189**/4.2

car **132**/1.3

ce, cet, cette, ces (Begleiter) **19**/5

ce … -là, ce … -ci (Begleiter) **19**/5

ce (neutrales Pronomen) **103**/1.8 (1)

ce à quoi **107**/2.6

ce dont **108**/2.6

ce que (Relativpronomen) **108**/2.6

ce que, in der indirekten Frage **157**/2.2

ce que zur Hervorhebung **130**/3.3

ce qui (Relativpronomen) **108**/2.6

ce qui in der indirekten Frage **157**/2.2

ce qui zur Hervorhebung **130**/3.3

ceci (neutrales Pronomen) **103**/1.8 (1)

cela (neutrales Pronomen) **103**/1.8 (1)

celui, celle/s, ceux (Demonstrativpronomen) **110**/4

cependant **133**/1.4

certain/e **43**/8

chacun/e **111**/6.2

chaque **21**/7.3

chez **117**/2.1 (1+2), **120**/4

combien de **15**/3.1

combien (Fragewort) **160**/1

comme, Konjunktion (= da) **143**/4.2, (= wie) **144**/4.6

comme (im Ausrufesatz) **166**/2

commencer (Verben des Typs) **68**/4.1 (1)

comment (Fragewort) **160**/1

comparer à + unverbundene Personalpronomen **97**/1.4 (1)

croire + prädikative Ergänzung **123**/2

D

da, Konjunktion (= *comme*) **143**/4.2

da, Wiedergabe durch einen *participe présent* **152**/1.2

d'abord **132**/1.2

daher **132**/1.3

damit **144**/4.3

dann/danach **132**/1.2

dans (Präposition für Orts-, Richtungs- und Zeitangaben) **117**/2.1 (1+2), **118**/2.1 (3), **120**/4

dass **137**ff/3

de (Artikel) statt *des* vor Adjektiv **8**/1

d', du, des vor Ländernamen **12**/2.4

de (Präposition für Orts-, Richtungs-, Zeitangaben) **117**/2.1 (1), **118**/2.1 (6), **119**/2.1 (7), **120**/4

de (Präposition) Gebrauch des zusammengezogenen Artikels bei *de* **9**/2.2

de nach Mengenangaben **15**/3

de-Ergänzung nach dem Verb **97**/1.4 (2)

de … à **118**/2.1 (4)

de façon que + Indikativ **144**/4.4, 150

de façon que + *subjonctif* **144**/4.3, 150

de manière que + Indikativ **144**/4.4, 150

de manière que + *subjonctif* **144**/4.3, 150

de sorte que + Indikativ **144**/4.4, 150

de sorte que + *subjonctif* **144**/4.3, 150

demain oder *le lendemain?* **187**/3

demi/e **61**/3, **62**/5

denn **132**/1.3

depuis (Präposition für Zeitangaben) **118**/2.1 (4)

depuis oder *depuis que?* **119**/3

depuis que **143**/4.1

derrière **117**/2.1 (1)

des (unbestimmter Artikel Plural) **8**/1

des (Teilungsartikel) **16**/3.2

dès (Präposition für Zeitangaben) **118**/2.1 (3)

dès oder *dès que?* **119**/3

dès que + *passé antérieur* **143**/4.1

deshalb **132**/1.3

devant **117**/2.1 (1), **120**/4

devenir + prädikative Ergänzung **123**/2

dich **94**/1.3 (1)

die ganze Welt **111**/6.1

dies/e **19**/5

différent/e **37**/4.2

dir **96**/1.4 (1)

Anhang 219

donc **132**/1.3

dont (Relativpronomen) **106**/2.4

d'une part (d'un côté) … d'autre part (de l'autre) **133**/1.4

du/des (zusammengezogener Artikel) **9**/2.2

du, de la, de l', des (Teilungsartikel) **16**/3.2

du (Teilungsartikel) oder *un*? **17**/3.2

duquel (Interrogativpronomen) → *lequel*

duquel (Relativpronomen) → *lequel*

E

einerseits … andererseits **133**/1.4

einige, Begleiter (= *quelques*) **21**/7.6

einige, Pronomen (= *quelques-uns*) **112**/6.3

en (Präposition für Orts-, Richtungs-, Zeit- und Mittelangaben) **117**/2.1 (1+2), **118**/2.1 (3–6), **120**/4

en (Präposition) vor Ländernamen **11**/2.4

en, partitives **95**/1.3

en, Pronomen für *de*-Ergänzungen (Sachen) **97**/1.4 (2), (Personen) **97**/1.4 (2Z)

en, Pronomen für Ortsangaben mit *de* **98**/1.4 (3)

en und *y*, Stellung bei zwei Objektpronomen im Satz **101**/1.7

en attendant que + subjonctif **143**/4.1

en cas de + Nomen **147**/5.3

en effet **132**/1.3

encore am Satzanfang **122**/1 (Z)

endlich/schließlich **132**/1.2

enfin **132**/1.2

ensuite **132**/1.2

entre + *lequel* **107**/2.5 (2)

entre (Präposition für Orts- und Zeitangaben) **117**/2.1 (1), **118**/2.1 (3)

entweder … oder **133**/1.4

erst **173**/8

es, Übersetzungsmöglichkeiten ins Französische **113**/7

es + Verb (es macht nichts) **113**/7

es ist + Adjektiv (es ist schade) **113**/7

es wird gesprochen/gegessen usw. **177**/3

es gibt **128**/1

espérer que + Indikativ **139**/3.2 (1)

et **132**/1.1

et si? + *imparfait* (Vorschlag) **166**/1.2

étant + Partizip Perfekt **65**/2.1 (2)

étant donné que **143**/4.2

être (Hilfsverb) **72**/4.6, **202**

être oder *avoir* als Hilfsverben? **75**/4.10, **77**/4.12

être + prädikative Ergänzung **123**/2

être en train de + Infinitiv **77**/4.13

etwas (= *quelque chose*) **112**/6.3

etwas + Adjektiv (etwas Schönes) **43**/7

etwas anderes (= *autre chose*) **20**/7.2

euch **94**/1.3 (1), **96**/1.4 (1)

excepté si **148**/5.4

F

faire + Infinitiv **102**/1.7 (Z)

fast **58**/6

finalement **132**/1.2

folglich **132**/1.3

für immer **171**/3

G

ganz **22**/7.8

gar nichts **170**/2.2 (Z)

genug **16**/3.1

gerade **58**/6

gerne **58**/6

grâce à **119**/2.1 (7)

H

heute Morgen (Mittag, Abend …) **19**/5

hier ist / hier sind **128**/1

hier oder *la veille*? **186**/3

hingegen **133**/1.4

I

ihm **96**/1.4 (1)

ihn **94**/1.3 (1)

ihnen/Ihnen **96**/1.4 (1)

ihr **96**/1.4 (1)

il, neutrales Pronomen (= es) **92**/1.1, **103**/1.8

il n'y a que … **173**/8

il ne reste qu'à **174**/8

il y a (= vor) **118**/2.1 (3)

il y a (= es gibt) **128**/1

il y a (= vor oder es gibt?) **128**/1

im Falle eines … **147**/5.3

im Falle, dass **147**/5.3

in **120**/4

in dem Augenblick als **143**/4.1

in dem Maße, wie **144**/4.6

indem **153**/2.2

irgendein/e **21**/7.4, **171**/3

irgendjemand **167**

irgendjemand, irgendetwas **113**/6.4

irgendwelche **113**/6.4

irgendwer **172**/5

irgendwie **113**/6.4

irgendwo **21**/7.6, **112**/6.4

J

jamais (*si jamais*) **171**/3

je mehr … desto mehr/weniger **133**/1.5

je weniger … desto weniger/besser **133**/1.5

jede/r **21**/7.3

jeder, der ... **112**/6.2

jedoch **133**/1.4

jemals **171**/3

jemand **112**/6.3

jusqu'à (Präposition für Richtungs- und Zeitangaben) **117**/2.1 (2), **118**/2.1 (3)

jusqu'à oder *jusqu'à ce que?* **119**/3

jusqu'à ce que + subjonctif **143**/4.1

K

kein **8**/1, **16**/3.1, **30**/10.1

kein einziger **8**/1, **16**/3.1, **20**/7.1, **169**/2.1

kein ... mehr **15**/3.1, **168**/1.1

kein/keiner **168**/1.1, **170**/2.2

keins **169**/2.1

L

l' statt *le* **188**/4.2

la majorité des **16**/3.1

la moitié des **16**/3.1

la plupart des **16**/3.1

la plus grande partie des **16**/3.1

laisser + Infinitiv **102**/1.7 (Z)

le, la, les (Artikel) **9**/2.1

le (Artikel) vor Wochentag **12**/2.5

le, neutrales Pronomen (= es) **103**/1.8 (2)

le mien, le tien usw. (Possessivpronomen) **110**/5

le moins + Adverb + *possible* **51**/2.2

le plus + Adverb + *possible* **51**/2.2

le plus + Adjektiv + *subjonctif* **136**/2.4 (2)

le premier + Nomen + *subjonctif* **136**/2.4 (2)

le seul + Nomen + *subjonctif* **136**/2.4 (2)

lequel **107**/2.5, **109**/3.3

lequel oder *qui?* **107**/2.5 (2)

leur oder *leurs?* **18**/4

lieber **58**/6

loin de **117**/2.1 (1)

lorsque **143**/4.1

M

mais **133**/1.4

mal, Steigerung **52**/2.3

malgré (Präposition zur Angabe eines Grundes) **119**/2.1 (7)

malgré oder *malgré que?* **119**/3

malgré cela **133**/1.4

malgré que + subjonctif **144**/4.5

manger (Verben des Typs) **68**/4.1 (1)

mauvais/e **42**/6.1

mehrere **21**/7.5

meilleur/e **42**/6.1, **42**/6.2

mein/e, dein/e ... **17**/4

-même **94**/1.2

même si **148**/5.4

mich **94**/1.3 (1)

mieux **52**/2.3

million **60**/1.2

mir **96**/1.4 (1)

mit **120**/4

moins + Adjektiv + *que* **41**/6.1

moins + Adverb + *que* **51**/2.1

moins de oder *moins que?* **51**/2.1, **52**/2.3

moins ... moins/mieux **133**/1.5

moins ... moins **52**/2.3

mon, ton, son ... (Possessivbegleiter) **17**/4

N

n'avoir qu'à **174**/8

n'importe comment **113**/6.4

n'importe lequel **113**/6.4

n'importe où **113**/6.4

n'importe quel **21**/7.4

n'importe qui **112**/6.4, **172**/5

n'importe quoi **113**/6.4

nach **120**/4

nachdem **143**/4.1, **148**/6.1

nämlich **132**/1.3

ne faire que **173**/8

ne penser qu'à **174**/8

ne ... aucun **170**/2.2

ne ... aucun/e + Nomen **20**/7.1

ne ... guère **168**/1.1 (Z)

ne ... jamais **168**/1.1

ne ... jamais personne **171**/3

ne ... jamais rien **171**/3

ne ... ni ... ni **173**/7

ne ... pas **168**f/1

ne ... pas beaucoup **168**/1.1 (Z)

ne ... pas de **15**/3.1

ne ... pas du tout **168**/1.1

ne ... pas encore **168**/1.1

ne ... pas souvent **168**/1.1 (Z)

ne ... pas un **8**/1, **16**/3.1

ne ... pas un seul **170**/2.2

ne ... pas ... ni **173**/7

ne ... pas ... non plus **173**/7

ne ... personne **170**/2.2

ne ... plus **168**f/1

ne ... plus de **15**/3.1

ne ... plus du tout **168**/1.1

ne ... plus jamais **168**/1.1

ne ... point **168**/1.1 (Z)

ne ... presque pas **168**/1.1 (Z)

ne ... que **173**/8

ne ... rien **170**/2.2

ne ... rien du tout **170**/2.2 (Z)

néanmoins **133**/1.4

ni ... ni ... ne **173**/7

nicht (mehr) **168**/1.1

nicht nur ... sondern auch **132**/1.1

nichts + Adjektiv (nichts Schönes) **43**/7

nichts **169**/2.1, **170**/2.2
nichts anderes als **174**/8
nie **168**/1.1
nie etwas **171**/3
nie jemand **171**/3
nie mehr **168**/1.1
niemand **169**/2.1, **170**/2.2
noch nicht **168**/1.1
non plus **172**/6, **173**/7
non seulement ... mais encore **132**/1.1
notre oder le nôtre? **111**/5
nouveau, nouvel, nouvelle **37**/4.2, **41**/5.5
nur **173**/8

O

ob **156**/2.1
obwohl **144**/4.5
ohne **14**/2.10 Z
ohne etwas **171**/3
ohne, dass **144**/4.6, **148**/6.1
on **18**/4 (Z)
on, Angleichung des Partizip Perfekt **92**/1.1 (1)
on statt nous **188**/4.2
ou ... ou **133**/1.4
où est-ce que + être **161**/3, **164**/7
où (Fragewort) **160**/1, **161**/3, **164**/7
où (Relativpronomen) **104**/2.1

P

par (Präposition zur Angabe eines Mittels oder eines Grundes) **119**/2.1 (7), **120**/4
par oder de im Passivsatz? **176**/1.1 (Z)
par conséquent **132**/1.3
par contre **133**/1.4
paraître + prädikative Ergänzung **123**/2

parce que **143**/4.2
parmi + lequel **107**/2.5 (2)
pas (Verneinung nur mit pas) **168**/1.1 (Z), **171**/4, **188**/4.2
pas un seul ne **169**/2.1
pendant (Präposition zur Angabe einer Zeitdauer) **118**/2.1 (4)
pendant oder pendant que? **119**/3
pendant que **143**/4.1, **148**/6.1
penser à + unverbundene Personalpronomen **97**/1.4 (1)
personne ne **169**/2.1
peu, Steigerung **52**/2.3
peu de **15**/3.1
peut-être / peut-être que am Satzanfang **122**/1
pire **42**/6.1
pis **52**/2.3
plus + Adjektiv + que **41**/6.1
plus + Adverb + que **51**/2.1
plus de oder plus que? **52**/2.3
plus statt ne ... plus **188**/4.2
plus ... plus/moins **133**/1.5
plusieurs **21**/7.5
pour **118**/2.1 (4), **120**/4
pour oder pour que? **119**/3
pour que + subjonctif **144**/4.3, **149**/6.3
pourquoi (Fragewort) **160**/1
pourtant **133**/1.4
pourvu que + subjonctif **147**/5.3
pouvoir (Gebrauch im Aufforderungssatz) **166**/1.2
préférer (Verben des Typs) **68**/4.1 (1)
près de **117**/2.1 (1)
probablement am Satzanfang **122**/1 (Z)
puis **132**/1.2
puisque **143**/4.2

Q

qu'est-ce que **109**/3.2
qu'est-ce que (im Ausrufesatz) **166**/2 (Z)
qu'est-ce qui **109**/3.2
qu'est-ce que oder qu'est-ce qui? **161**f/3.1, **164**/7
quand (Fragewort) **160**/1
quand (Konjunktion) **143**/4.1, **183**/1.1
quand oder si? **147**/5.2
quand même **133**/1.4
que (Interrogativpronomen) **109**/3.2
que oder quoi? **109**/3.2
que (Relativpronomen) **104**/2.2
que (Relativpronomen) Angleichung des Partizip Perfekt **105**/2.2
que, Konjunktion (= dass) **156**/1, **131**, **137**ff/3
que, Gebrauch im Ausrufesatz **166**/2
quel/s, quelle/s (Ausrufebegleiter) **19**/6, **166**/2
quel oder lequel? **160**/1, **164**/7
quelqu'un **112**/6.3
quelque chose **112**/6.3
quelque chose de + Adjektiv **43**/7
quelque part **21**/7.6
quelques **21**/7.6
quelques-uns/unes **112**/6.3
qui est-ce qui **108**/3.1
qui est-ce que **108**/3.1
qui est-ce que oder qui est-ce qui? **161**f/3.1, **164**/7
qui (Interrogativpronomen) **108**/3.1, **164**/7
qui (Relativpronomen) **104**/2.2
quoi (Interrogativpronomen) **109**/3.2
quoi (Relativpronomen) **105**/2.3

quoi de + Adjektiv **43**/7

quoique + *subjonctif* **144**/4.5

R

rendre + prädikative Ergänzung **123**/2

renoncer à + unverbundene Personalpronomen **97**/1.4

rester + prädikative Ergänzung **123**/2

rien de + Adjektiv **43**/7

rien ne **169**/2.1

S

s'adapter à + unverbundene Personalpronomen **97**/1.4

s'adresser à + unverbundene Personalpronomen **97**/1.4

s'attacher à + unverbundene Personalpronomen **97**/1.4

s'attaquer à + unverbundene Personalpronomen **97**/1.4

s'habituer à + unverbundene Personalpronomen **97**/1.4

s'intéresser à + unverbundene Personalpronomen **97**/1.4

sans (Präposition) mit und ohne Artikel **14**/2.10 (Z)

sans oder *sans que*? **119**/3

sans que + *subjonctif* **144**/4.6, **148**/6.1

sans doute / sans doute que am Satzanfang **122**/1

sans rien **171**/3

sauf si **148**/5.4

schlechter (Adjektiv) **42**/6.1

schlechter (Adverb) **52**/2.3

schließlich **58**/6

schlimmer (Adjektiv) **42**/6.1

schlimmer (Adverb) **52**/2.3

se (Reflexivpronomen) **98**/1.5

se confier à + unverbundene Personalpronomen **97**/1.4

se faire + Infinitiv statt Passiv **177**/2

se fier à + unverbundene Personalpronomen **97**/1.4

se plaindre à + unverbundene Personalpronomen **97**/1.4

sehr **55**/4.1

sehr viel **55**/4.1

sein, ihr **17**/4

seit (Präposition für Zeitangaben), (= *depuis*) **118**, **119**/3

seit, Konjunktion (= *depuis que*) **143**/4.1

selbst **104**/1.8 (3)

selbst, wenn **148**/5.4

sembler + prädikative Ergänzung **123**/2

seul (= alleine) **174**/8

seul (= nur) **173**/8, **174**/8

seulement (= nur) **173**/8

seul oder *seulement*? **173**/8

si (= doch) **147**/5.2, **172**/6

si (= ob) **156**/2.1

si (= wenn/falls) **145**ff/5

si (= ob) **147**/5.2

si (= ob oder wenn?) **156**/2.1

si (im Ausrufesatz) **166**/2

si, die verschiedenen Bedeutungen **147**/5.2

si ce n'est **172**/5

si jamais **147**/5.3, **171**/3

si oder *quand*? **147**/5.2

si seulement + *imparfait* (im Ausrufesatz) **166**/2, **185**/2

si ... que **144**/4.4

sich **98**/1.5, **104**/1.8 (3)

sie/Sie **94**/1.3 (1)

sinon **133**/1.4

so, Adverb, am Satzanfang (= *aussi*) **122**/1

so, Konjunktion (= *ainsi*) **132**/1.3

so, Möglichkeiten der Übersetzung **58**/6

so viel ... dass **144**/4.4

so viel ... wie **55**/4.2

so wie, Konjunktion **144**/4.6

so ... dass **144**/4.4

so ... wie **55**/4.2

so, dass **144**/4.4

sobald **143**/4.1

sodass **144**/4.3

soi **103**/1.8 (3)

soi-disant **104**/1.8 (3)

soi-même **104**/1.8 (3)

soit ... soit **133**/1.4

solch ein/e **22**/7.7

son oder *sa*? **18**/4

sondern **133**/1.4

songer à + unverbundene Personalpronomen **97**/1.4

sonst **133**/1.4

sous **117**/2.1 (1)

stummes *h* **8**/1, **9**/2.1

sur **117**/2.1 (1)

T

t' statt *tu* **188**/4.2

tant + Verb + *que* **144**/4.4

tel / de tels **22**/7.7

tel que **144**/4.6

tenir à + unverbundene Personalpronomen **97**/1.4

tous/toutes (Indefinitpronomen) **112**/6.2

tout (Adverb) **56**/4.3

tout (Begleiter) **22**/7.8

tout (Indefinitpronomen) **111**/6.1

tout le monde **111**/6.1

toutefois **133**/1.4

très oder *beaucoup*? **55**/4.1

trop + *de partitif* **16**/3.1

trotzdem **133**/1.4

trouver + prädikative Ergänzung **123**/2

tutoyer (Verben des Typs) **68**/4.1 (1)

U

überhaupt keine … mehr **168**/1.1

überhaupt nicht **168**/1.1

um **118**/2.1 (3)

um zu **90**/2, **119**/3

un, une, des **8**/1

un des rares + Nomen + *subjonctif* **136**/2.4 (2)

und **132**/1.1

uns **94**/1.3 (1), **96**/1.4 (1)

unter der Bedingung, dass **147**/5.3, **148**/5.4

V

venir de + Infinitiv **78**/4.14

vers **117**/2.1 (2), **118**/2.1 (3)

viel **16**/3.1

vieux, vieil, vieille **36**/4.1, **41**/5.5

voilà **99**/1.6 (1), **128**/1

von … bis **118**/2.1 (4)

vor **120**/4

votre oder *le vôtre?* **111**/5

W

während **118**, **119**/3, **142**/4.1, **148**/6.1

während, Wiedergabe durch ein *gérondif* **153**/2.2

wahrscheinlich **122**/1 (Z)

was (Fragepronomen) **109**/3.2, **114**/7, **161**/3.1, **163**/5, **164**/7

was für ein? **164**/7

was + Adjektiv (was Neues) **43**/7

was (Relativpronomen) **108**/2.6, **114**/7

was, in der indirekten Frage **157**/2.2

weder … noch **173**/7

weil **143**/4.2

weiter **58**/6

welch/e

welche, welcher, welches … (Fragebegleiter) **19**/6, **163**/5, **164**/7

wem? **164**/7

wen? **161**/3.1, **164**/7

wenig **16**/3.1

wenigstens **122**/1 (Z)

wenn (Bedingung) **145**ff/5, **153**/2.2, **185**/2

wenn (zeitlich) **143**/4.1, **183**/1.1

wenn nicht **172**/5

wenn … nur **147**/5.3

wer (Fragepronomen) **161**/3.1, **162**/5, **164**/7

werden + Adjektiv (er wird älter) **46**/9

wie, Fragewort *(= comment)* **163**/5

wie, Konjunktion *(= comme)* **144**/4.6

wie (Konjunktion) + Adjektiv (z. B. wie grausam …) **46**/9

wie, Gebrauch im Ausrufesatz (Wie schön!) **166**/2

wie viel **16**/3.1

wo? **164**/7

Y

Y a statt *il y a* **189**/4.2

y (Pronomen) **97**/1.4 (1), **98**/1.4 (3)

Z

zu **120**/4

zu viel **16**/3.1

zuerst **132**/1.2